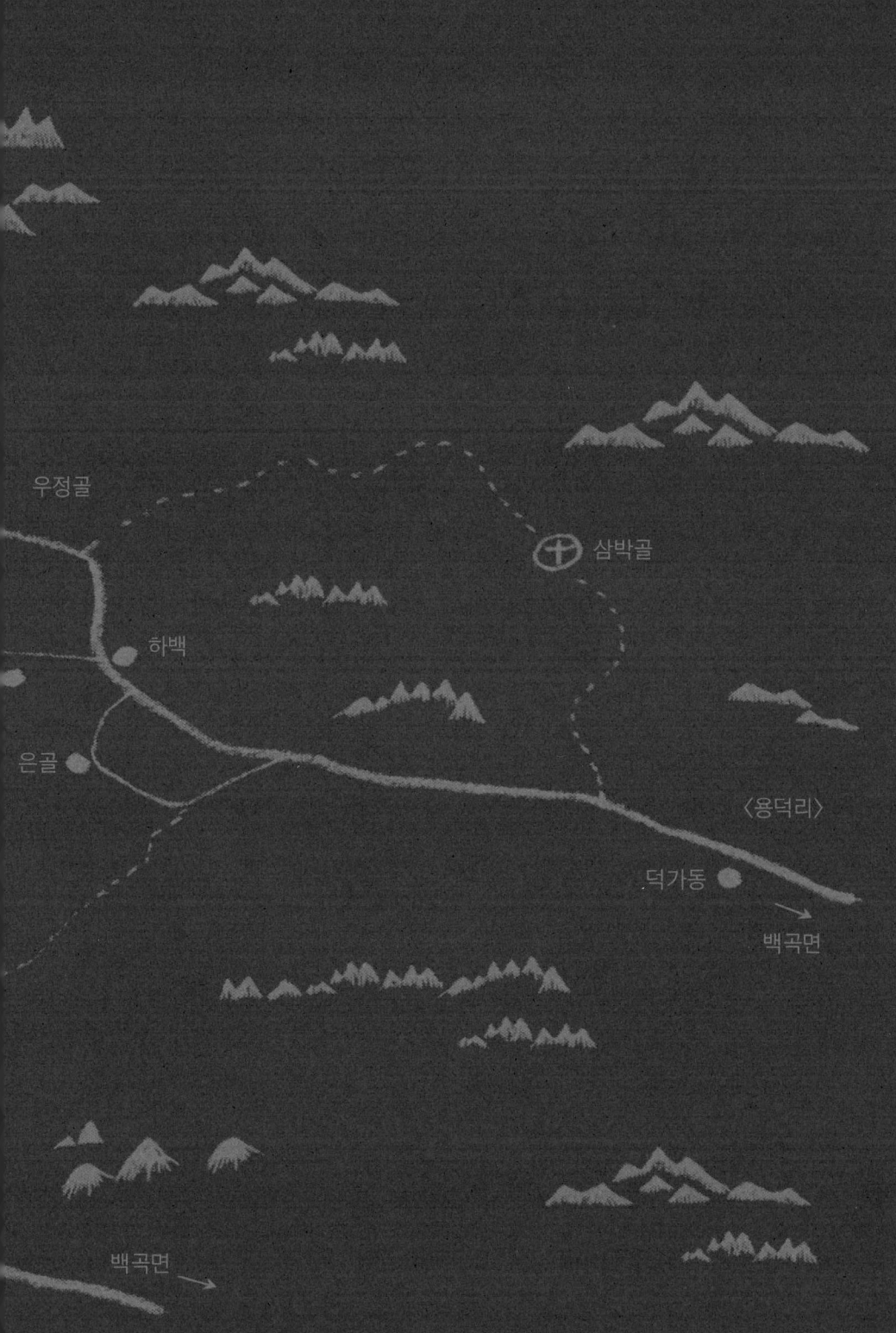

은 화

## 은화 · 상

1 1977년 6월 24일 1판 발행
1986년 3월 2판 발행
1988년 7월 3판 발행
1994년 3월 25일 4판 1쇄 발행
1997년 2월 28일 4판 2쇄 발행
2007년 8월 30일 5판 1쇄 발행
2012년 4월 23일 5판 2쇄 발행

지은이 | 윤의병
펴낸이 | 염수정
펴낸곳 | 재단법인 한국교회사연구소
　　　　100-031 서울 중구 저동 1가 2-3번지 평화빌딩
　　　　대표전화 (02) 756-1691
　　　　팩시밀리 (02) 2269-2692
　　　　http://www.history.re.kr

출력 | 한일아트
인쇄 · 제본 | 분도출판사

등록 | 1981년 11월 16일 제10-132호
ISBN | 978-89-85215-59-6　04230
　　　 978-89-85215-57-2　(세트)
값 | 8,000원

# 은 화 ⟨상⟩

윤의병 신부 지음

# 간행사

《은화》(隱花)는 죽총(竹叢) 윤의병(尹義炳, 바오로, 1889~?) 신부님이 집필한 '군난소설'(窘難小說)로, 1866년 병인박해를 전후한 시기에 충청도를 중심으로 살았던 교우들의 신앙과 생활 모습을 다룬 작품이다. 소설의 형식을 취하기는 했지만, 선교사들의 서한과 구전으로 전승되어 오던 박해시대의 신자생활을 직접 취재하여 엮었기 때문에 내용은 허구가 아닌 사실에 토대를 두고 있다. 비록 인물과 시대와 장소가 사실과 그대로 부합되지는 않는다고 하더라도 실제로 있었던 사실들을 몇 사람이 겪은 것처럼 소설의 형식을 빌어서 묘사했던 것이다.

윤의병 신부님은 경기도 안성시 청룡 마을에서 태어나 충청북도 진천군 백곡면 용덕리 용진골에서 소년 시절을 보내다가, 1903년 용산의 예수성심신학교에 입학하여 1920년에 사제 서품을 받았다. 이후 그는 장호원 본당의 보좌를 거쳐 충청북도 괴산의 고마리 본당·경기도 고양의 행주 본당·황해도의 은율 본당 주임 신부를 역임하였다. 그러다가 은율에서 1950년 6월 24일 북한의 정치보위부원들에게 체포·연행된 이후 그의 행적에 대해서는 현재까지 알려진 바가 없다.

순교자의 후손이었던 윤의병 신부님은 일찍부터 순교자들의 행적에 관심이 많았다. 그리하여 고마리 본당의 주임 신부로 있을 때부터 전교를 나가면 박해시대를 체험했던 노인들을 만나 그들의 경험을 채록하는 작업을 게을리하지 않았다. 이렇게 하여 모은 자료들을 바탕으로 은율 본당 주임으로 있을 때부터 《은화》를 집필하기 시작했다.

원고는 기해박해 100주년을 기념하여 순교자들의 넋을 기리고자 1939년 1월부터 《경향잡지》에 연재되기 시작했으나, 6·25가 발발하면서 미완인 채로 중단되고 말았다. 이 작품은 한국 가톨릭 문화사에서 대단히 의미 있는 가치를 지니고 있다. 뿐만 아니라 박해시대의 교회 풍습과 기꺼이 순교의 길에 나섰던 교우들의 신앙생활을 실감나게 보여 주고 있다는 점에서 교회사적인 의의도 지대하다고 하겠다.

《은화》는 원래 황해도 은율 출신의 이계중(李啓重, 요한) 신부님이 자신을 신학교로 보낸 윤의병 신부님의 유덕(遺德)을 기리고자 1977년에 자비로 출간했던 책이다. 이계중 신부님은 고맙게도 이 책의 귀중한 판권을 1981년 11월 30일자로 한국교회사연구소에 넘겨주었으나, 당시 연구소의 여러 가지 사정 때문에 절품이 예상되었음에도 불구하고 재판 작업을 추진하지 못했다.

그런데 이 책에 등장하는 주요 인물들의 주요 활동 무대였던 배티 성지가 이 책으로 인하여 널리 알려지면서 순례자들이 증가하였고, 따라서 이 책을 찾는 신자들도 더욱 늘어났다. 1985년 12월 당시 배티 성지에 파견되어 있던 한국순교복자수녀회의 김 막달레나 수녀님으로부터 신자들의 이러한 요구를 전해들은 연구소에서는 더 이상 지체할 수 없다고 판단하여 1986년 3월에 제2판을, 1988년 7월에 제3판을 각각 내게 되었다. 그리고 1994년에는 시대의 흐름에 맞추어 세로쓰기 대신에 가로쓰기를 채택하면서, 상·하 두 권으로 제4판을 펴냈다.

올해로 초판이 간행된 지도 어언 30년이나 되었다. 이제 제5판을 간행하면서, 편집과 표지 디자인을 새로이 하였을 뿐만 아니라 주석을 첨가했다. 주석을 단 것은 독자들의 이해를 돕기 위해서이다. 아무쪼록 이 책을 통하여 박해시대를 살았던 '숨은 꽃'[隱花]들의 고난에 찬, 그러나 신념과 용기로 충만한 신앙생활을 생생하게 체험할 수 있기를 소망한다. 그렇게 함으로써 많은 가치가 혼재되어 있는 오늘날을 살아가는 우리 신앙인들이 믿음 생활에 필요한 자양분을 얻을 수 있다면 더할 나위가 없겠다.

2007년 8월
한국교회사연구소 소장
김성태(요셉) 신부

## 차 례__

| | |
|---|---|
| 숨은 생활 | 10 |
| 호환 | 16 |
| 공소 | 30 |
| 해후 | 56 |
| 두 사돈집 | 86 |
| 폭풍 | 110 |
| 옥형 | 130 |
| 음모 | 152 |
| 재생 | 182 |
| 새 살림 | 200 |
| 강 신부 | 224 |
| 풍파 | 260 |
| 청천벽력 | 286 |

# 숨은 생활

 6월의 염천 불 같은 햇빛은 진천 용덕산(鎭川 龍德山) 아래 정삼이 골 뒷골짜기 비탈밭에도 내리쪼였다. 풀잎 하나 까딱하지 않는 무더위에 해는 정오가 되어, 오르고 내리는 화기는 금석이라도 녹여버릴 듯하였다. 때마침 그 밭에는 나이 칠십을 넘을까 말까 하는 두 노인 부처가 죽을지 살지 모르고 구슬 같은 땀을 철철 흘리며 김을 매고 있었다.
 "아이고, 더워. 사람 죽겠네!"
 하며 바깥 노인은 일어서서 입으로 더위를 두어 번 불고 나서 자기 아내가 엎드려 일하고 있는 양을 내려다보더니
 "여보, 더위도 더위려니와 무엇보다 허리가 아파서 일 못하겠으니 그만 쉽시다."
 하고 아내의 기색을 살핀다.
 안 노인은 벌써부터 쉴 마음이 있었지만 영감이 아무 말없이 일만 하는 고로 속으로 야속히 생각하고 있던 참이라

"그까짓 늙은 뼈다귀 죽으면 어떠우. 일 못하는 것만 분하겠지."

하고는 고개를 숙이고 호미를 요란히 내저으며 뾰로통한 기색을 보였다. 바깥 노인은 그 꼴을 물끄러미 보더니

"여보, 그렇게 끝내다가는 오늘 이 밭 다 매지 않겠소? 본시 여자들은 싸워야 보리 방아를 잘 찧는다는 걸…."

안 노인은 더할 기운도 없으려니와 골을 낸다 하여도 소용이 없고, 또 영감이 빈정거리는 바람에 그만 웃고 일어섰다.

"내가 참말 골낸 줄 알았소? 부러 그랬지."

"부러고 쌈 싸먹는 것이고 한나절이 되었으니 삼종이나 합시다."

하고는 바깥 노인은 먼저 호미를 밭고랑에 던지고 사방을 둘러보더니 손에 묻은 흙을 툭툭 털며 장궤를 하였다. 안 노인은 좀 미안하여 무슨 말을 하면 좋을까 하던 차에, 영감의 삼종하자는 말에 새 정신이 나서 해를 한 번 슬쩍 쳐다보더니

"아이고, 한나절이 지났소그려."

하고는 바쁜 듯이 영감을 따라 밭고랑에 장궤를 하였다.

도랑섶에 흐르는 맑은 물소리와 나무 끝에 우는 매미 소리는 자연의 합창을 이루고 있다.

삼종을 통경하고 일어선 안 노인은

"여보, 영감. 지금 같으면 우리들이 성교하는 식구 같소그려."

이렇게 말해 놓고는 혹시나 누가 보지 않았나 하여 좌우를 한 번 살핀 다음에 마음을 놓은 듯이 말을 계속한다.

"그렇지만 이런 산골에서 이렇게 오래 숨어 살다가 어떻게 할 작정이오. 숨은 도적질도 하루 이틀이지, 벌써 수십 년을 이 산속에서 이

모양으로 지내니 무엇보다 외인들이 눈치챌까 무섭지 않소."

"아따, 오늘 갑자기 큰 걱정 만났소그려. 그러니 어찌 한단 말인가. 주의 안배만 기다릴 수밖에…."

"걱정이 아니라. 글쎄, 들어보시오. 우리가 여기로 피신하여 온 지가 수십 년이지마는 지금처럼 삼종경이나 마음놓고 통경하여 본 일이 몇 번이나 되오? 무엇보다 수계상 불편하고, 임종 때 교우의 권면과 성사 보는 소리 한 번 들어보지 못하고 그대로 세상을 떠날 거 아니오?"

"……."

"또, 지금 우리 조선에 주교 신부들이 다시 나오셨는지 알아볼 수도 없고, 교중 소식 하나 들을 수 없는 이 어두운 산속에서 성사 한 번 받지 못하고 뼈골을 놓을 터이니, 글쎄, 이것이 큰 걱정이 아니오. 우리가 선종이나 잘하여 구령하는 것밖에 또 무엇을 더 바라겠소."

"……."

"영감이 만일 이대로 있겠다면 내일 내가 혼자 나서서 밥 바가지를 차고 이집 저집 문전걸식을 해가며라도 교우들이나 찾아보고, 성교 말이나 들어 보고 죽든지 살든지 양단간 결정을 짓겠소."

"여보, 마누라. 구령 사정이야 그렇지마는 무슨 일을 그렇게 속히 뒷 마련도 없이 할 수가 있소. 너무 걱정 마시오. 차차…"

"아따, 딱한 말씀도 하시오 그려. 차차라니, 지금 우리가 나이 칠십이나 넘지 않았소. 오늘 내일 무슨 일을 당할지 모르는 송장감들이 자꾸 미루고만 있으니 어찌 걱정이 안 되겠소. 무술년 가을 판공을 치른 후 오늘까지 성사 한 번 못 보고 죄 중에 살지 않소. 그리고 외인 며느리보고도 성교 도리 하나 가르치기는 고사하고, 도리어 우리가 성교하는 눈치를 채일까 하여 속이고 지내오니, 글쎄⋯."

"아따, 이 사람. 여기서 잔소리만 하다가 해 다 보내겠네. 나가서 점심밥이나 오거든 먹고, 그늘에 앉아서 경을 읽든지 푸닥거리를 하든지 마음대로 하게. 뜨거워 사람 죽겠네."

"저렇게 더위를 못 참으니 지금 포졸들이 달려들어 저 늙은이를 잡아 가면 치명을 어떻게 하겠소."

"흥! 내 걱정은 말고 자네 걱정이나 하게."

이렇게 두 노인 내외는 말을 주고받고 하며 밭에서 나오기 시작하였다.

바깥 노인은 쌈지에서 가루 담배를 꺼내어 손바닥에 놓고 침을 퇴퇴 뱉어 곰방대에 담아가지고 부싯불을 붙여 피워 물고 나오는 길에 밭에 흩어진 돌멩이를 하나씩 하나씩 주워서 밭둑으로 던지고 그 뒤에는 안 노인이 더위를 못 참겠다는 듯이 적삼 앞자락으로 부채질을 하여 가며 둘이 소나무 그늘로 왔다.

"여보, 영감. 쇠털같이 많은 날에 오늘 이 더위에 일을 아니하면 못 살겠소? 점심밥도 아직 오지 않았으니 집으로 내려가서 요기나 하고 훗날 와서 일합시다."

"일하기 싫은데 밥은 왜 먹어, 훗날 먹지."

"짐승들은 우리처럼 일을 하지 않고도 잘 살아가는데, 왜 사람은 꼭 제 손으로 죽도록 일을 하게 마련인지."

"다 원조 아담이 변명한 탓으로 그렇게 된 것을 지금 한탄하면 무엇 하나."

"아이, 참. 그 원조 아담이 선악과를 따먹지 않았다면 우리도 지금 지당에서 즐기고 있을 것을."

"이 사람 그런 소리 말게. 왜 우리들은 날마다 천주께서 하지 말라는 죄를 짓고 있나. 원조는 한 번만 변명하였지마는 우리는 하루에 몇 번씩인가?"

안 노인은 고개를 들어 건너편 산모롱이 올라오는 길을 한 번 살피고는

"아따, 영감. 여기 앉아서 이야기만 하실 작정이오. 점심을 먹어야 하지 않겠소? 벌써 한나절이 훨씬 기울었는데 이 애가 왜 여태 점심을 아니 가져올까?"

"오늘 점심밥을 이 밭으로 가져오라고 똑똑히 이르기나 하였소?"

"그러문요, 엊저녁에 내일 성칠이(아들)는 장에 간대서 우리 둘의 밥이나 하여 가지고 이리로 올라오라고 일렀는데. 원참, 이상도 하군…."

"그런데, 그 애가 엊저녁에 친정에 갔지, 왜."

"저희 친정 어머니가 편찮다고 그 애를 보내달라고 기별이 왔기에, 갔다가 오늘 조반 후에 곧 오라고 하였는데…."

"그럼 아직 친정에서 오지 않은 게로군…. 그런데, 그 애는 한 달에도 몇 번씩 그렇게 친정에를 고자 처갓집 다니듯이…."

"아이고, 누가 알우. 밤낮 무슨 제사가 들었느니 누가 편치 않다느니 하고서는…. 그러기에 옛말에도 뒷간하고 사돈집하고는 멀어야 한다고 그랬지. 멀기가 등 하나 사이니 걸핏하면 그저 불러가는구려. 원, 사돈집에서 우리 성교하는 눈치나 채지 않았는지."

"눈치챘다면 그 불똥가지 사돈이 이렇게 가만 있겠구면."

"참 외인 며느리를 한 집에 두고 사니까 수계하기가 불편하여 어디 견디겠수. 하루 이틀도 아니고 며느리의 눈을 속여가며 도적 성교하기란 참 성가시고 조심되어서…"

"그러니 어찌 하잔 말인가? 우리가 성교를 떠엎자는 말인가, 그 애를 성교시키잔 말인가?"

"우리 그 애에게 도리말을 잘하여 성교를 가르쳐 봅시다그려."

"쉰 길 물 속은 알아도 한 길 사람 속은 모른다고, 공연히 섣불리 하다가는 죽도 밥도 안 될 터이니 가만히 있수. 더 기다려서…."

"그러니, 영감이 어디 좀 나서서 교우들이 사는 곳이나 알아보시오. 그 애 친정 멀리 그런 데로 이사하면 설마 되는 날이 있겠지."

"걱정 말게. 나도 일전에 본동 누구한테 들은 말이 있어서 아까 성칠이가 장에 갈 때 부탁한 일도 있으니 오면 자연히 무슨 소식이 있겠지."

이렇게 두 늙은이는 밭둑 그늘에 앉아 며느리가 점심 가지고 오기를 기다리면서 이런 이야기, 저런 이야기를 수군거리는 동안 소나무 그림자가 길어지는 것도 모르고 있었다.

# 호환(虎患)

 그들의 사돈집은 그 두 늙은이가 사는 정삼이골에서 동편으로 향하여 조그마한 산등 하나를 넘어가서 한참 내려가면 거기에 절골〔寺谷〕이라는 두메 산골에 있다. 집들은 농터를 따라 드문드문 박혀 있고 농사하는 것은 다만 조와 감자뿐인데 이 근래 와서는 담배 농사에 제일 힘쓰고 있다. 뒷산은 덜미를 잡고 앞산은 턱을 괴어서 금세 덮어누르면 운신도 못하고 치어 죽을 듯한 그윽하고 깊은 산골짝이었다.
 이 산골짜기로 자꾸 올라가면 바위 사이에 조그마한 외딴집 한 채가 있다. 일간초옥에 지붕은 조짚으로 이었는데 오뉴월 장마를 치러서 빛이 시꺼머스름하게 변하여 먼 데서 보면 집인지 바위인지 분간하지 못할 만큼 되었다. 이 집이 곧 그 두 늙은이의 사돈이 되는 서 생원 집인데 택호로는 양근댁이라 하고 절골서는 제일 막바지요, 정삼이골에서 넘어 오자면 길에서 좀 새뜨게 보이는 바로 첫 집이다.
 하루는 서 생원 집에서 그 딸이 보고 싶었던지 누가 앓는다고 핑계

대고 잠깐 자기 여식을 친정으로 보내달라고 사돈집에 기별하였다. 이 날이 곧 두 노인이 밭둑에 앉아서 자기 며느리가 점심밥을 가지고 오기를 기다리던 전날이었다.

"얘, 거기 있니?"

시모는 윗방에서 바느질을 하고 있는 자기 며느리를 불렀다.

"예, 왜 그러십니까?"

"오늘 네 친정에서 너더러 잠깐 다녀가라는 기별이 왔단다. 네 친정 어머니가 좀 어디 편찮은 모양인가보다. 그러니 아니 가볼 수가 있니… 얼른 저녁을 하여 먹고 넘어갔다가 내일 조반 후에 오너라. 그리구 우리는 내일 조밭을 매러 뒷골로 갈 터이니 점심을 하여 가지고 거기로 오너라. 요새 밭 묵어 큰일났다."

"다른 일꾼도 있습니까?"

"다른 이는 누가 있어. 네 장부는 내일 장에 간다니 우리 두 늙은이 밖에…"

며느리는 친정 어머니가 편치 않다는 말에 약간 불안하고 또 그전처럼 가볼 일이 있을 듯 싶지 않은데 무슨 변고나 생기지 않았나 하여 궁금증이 나서 얼른 가볼 작정으로 바느질 거리를 거듬거듬 치워 윗목에 밀쳐 놓고 바삐 부엌으로 나가서 저녁밥을 지을 준비를 시작하였다.

우선 토광에 들어가서 감자 몇 개를 골라 그릇에 담아가지고 앞도랑으로 내려갔다. 낙조는 붉은 빛을 이끌고 산 허리에 걸치고, 도랑섶에는 산그늘이 내려앉아 서늘한 기운이 도는데 느릅나무 속의 매미는 그날 해를 아끼는 듯 어지러이 울어대고 골 속에 흐르는 물은 바쁜 듯이 소리를 높여 걸음을 급히 한다.
 그 여자는 물터에 와서 감자 그릇을 내려놓고 그 옆에 쭈그리고 앉아 감자를 씻으려 할 때, 갑자기 뒤에서
 "째― 째―"
 하는 소리가 요란하므로 돌아다보니 난데없는 까치 한 마리가 와서 나무 위의 노래하고 있는 매미를 찍어가지고 날아간다. 그 놈이 건너편 숲 속으로 몸을 감춘 후에는 다만
 "째― 째―"
 하는 매미의 비명 소리가 구원을 청하는 듯이 애처롭게 들릴 뿐…
 '아이고, 가엾어라! 저 매미를 어떻게 살려주었으면…'
 이렇게 여자는 속으로 혼자 부르짖고 감자 씻을 마음을 잃은 듯 그 편만 시름없이 바라보고 있다.
 그때 시모는 오줌동이를 이고 울 밖에 있는 고추밭으로 나오다가 얼빠진 모양으로 먼 산만 바라보고 있는 며느리와 마주쳤다.
 "얘, 얼른 저녁 하라니까 무얼 그렇게 정신없이 먼 산만 바라보고 있니? 참 얄궂어라."
 시모는 이 말을 하고는 자기가 할 말은 다하였다는 듯이 고추밭에 동이를 내려놓고 오줌을 주기 시작하고, 며느리는 미안스러운 얼굴로 고개를 숙이고 감자를 씻는 듯 마는 듯 대강 거듬거듬하여 가지고 집으로 올라와서 저녁을 짓기 시작하였다.
 그러나 까치에게 찍혀 죽는 매미의 참상을 보고 난 후부터는 웬일인지 가슴이 불안스러워지며
 '원, 친정에 무슨 큰 변고나 생긴 것이 아닐까…'

하는 걱정도 일고 혹시 자기 신변에 그런 일이 생긴 듯한 무서운 기분도 들어 부뚜막 앞에 한참 정신 빠진 사람처럼 앉았다가 불이 타나오는 바람에 정신을 차리고 일어서 소댕을 열어 보았다. 솥 속에 감자와 강냉이는 벌써 다 익어 구수한 냄새를 풍긴다.
"왜 오늘은 하루살이들이 이렇게 등쌀인가."
하며 머리가 허연 시부 되는 바깥 노인이 호미를 어깨에 맨 채 담뱃대를 물고 마당에 들어서고
"아마 밤에 비가 오려는 게지."
하며 시모는 마당 구석에 오줌동이를 내려놓는다. 그 뒤로는 남편이 지게를 지고 들어와 벗어 놓고는 시장하다는 듯이 부엌을 한 번 들여다 보고는 토방에 걸터앉는다.
이윽고 저녁상이 나왔다. 소반 가운데는 강냉이와 감자를 담은 그릇이 놓이고 가에는 시래기국을 담은 대접이 놓였다. 부자는 겸상을 하여 마주앉아 먹고 시모는 곁에 앉아 국 한 그릇을 내려놓고 국 한 숟갈을 떠서 맛보려다가 정지에 있는 자기 며느리를 불렀다.
"얘, 암만해도 날이 저물 듯하니 먼저 얼른 먹고 넘어가거라."
"혼자 어떻게 가요."
"무얼 못 가. 전에도 혼자 잘만 다니고서."
시부는 정신없이 강냉이 자루를 뜯고 있는 아들을 보고
"얘, 네가 얼른 먹고 네 아내를 등 너머까지만 바래다 주고 오려무나."
"무얼 바래다 주어요. 친정 가기 좋아하는 사람이 여북 혼자서 잘 갈라구요."

호환(虎患) 19

"얘, 그런 게 아니라 네 장모가 편찮다고 아까 기별이 넘어와서 그런다."

"앓기는 어디를 앓아요. 전에도 맨날 앓는다고 하여도 가보면 멀쩡합디다. 공연히 핑계지…."

"그만두어라. 그럼 내가 바래다 주고 오마."

며느리가 부엌에서 이 말을 듣더니

"염려들 마세요. 제가 혼자 갔다가 내일 일찍 넘어오지요."

"오냐, 그러면 얼른 저녁이나 먹고 그대로 가거라. 뒷설거지는 내가 할 터이니."

시모의 하는 말에 며느리는 공연히 울렁거리는 가슴을 진정해 가며 감자 몇 개 겨우 먹고 국물을 훌훌 마시고는 일어나서 앞치마를 벗어 나무걸이에 홱 던지고는 시부모께 다녀오겠다는 인사를 하고 사립짝 밖으로 나섰다.

어느덧 해는 완전히 서산을 넘어버려 옅은 어두움이 산골짜기에 내려앉기 시작하였다. 그는 속으로 이거 큰일났구나 하고 뒤도 돌아볼 새 없이 걸음을 재촉하여 단숨에 산등에 올라섰다. 등골에서는 땀이 비오듯 하고 숨은 턱에 닿도록 가빴다.

고개를 넘어서 조금 내려가 침침한 도랑섶에 접어들자 덤불 속에서 무슨 냄새가 확 끼치며 갑자기 무서운 기가 들었다. 머리는 하늘로 뻗치는 듯 쭈뼛하고 눈은 캄캄하여 지척을 분간할 수 없는데 다리는 맥이 다 풀려 한걸음도 내어디딜 기운이 없다.

한참 그 자리에 서서 다시 정신을 차려 가지고 앞으로 두어 걸음 내디디니 다시 고약한 악취가 확 끼치며 무슨 검은 그림자가 앞으로 내닥침을 깨닫자 그는 그만 기절하여 쓰러졌다.

얼마가 지났던지 그는 눈을 떠보니 어두운 하늘에 별만 총총할 뿐 여기가 어디인지 도무지 생각이 들지 않고 자기가 어찌하여 이렇게 누워 있는지 전연 기억할 수가 없다. 이것이 꿈인가 생시인가 의아한 생각을 품은 그대로 얼마 동안 누웠다가 새로운 정신이 들기를 기다려 겨우 일어나 앉았다.

발치에는 굵은 나뭇가지가 부는 바람을 따라 천천히 흔들거리고 뒤에는 시커먼 바윗돌이 말없이 앉아 있다. 여기는 분명히 인가가 아니고 산중임을 깨달으니 다시 온몸에 소름이 쪽 끼친다.

다시 정신을 차려 주위를 살펴보니 뒤에는 층암절벽이 깎아지른 듯이 솟았고 아래편에는 천야만장한 낭떠러지다.

왼편으로 몇 걸음 되는 거리에 무슨 그림자 같은 것을 자세히 보니 그것은 큰 돌이요, 옆으로는 참나무가 듬성듬성 서 있다. 이따금씩 나뭇잎을 스치고 지나가는 바람 소리가 죽은 듯한 산중의 적막을 깨칠 뿐….

그제서야 겨우 수족을 움직여 보니 팔과 다리는 임의로 놀릴 수 있는데 머리는 다 풀어져 흩어지고 의복은 발기발기 찢어졌고 면상과 수족은 가시에 긁혀진 듯 따갑고 쓰라리고 거기서 흐른 피는 아직도 마르지 않은 줄을 깨달았다.

다시금 정신을 가다듬어 생각하여 보니 저녁에 친정으로 넘어가다가 호랑이에게 물려와 지금 호랑이 굴 앞에 놓여 있는 것이 틀림없는 사실이다. 호랑이가 밥을 물어다 굴 앞에 놓고 제 새끼들이 없으면 데리러 간다는, 어른들에게 들은 이야기가 번개처럼 생각난다.

호환(虎患) 21

'내가 지금 호랑이 굴 앞에 있다. 그러면 조금 있다가 그놈이 새끼들을 물고 와서 여러 놈들이 나를 잡아먹겠지.'

하고 생각하니 금방 호랑이란 놈이 어흥 하고 덤비는 것 같아 온몸의 피가 갑자기 어는 듯하다.

죽을 때 죽더라도 자리나 옮겨 보리라 하고 몸을 움직여 보니 별로 크게 다친 곳은 없는 듯해서 앉은걸음으로 엉기엉기 기어 바위 틈으로 얼마쯤 내려왔다.

나무 위로 올라갔으면 좋겠으나 그런 재간도 없고 그렇게 할 기운도 없다. 일어서서 달아나 보려 하나 호랑이가 먼 데서 지키고 있다가 쫓아오지나 않을까 하여 겁도 나고 다리가 후들후들 떨려 발을 떼어놓기도 어렵다. 그리하여 앉은 그대로 우거진 풀을 헤치며 정신없이 얼마쯤 궁둥이 걸음을 쳐 내려왔다. 앞에 시커먼 바위를 만나도 호랑이 같고, 뒤에 바람 소리만 들려도 호랑이가 덮쳐 누르는 것만 같았다.

얼마를 내려왔던지 마음은 적이 놓이는 듯싶어 혹시 근처에 인가나 없나 하고 살펴보나 울밀한 수목이 어른거릴 뿐 방향을 분간할 수 없는데 어디 멀리서 닭의 울음 소리가 실낱처럼 가늘게 들리는 듯하다.

그는 닭의 소리만 들어도 재생한 듯 새 정신이 들며 이제는 살았구나 하는 생각에 본능적으로 그곳을 향하여 몸을 돌이켰다. 몸은 으시으시 한기가 들며 가시덤불에 긁혀진 아래 종아리는 화끈거리고 다리에는 아직도 떨리는 기운이 남았는데 이슬에 젖은 치마가 감기어 행보하기가 거북하다.

나무를 붙잡기도 하고 바위를 짚기도 하여 가며 풀섶을 헤치고 얼마 동안 정신없이 내려오고 있으니 홀연 뒤에서 우르르 하는 무서운 소리가 나며 맞은편 산비탈에서는 와지끈 뚝딱 하고 벼락치는 소리가 들렸다. 그 여자는 그만 혼겁하여 그 자리에 엎드러져 숨도 크게 못 쉬고 수족을 옹크린 채 풀 속에 파묻혔다.

'그 놈의 호랑이가 기어이 제 밥을 찾아 따라왔구나. 될 대로 되어라. 호랑이에게 죽을 놈은 언제든지 호랑이에게 죽는다더니…'

하고 그는 간이 콩만 하여 머리를 들어 정황을 살펴볼 마음도 없이 호랑이가 물어가기만 기다리고 있었다.

조금 있더니 풀을 헤치는 소리가 요란히 나며 무엇이 쿵덕쿵덕 뛰어 자기 있는 편으로 향하여 오는 소리가 나다가 잠깐 멈칫하고는 비탈을 돌아서 산너머로 사라지고 앞산 비탈에서는 여전히 화닥닥 화닥닥 용쓰는 소리와 함께 푸른 불똥이 왔다갔다하더니 무슨 짐승의 소리가나며 그 산등 너머로 없어져 버렸다.

그 놈의 호랑이가 여자를 물어다 굴 앞에 놓아두고 제 새끼를 데리고 와서 보니 밥이 없어져 버렸으니 곧 그 길로 줄달음을 쳐서 밥을 찾으러 나섰다가 중간에 노루 한 쌍을 만나 그 중에 한 놈을 잡아 꿩 대신 닭이나 먹자고 사람 대신 노루를 잡아간 모양이다. 산골에서 나고 산골에서 자라난 여자는 이런 것쯤이야 짐작하기 그리 어려운 것이 아니다.

'그러면 지금 밥을 물고 가서 제 새끼에게 포식을 시키겠지. 만일 노루가 없었다면 내가 지금 그 놈에게 물려가서 그렇게 되었겠지.'

하고 생각하니 몸서리가 쳐진다. 그러나 이제 그 놈이 밥을 물고 갔으니 다시 돌아서 오지는 아니하리라고 생각하니 적이 마음이 놓이기는 하나 그렇다고 언제까지나 이렇게 있을 수도 없어 다시 조심스럽게 일어나 풀을 헤쳐 가며 떨리는 걸음을 떼어놓기 시작하였다.

 돌멩이가 발에 채여 굴러도 호랑이가 듣지 않았나 하여 겁이 왈칵 나고, 칡덩굴이 발등에 걸려 뒤에서 끌리는 소리에도 호랑이가 치맛자락에 다다른듯 소름이 끼쳤다.

 나무를 잡았다 놓고 바위를 안고 돌고 하여 얼만큼 내려왔던지 한 곳에 이르러 보니 앞이 훤하게 트였는데 자세히 살펴보니 위쪽에는 밭이오 아래쪽에는 조그마한 논다랑이가 한 줄로 박혀 있다. 인간의 손길이 가는 논과 밭만 보아도 친정 식구를 만난 것처럼 반갑다.

 거기서 얼마쯤 내려오니 도랑 옆으로 희미하게 길 하나가 보이는데 그 길로 들어서서 한참 내려오니 거기는 잔디밭이 평평하게 보이고 위쪽으로 헛간 하나가 쓸쓸히 서 있다. 가까이 가서 보니 자기 짐작과 같이 담뱃간인데 그 안에는 마른 풀만 어지럽게 흩어져 있다.

 그것만 보아도 인가를 만난 듯이 반가워 우선 들어가 다리를 뻗고 앉아 기운을 차리려고 마른 풀을 모으고 있으려니까 뜻밖에 아래쪽에서 개 짖는 소리가 요란히 들리며 점점 가까워진다. 깜짝 놀라 그 편을 바라보니 개 두 마리가 자기 편을 향하여 사납게 짖어대며 올라오는 모양이다.

 '아이구, 저 놈의 눈에 이 험한 꼴이 들킨 게로구나.'

 하고 담뱃간 뒤로 얼른 빠져 잔솔폭 사이에 한참 은신하고 있다가 가만히 일어나 오른편으로 한 걸음 한 걸음 더 나가다 보니 저편 수목이 우거진 곳에 희끗희끗하게 보이는 것은 분명히 인가였다. 무인지경 험한 산골짜기에서 헤매다가 인가를 만나니 자기 집 안마당에 나 들어선 것처럼 반갑기는 하나, 그제서야 자기 몸으로 정신이 쏠려 대체 이 꼴을 해가지고 어떻게 들어가나 하는 난처한 생각이 앞선다. 희미한 별빛에 자기 몸을 살펴보아도 오직 기막힐 뿐이다.

'머리는 산산이 풀어져 어깨 너머로 가슴 앞으로 어지럽게 흩어졌고 적삼이며 치마는 발기발기 찢어진 데다가 밤이슬마저 되는 대로 척척 감겼으니 남자도 아닌 젊은 여자가 이 꼴을 하여 가지고 밤중에 누구의 사립짝을 흔드나…'

이러한 생각으로 가던 걸음을 멈추고 우두커니 서서 암만 생각하여도 별로 신통한 수가 있을 수 없고 그렇다고 언제까지나 이렇게 서 있을 수도 없는 것이다.

인가를 향하고 얼마쯤 더 내려와 보니 집 수는 많지 않으나 산골에 끼어 있는 작은 동리인데 저편 산기슭 밑으로 외따로 집 한 채가 있는 것을 보고 그 집이 좋을 듯 싶어 그 집을 찾아가리라고 마음을 먹고 발걸음을 옮겼다. 이제는 호랑이보다도 개가 더 무서워서 그 놈의 눈에 뜨이지 않으려고 다시 물러서서 소나무 틈으로 올라와 그 집을 향하고 조심하여 발을 떼어놓으며 그 집 뒤에까지 이르렀다.

나무 뒤에 은신하고 내려다보니 안채는 기역자 집으로 우뚝하게 터를 돋아 지었고 앞에는 행랑채가 직선으로 놓였는데 한가운데는 대문이 있고 머리 쪽으로는 사랑이 있는 모양이다.

사람의 집에 당도하고 보니 안심이 되고 반갑기도 하나 이제 어떻게 이 집에 들어갈까 하고 생각하니 다시 자기의 흉한 꼴이 생각나 가슴이 울렁거린다. 그러나 사람이 사람을 살리지 짐승이 사람을 살리랴 하는 생각으로 염치와 체모를 불구하고 바로 그 집 행랑채로 먼저 향하여 바깥마당에까지 내려갔다. 조심스럽게 마당을 지나서 문턱에 와 보니 대문은 굳게 닫혀 있고 사랑문 툇마루 위에는 남자들의 신발이 여러 켤레 놓여 있다. 그것을 보니 가슴이 두근거리며 차마 인기척을 낼 수가 없다. 봉로방에 모이는 실없는 남정들이 뛰어나와 실랑이를 건다면 그 봉변을 어찌 당하랴.

 그는 다시 마음을 돌려먹고 뒷곁으로 돌아가서 안방을 향하여 죽으나 사나 인기척을 내어보려고 가만 가만히 마당을 지나고 행랑채를 돌아서 반비탈이 진 울타리를 끼고 조금 올라가다가 울 틈으로 들여다보니 안방 뒷문이 바로 보였다.

 '오라, 여기가 안방이로구나. 그러면…'

 하고 인기척을 내려 하다가 좀더 안의 동정을 살피려고 울띠에다 몸을 대고 자세히 들여다보니 뒷문 창살에는 희미하게 불빛이 비쳐 있고, 그 안에서는 무슨 소리가 들리는 듯하였다. 한두 사람이 아니고 여러 사람이 모인 듯하고 가끔 무슨 글을 읽는 듯한 소리까지 새어나온다.

 '이 집에서 새벽 제사를 지내느라고 저런가, 그렇지 않으면 도적놈들이 모여서 무슨 의논을 하고 있는 것이 아닐까?'

 하고 생각하니 다시금 가슴이 내려앉는다. 안 되는 놈은 자빠져도 코가 깨진다고 하는 말과 같이 간신히 죽을 힘을 다하여 호랑이를 피하여 온 것이 결국 도적놈의 집인 것을 생각하니 도적놈에게 잡혀 갖은 능욕과 고생을 당하느니보다 차라리 아까 호랑이 아가리에 죽었더라면 더 좋을 듯하였다.

하여간 좀더 동정을 살피기로 하고 그 곳에 소리 없이 가만히 쭈그리고 앉아 엿보고 있자니까 얼마 후에 저편으로 난 문이 열리는 소리가 나더니 큼직큼직한 사람들이 안방에서 나와 안마당을 지나서 사랑으로 나가는 모양이 희끗희끗 눈에 띄었다.

'오라, 저놈들이 이제 다 나가는구나. 저 사람들이 다 흩어지고 주인만 남거든 어디 소리를 한번 내어보리라.'

하고 기회를 기다리고 있었다.

얼마를 지난 후 사방은 다시 무거운 적막 속에 빠졌다. 소리를 낼 때는 바로 이때다. 온몸의 신경은 한껏 긴장된다.

"사람 살려주!"

하고 한 번 있는 힘을 다하여 크게 외쳤다. 그 소리에 자기가 먼저 놀라 주저앉았다. 그러나 안에서는 역시 아무런 인기척도 없이 여전히 괴괴하다. 이상하기도 하고 한 번 소리를 내어 놓은 이상 마음은 더 초조하여 다시

"사람 살려주! 사람 살려주!"

하고 연거푸 두 번이나 소리를 쳤다. 그제서야 방에서

"그 누구요?"

하고 굵다란 남자 소리가 들리고 연하여 서로 두런거리는 소리와 자리에서 일어나느라고 부스럭거리는 소리가 들리더니 조금 후 삐드득 하고 대문 열리는 소리가 나고 바깥 마당가에 서 있는 나무 끝에 불빛이 어른거린다. 그 여자는 불빛만 보아도 부끄러워 두어 걸음 물러가 풀섶에 쓰러져서 이제 어떻게 말대답을 할까 생각하니 정신이 막막하다.

이윽고 사람들의 음성이 가까이 들리고 울타리 그림자가 늘었다 줄었다 하다가 저편으로 돌아가고 이편에 환한 횃불이 나타나면서 그 뒤로 남자 4, 5인이 자기 편을 향하여 작대기로 풀섶을 헤치며 올라온다. 거의 가까이 왔을 때 여자가 그대로 있을 수 없어 머리를 들고 일어나려 하니 앞에 섰던 사람이

"아이구, 어머니! 저것이 무엇이야!"

하고 외치는 바람에 모두 놀라서 곤두박질하며 도망을 친다. 여자는 자기 등 뒤에 호랑이란 놈이 온 줄로 알고

"사람 살리우!"

하는 날카로운 소리를 지르며 황급히 그들의 뒤를 따르니 그럴수록 그들은 엎어지고 자빠지며 한걸음에 대문 안으로 뛰어들어 대문까지 닫았다. 거기까지 쫓아온 여자는 생각하여 보니 호랑이가 온 것 같지는 않은데 저렇게 몰려 들어가 대문까지 닫으니 대체 이것이 무슨 영문인지 알 수가 없어 그대로 우들우들 떨며 섰자니까 다시 안에서 웅성거리는 소리가 들리고 횃불 빛이 어른거린다.

"귀신이라니 될 말이냐."

하는 큰소리와 함께 대문이 요란스럽게 활짝 열리고 횃불 든 사람 뒤에 장정 대여섯 사람이 따라섰고 맨 앞에는 기골이 장대하고 얼굴이 무섭게 생긴 상제가 떡 버티고 나오더니 위엄이 가득한 눈으로 뚫어져라 하고 그 여자를 노려본다. 여자의 시선이 그 눈에 마주치자 그만 여자는 그 자리에 혼도(昏倒)하여 쓰러져서 기절하였다.

# 공소

 진천 삼박골로 들어가는 산모롱이에서 꼬불꼬불한 좁은 길로 얼마쯤 내려가면 개울 옆으로 늙은 수양버드나무가 길가에 우뚝 서 있다. 여름철이 되면 버드나무는 지나는 바람을 쓸어안고 늠실늠실 춤을 추는 것이 제 멋이고, 오고가는 행인들은 또 저대로 이 그늘 밑에서 한 번씩 신세를 지고 가는 것이 한 가지 흥미이다. 별로 보잘것없는 이 산골짜기에는 이것이 날마다 보게 되는 하나의 단조로운 풍경이다.
 "아이고, 더워! 쉬어들 갑시다."
 하고 짐꾼 하나가 땀을 철철 흘리며 그늘 속으로 기어들더니 등에 진 무거운 짐을 바위 위에 시원스럽게 벗어 놓고는 오던 곳을 바라본다. 십여 보 밖에는 보통 행인의 모양을 차린 늙은 남자 한 사람이 조각보를 어깨에 걸메고 따라오고, 그 뒤에는 어떤 상제 한 사람이 조금 새뜨게 따라오는데 키는 훨씬 크고 심목고준(深目高準)에 안색이 희고 구실 구실한 누런 수염이 가슴을 덮은 준수한 분으로서 한 손으로는 포선(布扇)으로 얼굴을 가리고 한 손에는 부채를 들고 점잖이 걸어온다. 그리고 맨 뒤로 멀찍하게 큰옷자리 한 분이 더위를 못 이기겠다는 듯 부채질을 훨훨 해가며 떨어진 걸음을 급히 한다.
"그늘도 좋고 조용하기도 하니 쉬어 가시지요."
하고 조각보가 뒤를 돌아보며 그늘로 들어왔다. 뒤에 오던 상제님과 큰옷자리도 이런 고마운 제안에 찬성을 아니할 리가 없다.
"아, 참. 거기는 시원하구나."
하고 상제님이 선뜻 그늘로 들어서더니 방갓을 홱 벗어서 돌무더기 위에 던지면서
"아, 그놈의 방갓 몹시도 더운걸!"
하면서 이마에 흐르는 땀을 이리저리 손수건으로 닦는다.
"주교님, 조선 풍속에는 방갓을 가지고 그렇게 말 못한답니다."
"왜? 방갓에 무엇이 붙었나?"
"방갓은 돌아가신 부모님의 대신이랍니다."
"왜, 내가 부모가 돌아가셔서 이것을 썼나? 너희들 때문에 썼지."
이렇게 상제님과 조각보와 큰옷자리가 우스갯소리를 한바탕한 후 다 같이 껄껄 웃고는 돌무더기 위에 자기 편할 대로 자리를 잡고 앉았다.
개울섶에서 불어오는 바람에 창자까지 시원한 듯하다.
이윽고 큰옷자리가 '조각보'의 어깨를 툭 치더니
"이 사람들! 이런 서낭나무 밑에는 흔히 행인들이 돈푼이나 놓고 가는 수가 있으니… 혹시 그런 놈들이 우리 술값이나 두고 갔는지 알 수 있나."
하고는 돌아앉아서 돌멩이를 한 놈씩 한 놈씩 제쳐가며 눈을 두리

번거리고 있다.

　나무를 등지고 앉아 개울편을 바라보고 있던 상제님이 머리를 돌이켜 이 큰옷자리의 거동을 보고는 빙긋이 웃더니 주머니에서 엽전 다섯 푼을 꺼내어서, 아직 부산하게 돈을 찾고 있는 큰옷자리 등뒤에 있는 넓적한 돌 위에 가만히 놓고는 다시 머리를 돌이켰다. 짐꾼은 애써 웃음을 삼키고 시치미를 떼고 있다.

　큰옷자리가 한참 중얼거리며 돌멩이를 들추어보다가 돌아앉는 길에 눈이 휘둥그래지며 무릎을 치더니

　"그러면 그렇지, 이 돈 좀 봐라! 그 놈들이 돈을 아니 두고 갈 수가 있나."

　하고 소리를 지르며 의기양양하게 돈을 집어 보인다.

　"허! 그것 참, 복사님. 수 났습니다. 몇 푼이나 됩니까?"

　이렇게 '조각보'가 짐짓 딴청을 대었다.

　"다섯 푼이나 되네! 참 어떤 놈이 우리에게 좋은 일 하였다. 여보게, 우리 가다가 술이나 한 잔씩 먹고 가세."

　큰 짐을 지고 가던 짐꾼은 웃음을 참느라고 킥킥거린다. 상제님은 큰옷자리가 어린아이처럼 좋아하는 것을 만족한 미소를 머금고 바라보며 말한다.

　"그래, 그 놈들이 너희 술 사먹으라고 놓아둔 것이니 가다가 술이나 받아먹어라."

　이 소리를 들은 짐꾼은 이제는 못 참겠다는 듯이 상제님과 큰옷자리를 번갈아 쳐다보고 뒹굴어가며 웃어댄다. '조각보'도 웃어댄다.

　그제서야 큰옷자리도 일이 어떻게 된 것인지 알아듣고 상제님을

보고서

"어허, 참 감사하기도 합니다마는…"

하고 한바탕 껄껄 웃었으나 얼굴이 약간 붉어짐을 감추지 못하였다.

공중에 헤엄치는 초록제비는 무더운 공기를 칼질하며 소나기를 부르고 산골 개울에 흐르는 물은 맑은 거품을 튀기며 걸음을 바삐 한다.

저 아래편에서 농부 한 사람이 지게를 지고 곰방대를 빼어지게 발목에 털어 버리고 담뱃대를 호주머니에 감추고서 그늘로 들어와서 역시 쉬어 갈 차림을 한다.

"여보, 여기서 삼박골이란 동리가 얼마나 남았소?"

큰옷자리가 말을 건네었다.

"네, 바로 저기 보이는 저 산모롱이를 안고 조금 들어가면 동네가 하나가 있는데 바로 그곳이 삼박이골입니다."

"그 동네 이 진사댁은 어디쯤 있소?"

"그 동네 들어서서 맨 위쪽으로 외딴집을 향하고 올라가십시오. 그것이 바로 이 진사댁입니다."

"자, 그럼 무던히 쉬었으니 이제 그만 떠나야지."

일행은 다 일어서서 그 산모롱이를 향하여 걷기 시작하였다.

이들이 찾아가는 이 진사란 사람은 평창인이요 본명은 요안이고 이름은 호준(鎬俊)이다. 살림도 넉넉하고 문벌도 똑똑하여 삼박골 공소의 회장이요 또한 진사였다.

본시 서울 정동 부적골에서 살았는데 그 선대 적부터 진사였으므로 궐내에 출입도 많았다. 요안의 부친 규복은 정종 때 진사였는데 우연히 경기 감사 이익운(본명은 요안)의 집에 갔다가 책상에 놓여 있는 《명증》이란 책을 보고서 성교에 나와 주 신부에게 영세하고 또 남인과 동색이던 관계로 당시 채 정승, 이가환 등과 친숙한 사이로 지냈다.

대원군도 남인이었으므로 지금 삼박골 회장으로 있는 이 진사 요안과 교의가 두텁게 지냈다.

하루는 이 요안이 운현궁에 들어가 대원군을 찾아보고 있을 때 청지기가 이 요안에게 오는 급한 편지라고 전하는 것을 대원군이 받아서 이 요안에게 주었다.

이 요안이 편지 겉봉을 보니 충청도 제천 있는 남상교가 자기에게 보내는 것인데 급한 사정이라 하므로 무슨 사정인지 얼른 알고자 하여 마음도 초조하고, 또 대원군 앞인 만큼 그의 의혹을 사지 않으려고 그 자리에서 즉시 편지를 뜯어보았다.

편지의 사연인즉 대원군도 잘 권고하고 교리를 설명하고 하면 성교에 나올 희망이 있으니 아무쪼록 힘써 귀화시키라는 것이었다. 이 편지를 곁눈으로 읽어 본 대원군은 요안을 쳐다보며

"그런 줄 몰랐더니 내가 못 볼 편지를 보았네그려."

하고 기색을 살핀다. 요안은 속으로는 심히 안 되었다고 생각하였으나 겉으로는 태연한 기색을 지으며 말하였다.

"아, 대감께 관한 것인데 보시면 어떻습니까."

"보니까 그러네만… 그래, 남 우촌(상교의 당호)도 성교를 하고 자네도 성교를 하네그려."

그때 대원군의 기색이 나쁘지 않았으므로 그때부터 이 요안이 그를 귀화시키려고 혹은 직접 말로도 권하고 혹은 글을 지어 드리기도

하고 혹은 박 유모(본명은 말다)를 경유하여 서적도 바쳐 보았다. 그리하여 대원군이 십이단과 교리 문답도 외워 보기까지 하였으나 그때 서로 세력을 다투는 중이던 우의정 김병국이 꺼려 결심을 짓지 아니하였다.

하루는 이 요안이 박 유모를 시켜 〈상재상서〉를 바쳤더니 대원군이 그것을 읽고 있다가 별안간 들어오는 김병기에게 발각되었으므로 이 일이 김 정승의 귀에 안 들어갈 리 없었다. 그 후 어느 때 김 정승의 입으로부터

"아, 대감댁에는 서학꾼이 매일같이 드나들고 대감도 서학을 하신다지요."

하는 말을 듣고 손쉽게 그 말을 막고 돌아왔으나 그날 밤 이 궁리 저 궁리에 잠을 이루지 못하였다.

사실 그때 대원군의 아내 부대부인은 유모 박 말다의 가르침으로 십이단 문답 조만과까지 다 배웠고 또한 아드님(고종)과 따님까지 경문을 가르치고 있었던 것이다(이 따님은 그 후 군난에 서학 한다는 죄목으로 하약하시매 십칠 세 꽃다운 동정의 몸으로 희생되었다). 대원군이 홀로 생각하고 생각한 끝에 드디어 서학꾼과 발을 끊을 수밖에 없다고 결심하고 이 요안을 불러

"금년부터는 상납시킬 담배를 충청도 진목천에서 올리기로 하였으니 자네는 그리로 낙향하여 담배나 감시하여 가며 심부름이나 하여 주게."

하여 서울을 떠나기를 권고하였다.

처음에는 이 요안이 이 뜻밖의 말에 당황하였으나 속으로 생각하

니 계획하던 일이 틀렸다고 볼 수밖에 없고 만일 군난이 난다면 자기가 서울에 있는 것이 역시 위험하므로 이것은 대원군이 자기 사정을 보아서 하는 말임을 깨달아 온 집안 식구를 데리고 이 진천 삼박골로 낙향하여 왔던 것이다.

 진천 서면(지금은 백곡면)에 열두 산막이 있는데 그것은 지거머리·황새울·명심이골·절골·정삼이골·솟골·대명골·삼박골·산석골·용진골·모니·배티라 하는 산촌들로서 병인년 전에 교우들이 이런 산촌에 박혀 있어 화전을 하여 담배, 조, 감자 같은 것을 심어 먹고 있었다. 그 중에도 이 삼박골이 유명한 것은 병인년 군난 때 강 신부*가 거기서 일 년을 숨어 지낸 때문이다.

 삼박골 주위에는 높은 산이 둘러 있고 남쪽으로 겨우 산문이 열려 좁은 통로가 있을 뿐이므로 밖에서 보면 그 골짜기 안에 사람이 살 것 같지 않다. 이 두메 산촌에 이 요안이 이사하여 온 후로는 근처 사람들은 서울서 온 이 진사댁이라 하여 매우 우러러보았다.

 이 요안이 주교를 모셔다가 별성사를 보려 하여 제천 배론에 계신 장 주교**께 상경하시는 길에 이 삼박골을 들러가시기를 청하였던 것이다. 그리하여 상제복을 한 주교 일행은 음성 늘거리 공소에서 하룻밤을 쉬시고 그 이튿날 무사히 삼박골 어귀에 이르러 정자나무 밑에서 땀을 들여 가지고 이 진사댁을 물어 찾아들었다.

 장 주교께서 상제복을 하고 삼박골 이 진사 집에 들어오자 그 이튿

---

\* 칼레(A.N. Calais, 姜, 1861년 4월 조선에 입국) 신부.
\** 베르뇌(S.F. Berneux, 張敬文一, 1856년 3월 조선에 입국) 주교.

날은 쉬시고 사흘째 되던 날부터 공소를 시작하셨다.

요안 이 생원이 낙향하여 삼박골로 들어온 후 처음 얼마 동안은 몹시 고적하고 쓸쓸하여 자나깨나 서울만 생각하고 있었으나 차차로 근방에 이 소문이 퍼져 서울 이 진사댁이라면 모르는 사람이 없게 되었고, 그뿐 아니라 이 진사는 서울 대원이 대감과 통래가 많다 하여 큰 수나 볼듯이 사랑에 와 박혀서 빌붙는 산골 뚜쟁이 양반도 많이 보게 되고 득송이나 할까 하여 산송을 당하였느니 어느 댁 양반의 배제가 왔느니 하여 일 좀 보아달라고 와서 조르는 사람도 비일비재하여 이 모든 것을 모르는 체하고 눈감아 둘 수가 없었다. 그래서 그럭저럭 대충 보아주는 중에 아는 사람도 많이 생기게 되고 이 산 높고 골 깊은 삼박골의 품에 안겨 두견새 소리나 듣고 맑은 공기를 호흡하며 그날그날 살아나가는 것이 서울에 비해 더 선비다운 청초한 생활도 되고 또 수계 범절에 더 유익한 듯하여 차차 재미를 붙이고 있으나 일상 마음에 놓이지 않는 것은 혹시나 자기 성교하는 것이 겉으로 탄로날까 하는 것이니 과연 서울을 떠날 때도 대감이 특별히 자기를 불러 이것을 조심하라고 신신당부하지 않았던가.

그러므로 장 주교께 공소를 청하러 사람을 보내 놓고는 자기 집안 식구와 근동 다른 교우들에게 주의할 점을 일일이 가르쳐 엄중히 단속을 해놓고 주교께서 들어오시는 날부터는 교우 한 사람을 시켜 동구 밖에서 일하는 체하다가 이 진사를 찾아오는 사람이면 상경하였다고 말하여 미리 막아 놓게 하였다.

이 진사 요안이 서울에서 주교 슬하를 떠날 때 마치 젖먹는 어린아이가 어미 품을 떠나는 것 같다고 말하였고 장 주교 역시 요안을 멀리 떠나 보내는 것은 마치 팔 하나가 없어지는 것 같다고 말한 만큼, 첫날에는 둘이 앉아서 그동안 지낸 이야기와 경향 간 교중 소식을 서로 전하기에 그날 해를 다 보냈고 이튿날부터 공소를 시작하였던 것이다.

낮에는 틈틈이 남교우들이 동안을 띄워 하나씩 둘씩 이 진사댁 사랑으로 들어가 앉았다가 안쪽으로 난 문으로 나가서 주교 계신 방에 들어가 성사를 보고는 다시 사랑에 나와서 앉았다가 마치 진사댁 사랑에서 볼일을 다 본 듯이 하나씩 둘씩 마치 올 때처럼 태연히 물러간다.

여교우들은 당시 풍속에 의하여 낮에는 마음대로 출입을 못하고 또 남녀가 번갈아가며 진사댁에 드나드는 것이 외인들에게 매우 수상한 눈치를 보이는 것이 될까 하여 해가 떨어진 다음에 저녁을 먹고 캄캄하여 지기를 기다려 가만히 진사댁에 들어가 성사를 본다.

고해자가 적으면 주교께서 좀 일찍 주무실 수 있으나 고해자가 많으면 밤중까지 성사를 주어야 하고 또 아무리 고단할지라도 새로 두 시나 세 시쯤 되면 미사를 드리신다. 교우들은 밤중에 도적놈처럼 가만히 모였다가 이 새벽 미사에 참례하고 웬만한 사람이면 또한 날이 밝기 전에 역시 도적처럼 가만히 빠져나가야만 한다. 공소를 치르려면 주교 신부나 공소집 주인이나 성사 보는 교우들이 다 같이 며칠 동안 이렇게 가슴을 졸이지 않을 수 없다.

주교께서 삼박골 공소를 시작한 날 역시 거의 밤중까지 성사를 주시고 두 시에 일어나 미사를 지내시고 미사 후에 몇 명 견진자에게 견진성사를 주시게 되었다.

미사 후에 남교우들은 사랑에 나아가 담배나 태우며 잠깐 이야기하고는 흩어지려고 사랑으로 나갔고 주교께서는 견진 예절을 거의 마쳐 갈 때 별안간 뒤란에서 비단을 찢는 듯한 날카로운 소리가 모든 이의 귀를 찔렀다.

조심에 조심을 극히 하느라고 하던 중 이런 뜻밖의 소리가 아주 가까이에서 들리는 것은 그들에게 청천벽력과 같은 것이다. 어떤 이는 들고 있던 책도 떨어뜨리고 어떤 이는 제대 앞으로 고꾸라지며 부들부들 떨고만 있다. 방안 사람의 신경은 모두 귀로만 쏠리며 숨이 갑자기 끊어진다.

"사람 살려주, 사람 살려주!"

둘째 번에는 분명히 이렇게 부르짖는 젊은 여자의 목소리가 명백하다. 또 그 소리가 울 밖에서 나는 것임을 분간할 때 모든 이의 숨소리는 겨우 다시 계속된다.

이윽고 주교께서 나가 보아야 한다는 눈짓을 하시니 복사가

"그 누구요?"

하고 한 번 소리를 내고는 요안과 함께 여교우들이 터주는 가운데를 통해 안마당으로 나가서 사랑에 있는 남자들을 불러내었다.

사랑에 있던 남교우들은 후면에서 무슨 이상한 소리가 났으므로 두런거리던 이야기를 끊고 휘둥그래진 눈으로 서로 쳐다보고만 있던 중인만큼 이 요안이 나오라는 바람에 무슨 일이 생긴 것만은 직감하고 다들 긴장된 얼굴로 튀어나와 이 요안의 입만 쳐다보고 있다.

"무어 그리 놀랄 것들은 없네. 지금 뒤란 울 밖에서 사람 살리라는 소리가 들리니 이대로 있을 수야 있나. 그러니 어서 나가서 대관절 무슨 일인지 알아나 보아야지."

비록 이 요안이 놀랄 것은 없다 하나 듣는 자의 마음은 공연히 무서운 중, 나가서 알아보아야 한다는 책임을 느끼자 가슴속을 치미는 일종의 불안을 금할 수 없다. 그렇다고 서로 쳐다만 보고 서 있을 수도 없어 그중 4, 5인이 이 요안의 지휘에 따라 횃불을 켜들고 작대기나 몽둥이나 손에 잡히는 대로 하나씩 들고서 문간으로 나가 대문을 열었다.

사방이 죽은 듯한 어두운 밤중에 대문 열리는 소리가 유난히 크다.

대문을 나선 그들은 우선 겁에 질려 어찌할 바를 모르고 서로 앞서기를 사양하고 있으므로 이 요안이 혀를 쯧쯧 두어 번 차고는

"아따! 이 사람들아, 무엇이 벌써 잡아먹었나, 그렇게 미리 겁들 낼 게 무엇인가."

하고는 울타리편을 가리키며 다같이 올라가 보자고 재촉하였다.

횃불을 쳐들고 근방 후미진 곳을 살피며 울타리를 끼고 얼마쯤 올라갔을 때 저편 우거진 풀숲에서 불쑥 일어나는 것, 그것은 얼마나 무서운 형상인가! 피칠한 옷에 머리를 풀어 산발하고는 이편을 노려보며 머리를 드는 그 괴물! 그것은 옛적 이야기에 흔히 나오는 그 무서운 귀신임에 틀림없었다. 횃불잡이 바로 뒤에 섰던 겁 많은 두 교우가 맨 먼저 이 무서운 형상을 보고는 으악 소리를 지르며 뒤로 달아나는 바람에 횃불잡이는 어떻게나 놀랐던지 그만 횃불을 내던지고 돌아서서 뛰어들어 오고 그 바람에 다른 이도 모두 엎어지고 자빠지며 안마당으로 뛰어들었다. 그 중에 좀 담대하다는 이 요안도 혼자 거기에 남아 있을 용기는 없었다. 더구나 그 무엇이 소리를 내며 뒤에서 바짝 쫓아올라 옴에야! 다만 그는 문간에 들어서면서 얼른 대문

닫기를 잊지 않았을 뿐이다.

주교께서는 그들을 내보내신 후 바깥 일이 궁금하여 안마당에 나와서 바깥 동정을 살피려고 하시던 중 돌연 울 밖에서 죽는 소리를 내며 나갔던 사람들이 화닥닥 몰려들어 옴에는 머리 끝이 쭈뼛하며 부엌 추녀 밑으로 부지 중에 걸음을 옮기셨다.

처음에는 선뜻 혹시 포졸의 습격이나 아닌가? 하시고 놀라셨으나 마당으로 쫓겨 들어온 사람들이 수군거리고 서 있는 품이라든지 밖에서는 여전히 아무런 인기척도 없음을 보시고서는 적이 안심이 되어 그들 곁으로 나서며 은근한 목소리로 물으셨다.

"대체 무슨 일이 있느냐?"

그러나 얼결에 놀라 뛰어들어 온 자들은 어떻게 대답할 바를 몰라 어리벙벙하고 있을 때, 횃불잡이 뒤에 섰던 한 사람이 덜덜 떨리는 목소리로

"아이고! 주교님, 귀신이 나왔습니다."

하고 겨우 대답을 하였다.

"귀신이라니?"

하고 재차 물으시는 말씀에 이 요안이

"글쎄, 무엇이 저기까지 따라왔습니다."

하고 대문을 가리켰다. 겁 많은 사람 몇은 주교 뒤로 자리를 옮겨 섰다.

"원, 별말을 다 들어보겠다. 어서 불 밝혀라."

하시는 주교의 힘있는 말씀에 일동은 원기를 약간 회복하여 다시 횃불을 준비하였다.

주교께서 맨 앞에 서시고 그 뒤로 횃불잡이가 섰고 그 뒤로는 다른 사람들이 몸을 움츠리고 따랐다. 주교께서 대문을 활짝 열고 보니 과연 거기는 참말로 흉측한 형상이 그대로 서 있다.

주교께서 손을 들어 그 괴물을 향하여 십자를 그으매 괴물은 그만 그 자리에 푹 쓰러져 운신을 못한다.

"아이고! 주교께서 귀신을 쫓으셨네."

"주교께서 마귀를 잡아 놓으셨네."

이렇게 뒤에서 수군거리는 별별 소리가 다 들린다.

"변변치 못한 것들! 그래, 멀쩡한 사람을 보고 그렇게들 놀란단 말이냐?"

하시고 주교께서 뒤를 돌아보시니 그제서야 교우 몇 사람이 기웃이 넘겨보다가는 앞으로 나서며

"아이고, 이게 웬일이야! 어떤 여자가 글쎄 이 꼴이 되었나!"

하고 한마디씩 지껄이며 맥도 짚어 보고 가슴도 만져 보고 한다.

주교의 분부로 즉시 그를 떠메다 안방 아랫목에 눕히고 미음을 먹인다, 수족을 주무른다, 침을 준다 하고 야단법석을 하였다. 얼마 지난 후 그 죽은 송장은 얼굴에 화색이 돌기 시작하고 이마에는 촉촉이 땀이 배인다. 이것을 보고 이제는 소생되리라 하여 남교우분들은 마음을 놓고 사랑에 나가서 제각기 놀란 이야기와 이 일이 어떻게 된 것이라는 추측을 제마음대로 붙이기에 떠들썩하다가 그중 지각 있는 교우가 주의를 시켜 다시 조용해진다.

주교께서는 여교우들에게 그 여자가 보기에 너무 흉측하니 얼굴과 수족을 대강 씻어 주고 의복도 갈아입히라고 분부하시고 다시 당신

방으로 넘어가 회장과 복사를 데리고 견진 문서를 쓰기 시작하였다.

안방에서 여교우들이 다시 들레는 소리가 나니 주교께서 회장을 바라보시고 주의시키라는 눈짓을 할 때 회장의 아내가 황급히 복사님을 부르며 들어온다. 일동의 시선은 그리로 쏠린다.

회장의 아내가 눈이 휘둥그래가지고 손바닥에 놓인 조그마한 헝겊 뭉치를 내보이며

"이것이 패가 아닐까요?"

하고 주교와 복사의 얼굴을 번갈아 살핀다.

복사가 얼른 그것을 받아가지고 풀기 시작하였다. 돈짝처럼 납작한 타원형이 손에 감촉된다. 마지막으로 싸인 꺼풀이 벗겨지자 거기서 나오는 것은 성모 무염 원죄패!

복사는 삽시간에 감전이나 되는 것처럼 눈이 커지며 잠깐 부르르 떨더니

"아! 이것 참말입니다!"

하고 주교께 드렸다.

주교께서는 그것을 받아 이편 저편 한 번 살피시더니

"아, 참 성모 무염 원죄패다. 이것을 어디서 얻었나?"

하고 회장의 아내를 바라보셨다.

"예, 죄인이 그 여자의 옷을 갈아입히려고 적삼을 벗기는데 적삼 앞자락 속에 단단한 것이 만져지므로 거기를 타개고 보니 그것이 들었습니다."

이 대답에 일동의 얼굴은 더 한층 긴장된다.

"아마 그 여자가 교우인가 봅니다."

"글쎄…"

하고 주교는 간단히 말하실 뿐, 명확한 판단은 피하시고 다시 패를 뒤척뒤척 살피시더니

"이것은 예전에 치명하신 범 주교*께서 가지고 나오신 것임에 틀림없다."

하시고 패를 방바닥에 내려놓으시며 감개무량하신 듯 은근히 한숨을 쉬신다.

한참 동안 패는 이 손에서 저 손으로 쉴새없이 넘나들고 있고, 사랑에는 어느새 이 소식이 나갔던지 남교우들이 신발을 직직 끌며 돌아서온다.

주교 방으로 귀를 기울이고 엿듣던 안방 여교우들은 혀를 내밀고 서로 정신없이 쳐다보다가

"아이고! 그것이 성모패라는구먼!"

"저를 어째!"

"그러면 저이가 교우인가?"

"어쩌다가, 글쎄 저 꼴이 되었어?"

"교우인지 무엇인지 아직 알 수 있나."

하며 조용해야 한다는 조심을 잃고 한참 수군거리다가 윗방에서 조용하라는 말이 넘어오자 움찔하고 다시 본 정신으로 돌아갔다.

아래윗방에는 긴장된 침묵이 다시 계속된다.

얼마 후 아랫목에 시체처럼 꼼짝 못하고 누웠던 여자의 입에서 긴

---

* 앵베르(L.J.M. Imbert, 范世亨, 1837년 12월 조선에 입국) 주교.

한숨이 새어 나왔다. 이윽고 얼굴에서는 화기가 돌고 숨소리가 고르게 들리기 시작한다. 이를 물끄러미 바라보던 회장의 아내 발바라가 그 곁으로 바싹 내려가 앉으며

"이제 정신 좀 차려보시오."

하고 그 어깨를 가볍게 흔들었다.

그는 조금 있다가 아랫목 벽으로 향하고 돌아누우며

"후유"

하고 한숨을 쉬더니 가만히 팔을 오그려 적삼 앞자락을 더듬어 보고는 이맛살을 찌푸리며 쓰디쓴 입맛을 한 번 다시고는 낭패한 기색을 감추지 못한다.

그의 일거일동을 놓치지 않으려고 들여다보고 있던 발바라가 그 태도를 보고는 귀에다 대고 은근한 목소리로

"걱정 말우, 당신 적삼은 횃대에 걸렸수."

하며 이마의 땀을 씻어 주었다.

그 여자는 알아들은 듯 고개를 약간 끄덕일 뿐 여전히 눈을 감은 그대로 무거운 침묵에 잠겨 있다.

이러한 보고를 들으신 주교께서는 필연 그가 방안에 사람이 많은 기미를 알고 부끄러워 차마 일어나지 못하고 있는 것이라 하여 분부를 내려 이제 회생하였으니 다들 나가서 할 일을 하고 갈 사람은 어서 가라고 하셨다. 과연 그 여자는 조금 전에 본 정신이 들었으나 자기 누운 곳이 어느 방안인지, 옆에 사람들이 있는 기미를 깨달으니 의아한 중에도 불안스러운 생각이 먼저 머리에 들었던 것이다.

'대체 여기가 누구의 집인가? 내가 어떻게 여기 와서 누워 있나?

옳지, 아까 그 집 울타리 밖에서 사람 살리라는 소리를 지르고, 장정들이 나왔다가 질겁을 하여 들어가고, 그 뒤를 따르다가 무서운 상제를 만나고, 여기서 정신을 잃은 것이로구나…. 그러면 대체 이 집이 바로 그 집인가, 다른 집인가? 정신없는 동안 무슨 봉변은 당하지 않았나? 참! 그것은 어찌 되었나…'

하고 가만히 적삼 앞자락을 만져 보았으나 반드시 있어야 할 물건이 없어졌고, 또 지금 입고 있는 적삼이 자기의 것이 아니라는 데에 그의 불안은 더 한층 깊어졌던 것이다.

'차라리 그 호랑이에게 깨물려 죽었으면 얼마나 행복스러웠으랴! 내가 지금 불한당의 손에 빠져 있는 것이라면 어쩌나? 그리고, 자나 깨나 잊지 않던 그 성모패가 탄로되었다면…'

그 여자는 과연 교우의 가정에서 태어났고, 그 패도 십삼 세부터 몸에 모시게 되어 가장 소중하게 여기던 것이다.

형세 부득이 하여 외인에게 출가할 때 친정 어머니는 그 패를 벗어 놓고 가라고 권하고, 자기 역시 생각하니 만일 시집에 가서 어쩌다 이것이 발각되면 큰 풍파가 일어날 것은 틀림없으니 차라리 친정 어머님 손에 맡기고 가려 하였으나 그때 목천에서 온 자기 고모가 그럴수록 성모님께 마음을 다하여 의탁하고 지냄이 옳지 않느냐는 간절한 훈계를 내리므로 다시 마음을 돌려잡고 이 성모패는 꼭 자기 몸에 모시기로 결심을 하였던 것이다.

그리하여 정삼이골로 시집을 간 다음에도 저고리나 적삼 앞자락 깊이 간직하여 모시고는 어려운 경우에는 가만히 그 위에 손을 대고 속으로 성모의 도우심을 청하여 왔다.

그러나 만일 이것이 드러나면 큰일이라 하여 남편과 시모의 눈을 조심하기에 그의 고심한 바는 여간이 아니었고 가슴을 태운 적도 한두 번이 아니었다.

그렇게까지 끔찍이 애를 써가며 모시고 지내온 성모패가 지금 발각된다면 어떻게 되나 하고 생각하니 육모방망이를 든 포졸들이 친정으로 달려들어 머리가 허연 아버지를 사정없이 두드리며 결박하여 읍내로 끌고 내려가고 집안 세간은 모조리 몰수하여 가고, 애매한 시집 식구들까지 모두 붙들려 가서 그 무서운 매질 아래 녹아나고 하는 형상이 눈앞에 완연히 나타난다.

가슴이 어는 듯하고 전신에 소름이 쪽 끼친다.

그러나 만일 요행으로 산에서 그 패를 잃었다면 이런 염려는 쓸데없는 것이요, 또 비록 적삼을 바꾸어 입혔으나 그 피칠한 적삼에 누가 손을 대지는 않고 한구석으로 몰아두고 임자가 깨어나기만 기다리고 있을 듯도 한 일이니 그렇다면 미리 이런 걱정을 하고 있는 것보다 빨리 그 적삼이 어떻게 되었는지 알아보고 대책을 연구하는 것이 순서라고 생각하니 가슴이 좀 후련하여 진다.

그제서야 비로소 전신이 따갑고 목이 타는 듯함을 깨달을 수 있었다.

"아이고, 목말라…"

하고 모기 소리만하게 입 밖에 내고는 메마른 입맛을 다시었다.

"이제 정신이 났구먼."

하고 여교우 하나가 반가운 듯이 얼른 옆에 와 앉으며

"자, 좀 일어나 보시오. 물 줄게."

하고는 일으켜 보려고 등 뒤로 손을 넣는다.

그 여자는 못 이기는 체하고 간신히 일어나 아랫목 벽에 비스듬히 의지하고 앉았다. 어느 틈엔지 벌써 물대접이 입에 닿는다.
　물을 서너 모금 들이키고는 좀더 정신이 도는 듯이 눈을 들어 방안을 잠깐 둘러보고, 또 자기 주제를 한 번 살펴보고는
　"아이 참, 내 적삼은 어디 있수?"
　하고 약간 초조한 빛을 띠운다.
　"그까짓 피투성이가 된 적삼을 찾아 무엇하우? 얼른 밥이나 좀 먹고 먼저 기운을 차려야지."
　하고 발바라가 그 얼굴의 표정을 훑어본다.
　"그래도 내 옷이니까 찾아야지요."
　"아니, 그 적삼에 무엇이 들었수."
　"아니요, 그저…"
　"그럼 먼저 요기나 한 후 기운을 차려가지고 봅시다."
　그 여자는 만사가 귀찮다는 듯이 다시 자리에 쓰러져 눕더니 눈을 감고 무슨 깊은 생각에 잠기는 모양이다.
　차차로 방안에 사람이 많아지고 또 자기를 보고 수군거리는 것이 불안하여 그대로 언제까지나 누워 있을 수도 없어 그는 부스스 일어나 머리를 두어 번 쓰다듬고 옷깃을 여미며 구석으로 조심스럽게 물러 앉아 방안 사람들을 한 번 둘러보고는
　"밤중에 너무 걱정을 많이 끼쳐 미안합니다."
　하고 얌전하게 인사를 하였다.
　"우리는 관계없소마는 당신은 과히 다친 데는 없소?"
　"네, 별로 크게 다친 곳은 없습니다. 그런데 여기가 어디고 뉘 댁이

신가요?"

"뉘 집인지 차차 알 터이니 어서 기운이나 차리시오."

"참, 내 적삼은 어디 있나요?"

"아따, 그 댁 아까부터 그까짓 적삼은 그렇게 찾아…"

하고 회장댁이 자기 딸 금순이를 불러 적삼을 가져오게 한 후 그 앞으로 내던지며 다시 기색을 살핀다.

그 여자는 슬그머니 적삼을 집어 두루 살피는 체하면서 몇 번 적삼 앞자락을 더듬었으나 패는 없다.

'일은 났구나! 모두 외인집에 출가하여 사는 벌이겠지!'

하고 생각하니 가슴이 내려앉는다.

겨우 화기를 회복한 얼굴이 다시 해쓱하게 질린다.

회장댁은 그의 얼굴에서 무엇을 찾아낼 듯이 한참이나 들여다보더니 바싹 다가앉으며 말문을 연다.

"왜, 무엇을 잃었소? 잃었거든 말을 하시오. 우리가 찾아볼 터이니…"

하고 그 여자에게 물었으나 그는 쓰디쓴 입맛만 두어 번 다시고는 도무지 대답할 생각도 않는다.

"무엇을 잃었소? 돈이오?"

"아니요."

그 여자는 모기 소리만큼 겨우 이렇게 입 밖에 내놓고는 부지중 한숨을 내쉰다.

"그럼 무엇이란 말이요…. 여기 빠졌으면 이 방에 있겠지, 어디 갔을라고."

하고는 좌중을 한 번 둘러보며

"여보게들 모두 일어나 보시오. 여기다 무엇을 잃어버렸다오."

하면서 회장댁은 수선을 떨며 여자들의 궁둥이를 모조리 일으키기 시작하였다. 두서너 사람이 이렇게 하니까 다른 여자들은 제풀에 모두 일어나서 치마를 툭툭 털어 무엇을 찾는 체하면서 깔깔대고 웃어댄다.

그 여자는 일어날 생각도 않고 여전히 적삼만 만지작거리며 낙심하는 빛을 감추지 못하고 시름없이 앉아 있다.

그때 주교께서는 조반을 잡숫기 시작하셨는데 몇몇 남교우들이 와서 둘러앉았고 복사는 가까이서 상 심부름을 하고 있다.

"그 여자가 일어났느냐?"

"예, 일어났다 합니다."

"그런데…"

"예, 무엇을 찾는 눈치랍니다. 필경 아까 그 패를 찾는 모양입니다."

"음!"

하고 주교는 고개를 끄덕이시더니 복사를 바라보시며

"오냐, 그것봐라! 의심 없는 교우이다. 그러면 물건을 임자에게 내주어야지."

하시며 옆의 상 위에 두었던 패를 집어 복사에게 내주시며 이리이리하라고 무슨 은근한 부탁을 하신다.

복사는 패를 집어가지고 회장댁을 불러 남이 알아듣지 못하도록 가는 목소리로 몇 마디 중얼거리고는 그 패를 전하였다. 회장댁은 잘 알아들은 듯이 눈웃음을 치며 고개를 두어 번 끄덕거리고는 패를 받아가지고 아랫방으로 내려갔다.

일동의 시선은 그에게로 쏠린다.

방안은 무슨 새로운 사실을 기다리는 듯이 조용하고 윗방에 있는 남교우 몇은 장지 틈으로 장차 일어날 아랫방의 광경을 놓치지 않으려 한다.

회장댁은 그 여자 앞에 바싹 다가앉아 그 얼굴을 한 번 살피더니
"자, 무엇을 잃었는지 똑똑히 말해 보시오. 내가 찾아줄 터이니."
하고 다그친다.
"……"

대답할 말이 사실 그에게 있을 리가 없다.

아까부터 주인댁인 듯한 이 여편네가 이렇게 심상치 않게 굴데야 필경 무슨 일이 이제 터지려나 보다 하고 생각하매 다시 가슴이 졸이기 시작한다.

회장댁은 자신 있는 말투로
"자, 그럼 이것이로구먼! 똑똑히 보시오, 당신의 것인지."
하며 손바닥을 펴 그 여자의 턱 밑에까지 들이대어 패를 구경시키고는 방바닥에 내려놓는다. 그리고는 그 여자의 얼굴에 떠오르는 표정을 유심히 훑어본다.

그 여자는 한 번 그 패를 쳐다보더니 질색한다.

그리고 단 한 번 쳐다보았을 뿐, 자기는 모른다는 듯이 두 번도 거들떠보지 않고 외면을 하며 무관심한 표정을 애써 지으려 하나 어느 결엔지 긴 한숨이 새어 나온다.

'대체 이 일을 어찌 하나!'

처음 자기 적삼이 아닌 것을 알고 극히 염려하다가 그래도 혹시 그 패가 아직 자기 적삼에 그대로 있을지라도 다른 사람들은 그 피묻은 옷을 무어 그렇게 살피지 않고 한 편에 치워 놓아두었을 수도 있다고 생각하여, 뛰는 가슴을 스스로 진정하여 가면서 자기 적삼을 다른 사람이 다시 손대기 전에 굳이 청하였다. 적삼을 찾은 다음에 패가 없어졌음을 발견했을 때는 더욱 크게 낙망하였으나 혹시나 산에서 잃은 바 되었으면 하는 생각으로 마치 실낱만한 의지할 데를 믿고 있었으나 이제 그 패가 모든 사람 눈의 화살을 한 몸에 받으며 방바닥에 놓여 있지 않은가!

자기가 여섯 살 먹었을 때 예전 범 주교께서 과천 신밋 공소에 오셔서 어린아이가 경문을 많이 배우고 총명하고 열심이다 하여 당신 앞에 불러 앉히고 밖에 나가 놀 때 말 한마디라도 조심하라고 신신당부하시고 자기 부모에게도 이 점을 다시 깨우치신 후

"데레사야, 너 성모님을 잘 공경하여라. 그러면 성모님께서는 네가 위태할 때 보호하여 주실 테니."

하시면서 이 패를 내어 주셨고 그때 자기는 천당 간 것처럼 기뻤고 자기 부모는 너무나 감격하여 눈물이 글썽글썽하였고 다른 교우들까지도 무던히도 부러워했는데….

어머니는 그것을 깊이 간직하여 두었다가 자기가 열세 살 되던 해 가을에 이것을 다시 내주며 몸에 소중히 모셔야 하고, 또 외인들에게 조금이라도 눈치를 보이면 큰일난다고 단단히 주의를 시키므로 그때도 저고리 앞섶에 정성으로 모시고 있다가 삼박골 외인집으로 시집

갈 때 어머니는 위험하다고 내놓고 가라는 것을 자기 고모가 그럴수록 성모패를 잘 모셔야 영육간 모든 위험을 잘 면하리라고 하였고, 또 그 말을 듣고 자기도 마음을 돌려 그 패를 소중히 모시고 와서 이날까지 종종 앞가슴에 손을 대면서

"성모 어머니, 나를 모든 위험에서 구하소서."

하고 은근한 마음으로 간구하였더니….

'이제 이 패가 무슨 일을 저질렀는가!'

가슴이 내려앉는다. 오장이 녹아지는 듯하다.

다시 눈을 돌이켜 슬쩍 그 패를 한 번 내려다보았다. 의심 없이 분명히 자기의 성모패이다.

'내 적삼에서 꺼낸 것을 내 것이 아니라면 말이 안 되고, 그것을 무엇인지 모른다면 성모님을 배반함이 되지 않을까! 차라리 어젯밤에 그 호랑이한테 깨물려 죽었으면 얼마나 좋았으랴! 이제 이 성모패를 증거물로 하여 친정 식구, 시집 식구 할 것 없이 모두 천주학으로 몰려 칼을 받고 붉은 피를 쏟으며 죽겠구나.'

앞이 캄캄하고 땅이 주춤주춤 꺼지기 시작하는 것 같다.

옆에는 여러 사람도 없고 수군거리는 소리도 없는 듯이 그는 이렇게 한참 동안 곧추박이 모양으로 앉아 있었다.

회장댁은 패를 집어들어 보이며 또 묻는다.

"여보시오, 왜 이것이 당신의 것이라든지 아니라든지 좌우간 아무 말이라도 하지 왜 그대로 앉아 있소?"

"……"

"그럼 이것이 무엇하는 화상이오?"

"……"
"아따, 그댁네 무엇을 저렇게 근심하며 기울 것이 있어, 우리는 벌써 다 알고 있는 걸."
"……"
노랗게 질린 그 여자의 얼굴에는 진땀이 내배었다.
회장댁은 그 옆으로 바싹 다가앉으며 아주 다정한 목소리로
"여보, 당신만 그런 것을 가졌소? 나도 그런 것이 있소. 자, 좀 똑똑히 보시오!"
하며 역시 자기 앞가슴을 헤치고 소중히 모시고 있는 성모패와 몸고상을 내보이며
"나도 당신과 똑같은 교우요!"
하고 말하고 그 뒤를 따라 방에 앉은 다른 여자들도 품속에 모신 성모패와 몸고상을 꺼내어 절렁절렁 흔들면서 모두 한마디씩한다.
"나도 성교인이오."
"우리도 천주 공경하는 사람이니 염려 마시오."
방안에는 갑자기 웃음의 꽃이 핀다.
'대체 이것이 꿈인가 생시인가…'
그 여자는 한참 동안 멍하니 회장댁이 보이는 패와 고상을 바라보고, 다른 사람들이 연이어 보이는 패와 고상을 바라보고 그리고 귀에 들리는 소리를 겨우 붙잡아 생각해 보는 것처럼 고개를 꼬고 우두커니 앉았다가 회장댁을 다시 바라보고 비로소 입을 연다.
"참말로 교우요?"
"교우이고말고, 여부가 있소."

"글쎄, 우리가 고상과 패를 당신처럼 모시고 있는 것을 보면 무슨 의심이 있겠소."

방안 사람이 모두 정중한 얼굴로 다투어 한마디씩 말한다.

그 여자는 다시 한 번 방안 사람을 둘러보더니

"나는 몰랐소!"

한마디를 내어 놓고는 그만 그 자리에 엎어져 울기 시작한다.

"나도 교우요, 참말 교우요! 세상에 교우는 다 죽었다더니 상천하지 어디서 왔소⋯. 일곱 살에 첫 고해하고 아홉 살에 군난을 만나 이리저리 쫓기다가 깊은 산중에 파묻혔었네⋯. 그늘 속에 잠만 자고 세상이 밝는 줄 왜 몰랐나. 주교 신부님, 어디 계세요. 주교 신부님, 어디 계세요. 아버지 어머니, 얼른들 오세요. 교우들 찾았으니 어서들 오세요. 호랑아, 이 놈아. 날 잡아가거라. 또 한 번 오면 내 업어주리라!"

이러한 사설을 해가며 처량하게 우는 소리에 방안은 홀연 울음판이 되었다.

이 구석 저 구석에 돌아앉아 머리를 벽에 대고 훌쩍훌쩍 우는 이도 있고, 어떤 이는 눈물만 글썽글썽한 눈으로 먼 산만 바라보고 있고, 어떤 이는 머리를 숙이고 앉아 자릿날을 뜯으며 눈물을 흘리고, 자기 군난 겪은 일을 생각해 가며 느껴우는 이도 있었다.

주교께서는 뒷일을 조심시키느라고 복사에게 울음을 그치게 하라고 명하셨으나 복사도 장지문을 열고는 목이 메여 말보다 울음이 앞서고, 금하라시는 주교의 눈에서도 굵다란 눈물 방울이 연하여 뚝뚝 떨어진다.

# 해후(邂逅)

"주인장 계시오?"

삼박골 이 진사댁 대문간에는 어떤 수상스러운 청년 하나가 안을 기웃거리며 이렇게 큰소리로 주인을 찾았다.

이 소리에 다른 누구보다도 회장 이 진사의 눈에는 염려스러운 표정이 번쩍한다.

'요새 며칠 동안은 찾아올 사람이 없도록 마련하여 두었는데, 대체 이게 누구일까?'

또다시 주인장을 찾는 소리에 이 진사는

"누구요?"

하고 응대를 하며 찌푸린 양미간의 불안을 지울 새도 없이 방문을 열고 나서 헛기침을 두어 번 하고는 대문을 향하여 나갔다.

문제의 호환에서 구원된 젊은 여자가 뜻밖에 교우인 것이 발견되어 방안에 넘치던 일희일비의 그 감격된 장면이 갑자기 깨뜨려진다.

아래윗방 모든 이의 신경은 대문간으로 쏠리면서, 군난 때 살아난 교우들의 본능으로 이럴 때는 특별히 조심하여야 된다는 주의를 잃지 않는다.

"이 댁이 이 진사댁이오?"

하고 그 청년은 자기 앞으로 나서는 회장의 얼굴을 유심히 바라보며 물었다.

"예, 그렇소. 어디서 오셨소?"

"나는 읍내에서 온 사람이오."

"이 사람이 주인이오. 무슨 일로 이렇게 나를 찾아오셨소?"

"예, 잠깐 알아볼 일이 있어서 왔소."

"그러면 말씀해 보십시오. 무슨 사정인지."

그 청년은 사방을 한 번 살피더니

"여기서 말해도 관계는 없겠으나 조용히 말하는 것이 좋을 듯하오."

회장은 먼저 사랑으로 들어가 대개 아랫목을 쓸어 윗목으로 부친 후 그 청년을 불러들였다.

손님은 주인이 권하는 자리에 조심스러이 앉더니

"인사 못하였습니다."

하고는 인사하는 투를 따라 마치 무슨 글을 외우듯이 서로 잠깐 중얼거리고 나서는

"좀 알아볼 일이 있어 댁을 찾아왔는데 주인장께서 어떻게 생각하실지 모르겠습니다."

"천만에, 염려 말고 말씀해 주시오."

손님은 이따위 말은 들리지도 않는 듯, 방안을 한 번 둘러보고는

무엇을 한참 생각한 다음 무슨 말을 내놓을 듯하다가 그만두고 문 밖을 향하여 앞산을 쳐다보는 체하면서 주인의 안색을 훑는다.

회장은 애써 무심한 태도를 지우려 하면서도 대체 무슨 말이 나올런지 궁금하여 이 수상스러운 손님의 얼굴을 슬쩍 한 번 쳐다보고는 옆에 있는 부채를 집어들고 요란히 내흔들며

"아, 오늘은 꽤 덥습니다."

하고 방안의 무거운 기분을 약간 늦추려 하였다. 그러나 손님은 아까처럼 그 따위 말은 들리지도 않는 듯 입맛을 두어 번 다시더니 주인을 쳐다보며 묻는다.

"주인장은 서울서 사시다가 여기로 오셨다지요?"

"예, 그렇소. 낙향하여 여기로 와서 살게 되었소."

"서울 같은 좋은 데서 사시다가 이런 산골에 들어와 퍽 갑갑하겠습니다."

"괜찮습니다. 다 내가 오고 싶어서 왔으니까."

"그런데, 묻고자 하는 바는 다름이 아니라 서울 소식을 좀 알고자 해서 왔는데…. 아, 말을 들으니 서울서는 대원 대감이 서학을 하고 조정 신하들이 다 서학을 한다니 그 말이 맞소?"

회장은 기어이 이런 불편한 이야기가 나오는 것을 보고서

"아, 여보. 아무리 서울에서 살았다 한들 백성이 궐내에 있는 일을 어찌 알겠소? 참 금시초문이오."

하고 딱 잡아떼었다.

"여보, 주인장. 그러지 말고 아는 대로 똑똑히 말해 주시오. 서학을 가르치는 양인들까지 많이 나와서 경향으로 비밀히 출몰한다는데,

그래, 주인장 같은 양반이 모를 리가 있겠소?"

손님은 그렇게 쉽게 자기가 넘어갈 사람은 아니라는 듯한 태도로 이런 말을 다시 던지고는 큰기침을 두어 번 하고 다시 주인의 입에서 대답을 기다린다.

회장은 그렇지 않아도 처음부터 기분이 편치 않던 차에 이런 추궁을 당하니 적이 걱정이 되지 않을 수 없다.

'원, 이 사람이 유다스나 관아의 정탐꾼이 아닐까? 여기 주교 오신 냄새를 벌써 어떻게 맡아보고서 온 것이나 아닌가!'

그러나 될수록 이런 걱정은 가슴 밑창으로 눌러 버리면서 짐짓 무심한 태도로

"허! 손님은 나보다 더 잘 아시는구려! 나는 참말 듣느니 처음이오."

하고 아주 가장 변변치 않은 일로 취급하여 슬쩍 넘기려 하나 손님은 그렇게 용이하게 넘어가지 않고 여전히 같은 화제만 끌고 나가려 한다.

"여하간 서학이라는 도가 지금 조선에 있는 것만은 사실이 아니오?"

"예, 그렇다는 말은 들은 일도 있는데 서학꾼은 나라에서 다 잡아 죽였다 합디다."

"거 왜 그렇게 잡아죽일까요?"

"허! 우리 같은 사람이 알 리가 있소!"

회장은 이렇게 대답을 하고는 그런 것은 아주 흥미 없는 이야기라고 생각하는 듯이 하품을 하고는 앞산만 바라보고 앉았다.

해후(邂逅)

그러나 손님은 손님대로 다른 생각이 또 있다.

'주인의 사람된 품이나 서울서 어떻게 지냈다는 소문을 들어보아도 이 사람이 그런 일을 모를 리는 없는데 자꾸만 이런 이야기를 피하려고만 한다! 그럼 이런 수단으로는 안 될 것이다…. 그러나 이왕이 자리에 말을 내놓은 이상 되나 안 되나 못 먹는 고기는 찔러나 본다는 격으로 어디 한 번…'

하고는 에헴 하고 큰기침을 하고 나서더니 주인의 얼굴을 똑바로 건너다보면서

"여보, 누구를 속이고 있소! 나는 벌써 다 알고 왔는데. 그래, 당신이 서학을 하면서 모른다고 하니 어디 말이 되기나 하오?"

이렇게 정통을 찌르는 말에는 비록 아직까지 시치미를 떼고 앉았던 회장도 놀라지 않을 수 없었다.

'이것 참, 내 추측이 불행하게도 들어맞지나 않는 것인가!'

그러나 이런 막다른 골목에 들어서는 최후의 수단으로 이편에서 기운을 내는 수밖에 없다. 그리하여 손님의 말이 떨어지자 주인은 성을 벌컥 내면서

"아, 당신이 나 서학하는 것을, 그래 눈으로 보았소? 아아니, 그래 당신은 누구길래 초면에 이런 수작을 거는 것이오?"

하면서 입에 물었던 담배를 쑥 빼어 재떨이에 탁탁 하고 요란스러이 털어 버리고 책상다리를 되게 하고 손님의 얼굴을 뚫어져라 하고 노려본다.

손님도 성이 났다.

활활 부치던 부채를 화닥닥 한 손에 딱 잡아쥐더니

"흥! 아따, 이 양반 서학하는 유세가 이렇게 크우? 나만 아는 줄 아시오? 벌써 읍에서 다 알고 앉았는데… 그럼, 알 것은 알았으니 나는 그만 돌아가겠소."

하면서 일어나 가려는 눈치를 보인다.

회장은 참말 속으로 겁이 덜컥 난다. 이 사람이 누구이든지 간에 이대로 돌려보낼 수는 없으므로

"무어, 이런 일로 그렇게 노하실 것은 없소."

"그대로 돌아간대서야 어디 주인 된 본분이 되겠소. 그러니 편히 앉아 무슨 이야기든지 더하고 계시오."

라는 등 여러 가지로 만류하여 겨우 다시 앉혀 놓고 나니

"이 생원!"

"이 생원 집에 있소?"

하고 밖에서 또 누가 크게 찾는 소리가 난다.

회장은 손님을 향하여 미안하게 되었으니 잠깐 기다려 달라고 말한 후 밖으로 찾는 사람을 향하여 나갔다.

처음에는 무슨 말인지 들을 수 없도록 수군수군하더니 차차 언성이 높아지고, 나중에는 문간이 떠들썩하도록 서로 다투는 소리가 난다. 저편의 언성이 더 높은 것을 보면 저편에서부터 단단히 시비를 거는 모양이다.

회장댁은 자기 장부가 그 수상스러운 청년에게 불려 나감을 보고 혹시 무슨 일로 그럴까 하고 궁금하여 약간 불안을 품고 슬그머니 나가 사랑문 옆에서 방안의 이야기를 엿듣고 있었다.

처음에는 서학에 대한 이야기가 나오고, 그리고 마침내 저편에서

는 자기 장부더러 서학을 하는 줄을 다 안다고 말하고 또 읍내에서까지 다들 알고 있다고 위협할 때 회장댁은 간이 콩알만하여졌다.

'저 놈이 유다스 아니면 필연 포교겠지. 그렇지 않고서야 저럴 수 있나. 공소를 치르다가 기어코 일을 당하고야 마는구나! 대체 이 일을 어쩌면 좋아!'

하면서 앞이 캄캄해질 때, 또 누가 밖에서 큰소리로 자기 장부를 불러내가므로 이제는 더 알아볼 것도 없이 분명히 일은 났다고 생각하고 곤두박질하여 뛰어들어와 방문을 열고

"아이고, 이 일을 어쩌면 좋아, 글쎄."

하면서 핼쑥하게 질린 얼굴로 주저앉았다. 일동의 휘둥그래진 눈은 일제히 회장댁의 창백한 얼굴 위에 떨어진다.

"글쎄, 아까 그 놈이 유다스란 말이야. 회장보고 성교하지 않느냐고 다 잘 알고 있다고 을러대더니, 또 다른 놈이 글쎄 밖에서…"

하고 회장댁은 말을 다 끝맺지도 못한 채 두 손으로 얼굴을 쌌다.

방안 사람은 모두 넋을 잃고 얼빠진 것처럼 서로 쳐다보며 어찌할 바를 몰랐다.

어디 그뿐인가!

그 뒤를 이어 부엌에서 설거지하던 새악시가 방으로 뛰어들며

"아이고, 큰일났소. 사랑문 밖에서 야단법석이 났습니다."

하면서 새파란 얼굴로 사시나무 떨 듯한다.

사랑방에 유다스가 와서 앉았고 회장이 밖으로 붙들려 나갔다는 말에 방안 사람은 정신을 잃고 곤추박이 모양으로 한참 동안 멀거니 앉았다가 비로소 새 정신이 도는 듯 어떤 이는 말없이 뒷문으로 빠져

도망하기도 하고 어떤 이는 벌써 이 지경에 이르렀으면 포졸들이 이미 집을 에워쌌을 것이니 이대로 앉았다가 잡혀가 치명이나 하는 수밖에 없다고 정신 수련에 애쓰기도 하고, 어떤 이는 윗방에 있는 자기 장부를 부르기도 하여 살풍경을 이루었다.

그 중에도 말 한마디 없이 구석에 쪼그리고 앉아 예수 마리아만 부르는, 어젯밤에 호상 갔던 그 여자의 얼굴이 더욱 딱하였다.

그는 구사일생으로 겨우 살아나 뜻밖에 주교와 교우를 찾게 되어 즐거워하던 차에, 또 이런 풍파를 당하니 대체 일이 어떻게 되어나갈 셈인지 분간할 수 없어 이것이 모두 주명이라고 생각하고, 죽든지 살든지 주교 곁을 떠나지 않으리라고 결심하고서 성모 무염 원죄패를 부서뜨릴 듯 힘을 다하여 오른손 가운데 꼭 쥐고는

"예수, 마리아"

만 계속 부르고 있다.

골방에 계신 주교께서는 이런 끔찍한 소식이 집안을 습격하고 있는 것을 아직도 모르시고 태연히 머리를 빗으시고 복사의 손으로 상투를 짜고 포망을 쓰시느라고 분망하시었다.

"야, 그만 졸라매라. 머리통 아파 사람 죽겠다!"

"아이고, 주교님. 이렇게 해야 포망이 솟아오르지 않습니다."

"포망이 중하냐? 머리가 중하지!"

"그래도 이렇게 하여야 된답니다."

"건은 어디 두었니?"

"네, 건은 이따 길 떠날 때에 씌워 드리려고 저기 벽에 걸어 두었습니다."

이때 문 밖에서 쿵쿵거리는 발자국 소리가 황망히 들리더니 문이 펄쩍 열리며 한 사십여 세 되어 보이는 여교우 한 분이
"복사님!"
을 부르며 당황한 얼굴로 들어서면서
"큰일났습니다!"
하고는 벌벌 떨고 있다.
"아, 왜 그러셔요?"
"아까 어떤 사람이 회장을 불러 내갔지요. 그 사람이, 글쎄 포교 두목이랍니다. 그 놈은 그저 사랑에 앉아 안을 지키고 있고 다른 놈은 밖에서 회장을 붙들었대요. 글쎄, 이 일을 어찌합니까. 얼른 주교님을 모시고 피신하세요."
이 뜻밖의 소식에 주교와 복사는 아니 놀랄 수 없었다. 종종 포졸의 습격은 이렇게 안심할 때 되는 것이다.
"주교님, 얼른 상복을 입으십시오."
이렇게 한마디 부탁을 하고는 동정을 살피려고 사면을 두리번거리며 안마당으로 나갔다.
이 구석 저 구석에서 어찌할 바를 몰라 벌벌 떨고만 있던 교우들이 복사를 보더니 쫓아오며
"아이고, 복사님! 글쎄, 어떻게 해요!"
하며 부르짖는다. 복사는 손짓으로 조용히 하라고 주의를 시키면서 못마땅한 듯 잔뜩 찌푸린 얼굴로
"왜 피신 안 하고 무엇들 하시오. 얼른 기다리지 말고 뒷산 솔밭으로 가서 숨어들 계시오."

하고 급한 어조로 핀잔을 주고는 밖을 향하여 가만가만 두어 걸음 떼어놓다가 밖에서 들리는 소리를 듣고는 황급히 돌아서서 들어와

"주교님, 정말 포졸이 왔는가 봅니다. 얼른 피신하여야겠습니다."

하며 허둥지둥 어찌할 바를 모르고 두리번거리다가 아랫목 편에 있는 다락을 보고 겨우 생각이 난 듯이 그리로 달려가 다락문을 열어젖히며

"주교께서는 죄인하고 이 속에 들어가 숨으셔야겠습니다."

하고 초조한 얼굴로 주교를 재촉했다.

주교께서는 언제든지 한 번은 큰일을 당하실 각오를 하고 계신 만큼 그렇게 겁내시는 빛도 없이 침착한 태도로 복사의 당황한 행동만 바라보고 계시므로 복사는 안타까운 듯이 자기가 먼저 올라가야 주교께서 움직이실 줄로 알고 우선 목침 몇 개를 모아 놓고 자기가 먼저 올라가려고 한 발을 들어 올려놓다가 실족하여 그만 뒤로 자빠져 방바닥에 쾅하고 둥그라졌다.

주교께서는 그런 정황 중에도 아니 웃을 수 없어 소리 안 나게 웃으면서 말씀하신다.

"그렇게 치명하기가 싫으냐? 어디 다친 데는 없니?"

복사는 그런 말에 귀를 기울일 여유가 없다는 듯이 툭툭 털고 일어나 다락문 아래 가서 엎드리며 주교께 자기 등을 밟고서 다락에 오르기를 재촉한다.

주교께서는 머리를 두어 번 흔들어 거절하시는 태도를 보이시면서

"나는 싫으니 너나 어디든지 가 숨어라."

하고 부동의 태도를 보이셨다. 복사는 죽으나 사나 주교 곁을 떠나

지 않겠다고 굳은 결심을 표시하며 주교의 눈치만 보고 있다.

"그러면 밖에 나가서 더 자세히 알아보아라. 포졸들이 왔으면 곧 안으로 들어올 터인데 어찌 지금까지 그대로 있을까?"

하시는 주교의 분부를 듣고 복사는 또다시 허둥지둥 문을 열고 밖으로 나가 안마당으로 내려서자 저편에서 오는 어떤 남교우와 마주쳤다.

"복사님, 어디 가십니까?"

"여보게. 그래, 바깥 일이 어떻게 되었나?"

"아무 일도 없습니다. 나가지 마세요."

"왜?"

"그게 포졸이 아니예요."

"그럼, 대체 그게 누구란 말인가?"

"회장님이 이웃 사람하고 말다툼하는 것을 보고서 공연히들…"

말을 채 마치기도 전에 복사는 손으로 삿대질하여 그 말을 막아버리면서

"아! 이 사람아, 그러면 진작 안으로 들어와 일러 주지. 글쎄 안에서는 지금 포졸들이 회장을 묶어간다고 생야단이 났네. 놀려도 분수가 있지. 에이, 사람들!"

하며 혀를 쩍쩍 두어 번 차고는 적이 안심된 듯이 주교 방으로 돌아왔다.

"그래, 어떻게 되는 셈이냐?"

"주교님, 안심하십시오. 모두 거짓말입니다. 회장님이 밖에서 누구하고 말다툼하는 것을 보고 그렇게들 놀란 모양입니다."

"그것 보아라. 그러기에 무슨 일이든지 먼저 똑똑히 알아보아야 하느니라."

"아이고, 노루가 제 방귀에 놀란다는 격으로 공연히 한참 떨었습니다. 도대체 여자의 말은 믿기가 어려워요. 식구가 많으면 그릇을 많이 깨는 법이고요!"

주교께서는 도망간 사람을 속히 불러오라고 분부하시고 사랑방에 온 손님이 아직 안 가고 있으면 특별히 주의하고 있어야 한다고 일러 주셨다.

복사가 뒷문으로 나가 뒷산을 향하고 서서 무사하다는 표로 손을 들어 가로 내젓기도 하고 곧 돌아오라고 부르는 시늉을 몇 번 하고 나니 푸른 나무만 우거질 뿐, 도무지 사람 있는 성싶지 않은 뒷산에서 하나씩 둘씩 도망갔던 사람이 돌아오기를 시작한다.

그들은 뒷문으로 나가 울타리 구멍으로 빠져서 산으로 기어올라 여기저기 나무 숲 속에 숨어서는 회장집을 바라보고 동정만 살피고 있었다. 그 중에 몇 사람이 복사의 신호를 바라보아 알아듣고는 또 뒷사람에게 전하면 그 사람은 또 더 멀리 있는 사람에게 이 신호를 전하였던 것이다.

집에 돌아와서는 어떤 이는 기가 막혀 깔깔 웃기도 하고 어떤 이는 성이 나서 눈을 부라리고 있다.

어떤 이는 어린아이를 얼싸안고 달아나다가 보니 빈 포대기만 끌어안고 갔다느니, 어떤 이는 솔폭 밑에 숨었는데 어린아이가 소리를 내어 우는데 진땀을 뺐다느니, 어떤 이는 자기 동생이 올라오는 것을 포졸이 따르는 줄 알고 돌을 내려 굴렸다느니, 어떤 이는 주교와 함께 치명하려고 집에 그대로 앉아 포졸이 들어오기를 기다렸다느니, 한참 이야기가 벌어지고 결국에는 '불행 중 다행'이라고 웃음판이 터져 소란스러웠다.

복사가 사랑방을 가리키면서 그 수상스러운 손님이 아직 안 갔다는 말에 일동은 다시 움찔하여 조심스러운 태도로 돌아가며 아직 안심할 처지는 아닌 것을 깨달았다.

조금 있더니 밖에서 문 바오로라 하는 뚱뚱한 교우가 씨근거리며 들어와 미안스러운 표정으로 주교 앞에 꿇어 머리를 넌지시 숙이며
"그저 죄송하고 미안하옵니다."

이렇게 정중히 아뢰고 주교의 눈치를 한 번 슬쩍 떠보더니 심술이 뚝뚝 떨어지는 눈으로 방안 사람들을 한번 흘겨보고는 다시 고개를 떨어뜨린다. 방안의 일동은 대체 이 먼 곳 교우 문 바오로의 알아들을 수 없는 행동이 무엇을 의미하는가 알아내려는 듯이 주교의 얼굴과 문 바오로의 숙인 이마를 번갈아 쳐다본다.

문 바오로는 이름이 낙선(落先)이요, 나이는 한 오십이나 되어 보이는 중늙은이인데 중키에 텁석한 수염이 코밑으로부터 턱을 내리 덮었으므로 '텁석부리 문 생원'이라는 별호를 얻게 되고, 또 말도 잘 꾸며대고 임시 변통도 잘하므로 '변통 생원'이라고도 하며, 또 몸집은 통통하고 완력이 세어 누가 보든지 호락호락하게 볼 수 없으므로 '문 장군'이라고 불리기도 하는 자이다.

본시 양주 가라비 장터에서 목수일을 하고 살았는데, 그 부친이 서울로 일하러 갔다가 헌종 갑신년 9월에 성교 말을 듣고 입교 영세하고 돌아왔으므로 자기도 도리를 배워 영세하고 있다가 그 이듬해 자

기 부친이 세상을 떠나므로 3년상을 치른 다음 장사한다는 핑계로 팔난봉이 되어 떠돌다가 병오년에 다시 회두하여 온 식구를 데리고 진천 지거머리에 오랫동안 살기도 하였다.

위인이 똑똑하고 눈치가 싸고 임시 변통을 잘하므로 신부 영접할 때는 아무리 위태하나 항상 영접꾼으로 앞장서서 다녔다.

한번은 교꾼과 짐꾼을 데리고 이 신부*를 영접하러 떠나 천안 대거리 주막에 못 미쳤을 때, 포졸 세 사람이 여교우 다섯 명을 엮어가지고 앞서가는 것을 보고 문 바오로는 동행하는 교우들에게 눈짓하여 얼른 교자를 꾸미게 하고 자기는 점잖은 행차 모양으로 그 안에 앉아서 앞에 가는 포졸들을 추격하여 붙들어 놓고

"너희는 어느 영문 관노이기에 본관의 명령이 없이 죄인을 잡아가느냐?"

고 호통을 천둥같이 하여 쫓아보낸 후 그 여교우들을 구하여 보낸 일도 있고, 또 한번은 혼자 길을 가다가 어떤 고개를 올라서니 마침 그때 포졸 몇 명이 자기가 아는 교우 한 사람을 잡아가지고 가다가 거기서 쉬고 있으므로 바오로는 그 교우에게 눈짓을 한 후

"도적이야!"

고함을 치며 덤벼들어

"이 도적놈들! 지나가는 행인을 묶어 놓고 돈 뺏아가는 놈들, 어디 내 손에 견뎌보아라!"

고 호령하면서 포졸들을 실컷 두들겨 주어 쫓아 보내고 그 교우를

---

* 메스트르(J.A. Maistre, 李, 1852년 7월 조선에 입국) 신부.

구해준 일도 있다.

　이런 인물이 더구나 주교 영접에 빠질 리가 없다. 이번 주교께서 삼박골을 찾아오실 때 조각보를 메고 주교 앞에 서서 온 자가 바로 이 문 바오로였다.

　호환 갔던 여자로 인하여 온 집안이 한참 떠들썩한 뒤이므로 문 바오로는 혹시 외교인들의 눈에 이상하게 보이지나 않았나 하여 적이 염려스럽던 차에 밖에서 어떤 수상스러운 젊은 사람이 회장을 불러내 감으로 문 바오로는 더구나 안심하고 앉아 있을 수가 없어 슬그머니 일어나 대문 밖으로 나가서 사랑 툇마루 한편 구석에 걸터앉아 방 안의 동정을 살피고 있었다.

　회장과 손님의 이야기가 점점 재미없게 진전되고 또 손님이 대담하게도 회장에게 당신이 서학을 하지 않느냐고 바로 들이대는 것을 보고서는 회장을 그 곤경에서 구해내고 손님도 그럭저럭 돌려보내려는 계책으로 짐짓 회장을 불러내어 눈짓을 하고는 한바탕 시비를 걸고, 또 옆에 있던 이들은 덤벼들어 거짓 싸움을 말리느라고 떠들썩하게 한 것이 허사가 되어, 가라는 손님은 안 가고 엉뚱한 안식구들만 놀라게 하였다.

　"그래, 네가 회장하고 다투었니?"

　하고 주교께서는 당신 앞에 머리를 숙인 문 바오로를 바라보셨다.

　"네, 죄인이 그랬습니다. 주교님, 매우 놀라셨지요?"

　"그런 일에 임기 응변하는 것은 좋다마는 다른 사람은 놀라지 않도록 해야지."

　하시며 한편 경계하시고 한편으로는 바오로의 그 민첩한 수완을

칭찬하시므로 문 바오로는

"그저 이번엔 용서하여 주십시오. 이 다음엔 조심하오리다."

하면서 너털웃음을 한 번 웃으며 머리를 들었다.

그러나 방안의 무거운 공기는 그렇게 쉽게 흩어지지 않아 일동의 원망하는 듯한 시선이 자기 얼굴에 모여듦을 느끼매 한편 민괴하기도 하고 한편 분하기도 짝이 없다.

'그 작자를 쫓아 보내려고 꾸민 일이 공연히 집안을 놀라게만 하였고, 작자는 여전히 사랑에 앉아 있으니, 이것 참, 나만 똥친 막대기가 되지 않았나! 에라, 이 놈을 기어코 혼을 내주어 쫓아 버려야…'

그래서 문 바오로는 다시 일어나 밖으로 나와서 곧 사랑방으로 들어가려다가 좀더 그 동안의 동정을 살펴봄이 순서라고 생각하여, 다시 대문 밖으로 나가서 사랑 툇마루에 살그머니 앉아 주객의 이야기를 엿들었다.

그러면 그동안 사랑방에서는 주인과 손님이 어떤 이야기를 하고 있었던가.

회장이 문 바오로와 거짓 싸움을 한바탕한 후

"에이 참, 별일 다보겠네."

하며 헛기침을 두어 번 하고 사랑방으로 들어가 보니 손님은 그런 일은 나 모른다는 듯이 아주 무료한 모양으로 여전히 그 자리에 앉아 있다.

"아, 이거 손님을 모셔 놓고 이렇게 되어 참 미안합니다."

"천만에, 분주하신데 제가 찾아와서 도리어 미안합니다."

이것이 거짓 싸움의 효과라면 효과라고나 할까. 두 사람의 울끈불

끈한 성질만은 다시 가라앉은 것 같다.

　회장은 쌈지에서 담배를 꺼내어 한 대 담아가지고 불을 붙여 들고는
　"아이고, 공연히 그 사람 때문에 한참 떠들었는 걸. 참 별일 다 보아."
　하고 두 손을 툭툭 털며 무슨 다른 이야기를 내놓고 끌다가 이 사람을 돌려보낼까 하고 생각해 보았다.
　그러나 손님은 그런 말은 들은 체도 아니하고 주인의 평온한 기색을 잠깐 살펴가지고는 다시 그 문제를 꺼낸다.
　"참 주인장께 이렇게 성가시게 굴어 미안하오마는, 그래 아까 그 말씀은 참말 거짓말일까요?"
　"무슨 말 말입니까?"
　"주인장이 그래, 참말 서학을 아니 하신단 말이요?"
　"아따, 그 양반 참 몹시 성가시게 구는 걸. 그렇게 알고 싶거든 서학꾼들한테 가서 물어보시구려!"
　"글쎄, 이 양반. 그렇게 대답을 피하지 말고 어디 똑똑히 대답을 하여 보시구려."
　"허허. 글쎄 똑똑이고 무슨 것이고 간에 다 덮어두고 다른 이야기나 합시다. 왜, 노형이 서학을 배워 보려고 서학꾼을 찾는 길이요?"
　이번에는 손님이 멈칫하고 무엇을 생각하는 모양이다.
　'아까부터 주인이 한사코 바른 대답을 회피하느라고 애쓰는 것을 보면 반드시 여기에는 무슨 곡절이 숨어 있다. 그뿐 아니라 조금 전에 그렇게 밖에서 들레고 있을 때 안에서는 수군거리고 당황하여 하는 중 종종 회장이니 복사니 하는 말이 자기의 기울인 귓속에 얽혀든

것을 생각하면 이 집에 분명히 천주교인이 있는 것만은 틀림없고, 또 그렇다면 비록 이 집주인은 자기가 천주교인은 아니라 할지라도 적어도 천주교에 호의는 가지고 있고 그에 따라 천주교인을 두호(斗護)하여 줄 것만은 틀림없이 추측할 수 있다.'

이쯤 생각하고 다시 한 번 주인의 얼굴을 바라보니 얼마나 점잖고 진중하고 믿음직한 인물인가!

'에라! 죽이 되나 밥이 되나 어디 한번…'

그는 주인 곁으로 바싹 다가앉으며 나직한 목소리로

"여보, 주인장. 사실 나도 서학하는 사람이오."

하고 약간 떨리는 듯한 말을 내놓았다.

주인은 이 말을 듣더니 눈을 둥그렇게 뜨고

"오, 그러니까 당신이 나보고 자꾸 그렇게 묻는구려!"

하고 깜짝 놀라는 모양을 하며 사방을 한 번 살피고는 손님을 향하여 손을 내저으며 은근한 소리로

"여보, 큰일 날 소리는 내지 마시오. 참말 나라에서 서학꾼을 잡아 죽인답디다."

하고 시치미를 뗀다.

그러나 손님은 아주 태연자약한 태도로

"여보, 주인장. 그러지 마시오. 나도 참말 교우이니 믿어 주시오. 나도 다 들었소. 이 댁이 교우 집안이 아니고서야, 교우 아니면 알지도 못할 그 다정스러운 '회장님', '복사님' 하는 말이 들릴 수 있소? 나도 참말 교우요."

이렇게 은근하고 진중하게 정통으로 나오는 말에 주인은 더 이상

딴청을 부릴 용기를 잃는다.

두 사람의 말없는 시선은 몇 번이고 서로 부딪혀가며 저편의 가슴을 꿰뚫어 보려는 날카로운 빛이 약간 번쩍거리는 동안 마침내 천주의 자식이 아니면 도저히 가질 수 없는 그 성심(誠心), 그 순심(純心)을 서로 들여다보게 되었다. 꼬리를 서로 감추려다가 염통까지 서로 보게 되었다.

두 사람은 말없이 서로 손을 잡았다.

두 사람은 즐거운지 어쩐지 서로 얼굴만 쳐다보고 있어 무슨 말을 누가 먼저 꺼내야 할지 그대로 침묵을 계속하다가 마침내 주인이 먼저 입을 열었다.

"그러면 어디 사시오?"

"예, 사실은 이 너머 정삼이골에 삽니다."

"아, 거기도 교우가 많이 사나요?"

"우리 한 집뿐이올시다."

"그런데 어떻게 내가 성교하는 줄을 알고 찾아오셨소?"

"아, 며칠 전에 우리 가친께서 누구에게 들은 말이 있다 하여 좀 알아보라고 하셔서…"

"아아니, 누구에게 무슨 말을 들었단 말이오?"

회장은 덜컥 겁이 났다. 그처럼 조심하여 지내왔는데 자기가 성교한다는 말이 어떻게 났을까 하여 염려스러웠던 것이다.

"아닙니다, 이웃에서 외인들이 떠드는 말에 서울서는 대원 대감과 궁내에서 모두 서학을 하느니, 양국 사람들이 나왔느니 하므로 이 진사는 서울 소식을 모를 리 없을 것이라고 좀 알아보라고 하신 것입니다. 그러나 댁에서 성교하시는 줄은 참말 몰랐소."

"응, 그렇다면 몰라도… 그런데 성명이 누구시라고 하였지요?"

"예, 성은 이가이고 이름은 성칠이라고 합니다."

"본명은?"

"본명은 비리버입니다."

"춘부장께서는 당년 춘추가 몇이신가요?"

"금년 칠십일 세이십니다."

"아이고, 고령이신데… 그러면 전에 어디서 살다가 그리로 오셨나요?"

"예, 본시 서울서 살았답니다."

"그러면 서울에 일가 친척도 있었겠구려."

"그렇습니다. 당호로 이학녹(李鶴麓)이라 하는 양반이 바로 제게 칠촌 당숙이 됩니다. 그 양반의 함자는 익(益)자, 운(運)자이고 본명은 아마 요안이라는가 봅니다."

"그렇소, 맞았소."

하고 회장은 혼자말로

"응, 그렇단 말이여."

하며 머리를 두어 번 끄덕이고 나서 이야기에 유별난 흥미를 느끼는 듯 손님의 얼굴을 더 유심히 쳐다보면서 묻는다.

"그러면 어떻게 하다가 이런 시골로 내려왔소?"

"우리 가친께서는 소시 적부터 성교를 하셨답니다. 제 당숙(익운) 어른께서 경기 감사로 계실 때 어느 해 정초에 그 댁으로 세배를 가셨더랍니다. 아, 세배를 가서 아무리 감사를 찾아도 없더랍지요. 혹

관사에 있나 하고 가서 보아도 없으므로 다시 집으로 가셨겠지요. 그때 우리는 서울 갓우물〔笠井洞〕살았었고 그 아저씨는 수원에 계셨더랍니다. 집으로 가셔서 안식구들더러 물어보니 처음에는 모른다 하더니 알고 본즉 안방에 계시더랍니다."

"그래서?"

"그때 왜 그리하셨느냐 하면 우리 아저씨가 성교하는 줄을 할아버지께서 어떻게 아시고 너무 걱정이 심하시므로 누구든지 서울 손님은 싫어하셨더랍니다. 그때 할아버지(학녹의 부친)께서는 서울에 계셨지요. 아저씨만 감사로 수원에 계시고…"

"그런데…"

"아, 가친께서 방에 들어가 보니 아저씨께서, 그러니까 우리 아버님의 육촌 형님이시지요, 그 지옥 같은 방에서 혼자 무슨 책을 베끼고 있더랍니다. 그래서 아버님이 들어가시면서 '형님은 무엇을 그렇게 어두운 방에서 쓰시고 계시오' 하고 인사를 하니까 아저씨께서는 자지러지게 놀라시더라네요. 그래도 우리 가친은 남의 속도 모르고 그 책이 대체 무슨 책이냐고 떼거지를 써서 겨우 얻어보시고 성교에 나오셨답니다."

"응? 그게 무슨 책이었는데?"

"그게 아마 《진도자증》(眞道自證)이란 책이랍지요."

"응, 그 책은 나도 과연 많이 읽어 보았소. 그런데…"

"그래서 우리가 그때부터 성교를 하다가 군난을 만나 우리 당숙 되는 어른은 집안 군난에 비명의 환을 입어 목숨을 천주께 바쳤고 우리는 일가의 눈을 피하여 이 산중에 들어와서 오늘까지 아무도 모르게 삼십여 년이나 되도록 살아왔답니다."

"그러면 그 당숙 되시는 분이 경기 감사까지 지내셨는데 어떻게 비명에 돌아가셨나요?"

"글쎄올시다. 그것은 집안일이라 타인에게 말하기는 좀 안 되었습니다마는… 무어, 서울에 사셨으니까, 참 들으셨겠습니다마는…"

"글쎄, 걱정 말고 어서 말씀이나 해보시오."

"어디 달리 비명에 돌아가셨나요. 그때 우리 당숙께서 당신 부친, 그러니까 우리 종조부 몰래 성교를 하시다가 남인들 집이 몰려 넘어가는 바람에 성교하는 것이 탄로났었지요. 그래, 집안에서 큰 야단이 나서 만일 당숙을 그대로 두었다가는 집안이 모두 몰사 죽음을 당한다 하여 종조부께서 강제로 당신 아들을 약 먹여 죽게 하였지요. 그리고는 병사하였다고 말을 내놓고는 장례를 지냈답니다. 그 통에 우리 가친께서도 슬그머니 서울을 떠나 세상에 이름을 감추고 지금까지 이 산골에 묻혀 오직 구령 대사에만 전심하십니다. 과연 주 예수의 말씀과 같이 사람이 온 세상을 다 얻는다 할지라도 제 영혼에 해를 받으면 그 무슨 소용이 있나요!"

회장은 기특한 듯, 감격에 타오르는 얼굴로 손님을 쳐다보면서 그 이야기를 마디마디 유심히 듣는 동안 머리를 끄덕이기도 하고, 간혹

"흠!"

하는 감탄사를 발하기도 하더니 그만 손님의 말을 가로막으며 말한다.

"아니, 그럼 당신의 관형이 평창이 아니시오?"

"예, 그렇습니다."

손님이 약간 머리를 굽히며 이렇게 대답하자 회장의 얼굴은 잠깐 빛이 난다.

"아이고, 이것 보아! 그럼 바로 우리 집안일세!"

하더니 손님의 목을 끌어안고 울기 시작했다. 손님은 대체 이것이 무슨 영문인지도 몰라 공연히 눈물만 글썽거리며 어리둥절하고 있다가 초조한 듯 회장을 향하여 입을 열었다.

"아, 여보시오. 그래 어떻게 되는 일가오니까?"

"이 사람! 여보고 무엇이고 간에 자네가 바로 내 팔촌 동생일세!"

"……"

"그렇지 않아도 우리 부친이 생존하여 계실 때 그런 말씀 많이 들었네. 우리 재당숙 되는 어른이 서울서 성교하시다가 군난을 만나 어디로 종적을 감추셨다고!"

그제서야 비리버 역시 종종 자기 부친에게 들어오던 집안 이야기가 머리 속에 새파랗게 살아난다.

'아버지께서 서울 사실 때 우리 일가 한 집도 성교를 하고 있었는데 지금은 원, 어떻게 되었는지 모른다고 말씀하시며 감개무량한 듯, 가는 한숨도 내쉬기도 하고, 그리고 항상 결론으로는 아무려나 그들도 착실히 천주를 공경하고 한 세상 넘기는 수밖에 없다고 하시더니…'

여기쯤 생각할 때, 비리버는 번개처럼 깨달은 듯 회장의 손을 덥썩 잡더니

"아이고, 형님! 이게 대체 웬일이오!"

하고는 회장의 무릎에 머리를 파묻고 흑흑 흐느껴 울기 시작했다.

잠시 멎었던 회장의 누선(淚腺)도 다시 열려 굵다란 눈물이 방울방울 떨어진다.
일희일비 방안의 공기는 감격, 바로 그것이다.
툇마루 한 편에 앉아 귀를 기울이고 있던 텁석부리 문 장군.
그는 아까 씨근거리는 숨소리를 억지로 죽여가며 주먹을 불끈 쥐고
'이 놈을 기어코 이번에는 한번…'
하고 벼르면서 사랑방 주객의 이야기를 들어가는 중 자기도 모르는 사이에 주먹이 다 풀리고 눈에 가득 찼던 격분도 어디론지 사라져 버렸다.
그는 그만 즐거운지 어쩐지, 싱겁기 짝이 없어 발길을 돌이켜 안으로 들어와 그 푸짐한 턱수염을 흔들며
"원, 이런. 제기…"
하며 방문을 열고 들어서더니 다른 사람들이 묻기도 전에
"허, 참! 손을 혼내러 갔다가 오히려 혼이 나서 쫓겨 왔는걸…"
하고 입맛을 두어 번 다셨다.
이 사람이 또 무슨 흉보를 가지고 오지나 않았나 하여 염려스러운 눈을 둥그렇게 뜨고
"그래, 대관절 어떻게 되었소?"
하고 제각기 묻는 자들을 향하여
"그게 교우여! 글쎄 교우가 그 짓을 하였단 말이야. 어디 그뿐인가? 회장하고 또 무엇 되는 모양이던데. 나, 참!"
하고 너털웃음을 내놓는다.
그래도 방안 일동의 말없는 얼굴에는 의심과 염려의 그림자가 오

락가락하는 것을 보고,

"글쎄, 보라고. 이제 둘이 주교님을 뵈러 들어올 걸!"

하면서 들어오던 문을 쳐다본다. 일동의 시선도 마치 금방 문이 열리기나 하는 듯 그리로 향한다.

조금 후에 과연 회장이 나갈 때와는 판판으로 희색이 만면하여 공소방으로 들어온다.

"아아니, 회장님. 그게 참말 교우입니까?"

하고 묻는 사람들에게 회장은 빙글빙글 웃으면서

"허! 교우고 말고⋯ 어째 이번에는 번번이 교우한테 혼나는 걸!"

하고는 다시 얼굴빛을 정숙히 하며 주교 앞으로 조심스러이 나아가 꿇어앉는다.

"주교님, 그동안 놀라셨지요. 황공하옵니다. 그러나 안심하십시오. 그 사람은 교우입니다."

"교우라니⋯ 그게 분명할까?"

주교의 무거운 시선은 회장의 얼굴에서 떨어지질 않는다.

그러나 회장은 이미 확신을 얻은 만큼 조금도 당황하거나 주저하는 빛도 없이 그대로 진중히 머리를 숙이며 여쭙는다.

"과연 분명하옵니다. 의심할 수 없는 교우입니다."

주교께서는 이 회장이 하는 일에는 항상 신용하시나 그래도 이번에는 즐거워하시거나 염려하시는 빛도 없는 여전히 무표정하신 얼굴로

"이런 일일수록 먼저 똑똑히 알아보아야 하느니라."

하시고는 네 처리대로 따르겠다는 듯한 태도를 보이신다.

회장은 다시 머리를 숙이면서

"예, 황공하옵니다. 자세히 알아보았사온데 과연 의심없는 교우요, 또 죄인의 일가까지 되는 사람입니다."

하고는 한 번 기침을 하면서 그동안 정신을 잠깐 수습해 가지고

"한 삼십여 년 전에 일가 한 집을 잃고 지금까지 소식조차 모르고 지내오던 중이온데 지금 그 사람을 만나 그 내력을 물어보고 전후 사정을 자세히 캐보니 과연 의심없는 그 집안이옵니다. 그 집으로 말씀하오면 사람들이 다 마음이 바르고 절개가 송죽같이 굳센 점잖은 집안이요, 신덕상으로 볼지라도 참으로 열심한 집안이옵니다."

회장의 나직나직한 말소리가 긴장된 방안의 공기에 파문을 짓고 있는 동안, 주교보다도 아래윗방 남녀 교우들은 숨쉴 줄을 잊은 듯이 시선을 회장의 얼굴에 박은 채 온몸의 신경을 귀로 모으고 있다.

"그 신덕 때문에 일가친척도 모르게 서울을 떠나서 삼십 년 동안 이 시골 구석에 묻혀서 내려오는 것입니다. 그러다가 교중 소식이 하도 알고 싶어서 죄인이 서울 살다가 왔다는 말을 듣고 한번 서울 형편이나 겉으로 떠보러 온 모양인데, 일이 공교롭게 되어 서로, 참, 만나게 되었습니다."

여기까지 회장의 얼굴을 바라보시며 말 한마디 한마디를 유심히 들으시던 주교께서는 마침내 안심하신 듯이 음 하고 감탄사를 발하시며 몸 자세를 조금 고쳐 앉으시더니 회장을 향하여

"그러면 이제 어떻게 할 터인가?"

하시고 다시 대답을 기다리신다. 지금 그 사람을 불러보아도 아무 염려가 없을까 하는 눈치이시다. 회장은 즉시 알아듣고

"예, 그저 순서가 좀 바뀌어 미안하옵니다마는 조금도 염려할 사람

은 아니기에 우리가 지금 주교를 모시고 있다는 말까지 아주 하였습니다."

"응! 그러면, 어디 그 사람을 불러들여 보아라."

하시고 주교께서 순순히 허락하시므로 회장은 옆의 교우에게 나가서 그 손님을 안내하여 오라고 일렀다.

방안 사람들은 장히 큰 구경거리나 만난 듯, 모두 자리를 고쳐 앉으면서 어서 손님이 들어오기를 기다리고 있다.

이윽고 나갔던 교우의 뒤를 따라 사랑방 손님은 안마당으로 들어섰다.

'원, 이것 참! 서울 소식이나 알아보려고 왔다가 뜻밖에 교우를 만나고, 또 일가를 찾고, 또 꿈에도 생각지 못한 주교까지 뵈옵다니. 이건 참, 분수에 넘치는 영광이요, 행복인 걸! 아버님께서 이 소식을 들으시면 얼마나 즐거워하실고!'

가슴이 울렁거리고 다리가 휘청거린다.

그는 방문 밖에서 밭은 기침을 두어 번이나 하고서 조심스러이 방 안으로 들어선다.

일동의 말없는 시선은 일제히 손님의 얼굴에 얽힌다.

어젯밤에 호상 갔다 온 여자는 아랫방 한구석에 앉아서 들어오는 손님을 흘낏 쳐다보다가 움칫 놀라더니 좀더 자세히 보려고 하다가 마치 그와 시선이 부딪히기나 하는 듯 그만 고개를 떨어뜨리고 얼굴만 붉힌다.

'참, 세상에 이상한 일도 많다. 원, 세상에 같은 사람이 있다 한들 어쩌면 저렇게 같을 수가 있담!'

이제 손님이 주교 앞에 공손히 엎드려 절을 하고 일어났다가 앉으려 하는 그 틈을 타서 그는

'설마 그럴 수야 없겠지…'

하고 정신을 바짝 차리고 다시 한 번 쳐다볼 때에는 마치 등에 얼음물을 끼얹은 듯하였다.

'남편이 참말로 여기 왔다면 대체 이 일을 어떻게 하나, 내가 성교하는 줄도 알게 될 터이니!'

가슴이 두근거리고 온몸이 오싹 줄어드는 듯하다.

'그래도 그럴 리야 없지. 장부는 십여 년 간 같이 살아 보았지마는 성교는 무엇인지 알지도 못하는 것 같은 찰외인인데 이 손님은 성교를 열심히 하는 사람이라 하지 않나? 그뿐 아니라 장부는 어제 저녁에 내가 친정으로 간다고 할 때, 자기는 오늘 새벽에 장에 간다 하였으니 무어 지금쯤은 장판을 쏘다니고 있을 터이니 여기 올 리가 만무하고…'

그는 이렇게 이유를 붙여 자기 스스로 울렁거리는 가슴을 진정하면서

'그러니까 저이는 분명히 내 남편이 아니다. 세상에는 참 신기하게 꼭 같은 사람도 있구나!'

이렇게 결론을 맺으려 하나 윗방에서 주교와 손님 사이의 이야기는 안 들을래야 안 들을 수 없이 마치 화살처럼 귀에 들어와 박힌다.

"응! 그래, 성명은 무엇인가?"

하는 주교의 점잖은 목소리.

"예, 이성칠이라 하옵니다."

손님의 목소리.

'아차, 어쩌면 저렇게 이름까지 또 목소리까지 같은 법이 있나!'

여자의 가슴은 심히 불안하다.

"그럼, 본명은 무엇인가?"

하는 주교의 물으심에 손님이 대답한다.

"예, 본명은 비리버올시다."

'옳지, 이것만은 틀린다. 찰외인이 무슨 본명이 있어. 남편은 분명히 외인인데, 그러기에 십여 년을 살아 보아도 그런 눈치도 없지.'

그러나 여자의 뛰는 가슴은 가라앉을 줄을 모른다.

"그럼, 살기는 어디 살며, 식구는?"

"예, 살기는 이 너머 정삼이골 살고 식구는 칠십 세의 양친과 저희 내외올시다."

여자는 그만 무릎에 닿도록 머리를 떨어뜨린다. 대체 얼굴과 몸매가 꼭 같고, 성명과 목소리까지 꼭 같고, 또 사는 동네와 집안 식구까지 그렇다는 것을 듣고 나니 지금까지 억지로 버티려 하는 그 '아니라'는 이유가 근본부터 무너짐을 느끼는 까닭이다.

"그 동리서 어제 저녁에 호환 간 젊은 여교우가 여기 있는데 그 누군지 아는가?"

하시는 주교의 물으심에 이성칠은 눈이 휘둥그래 가지고 방안을 한 번 둘러보더니 의외라는 듯, 그러나 자신 있는 얼굴로

"그런 일은 없습니다."

하고 여쭈었다.

'정삼이골이라야 몇 집 되지도 않으니 뻔한 일, 그리고 더구나 젊

은 여교우가 있을 수 있나!'

주교께서는 이상하다는 듯 좌우를 한 번 쳐다보시더니 아랫방을 향하여

"그럼, 그 여자 이 앞으로 나오라 해라."

하며 두 남녀를 대면시키기를 명하셨다.

주교의 명령에 못 이겨, 사람들이 터주는 방 가운데로 나오는 데레사의 다리는 와들와들 떨리고 얼굴은 모닥불을 끼얹은 듯 화끈거린다. 장지문께 와서 가만히 앉아서는 고개를 숙여버린다. 저편을 바라볼 용기도 없고, 또 알아볼 필요도 없음이다.

비리버는 그를 한 번 쳐다보고는 눈을 내리뜬다.

'원, 이렇게 같은 사람도 있담! 그러나, 내 아내는 어제 친정에 갔는데, 어디 또 한 번…'

하고 다시 쳐다보니 분명한 자기 아내가 아닌가!

비리버는 드디어 외면을 한다.

'대체 이 일이 어떻게 된 셈인가. 내 아내는 분명히 외인인데, 어떻게 여기와 있나? 십여 년 감춘 비밀이 폭로되고 말았구나! 사람은 묵직하기는 하지만 그래도 여자의 입이라, 원. 이 일을 처갓집에서 또 알게 되면…'

입맛이 소태처럼 쓰다.

# 두 사돈집

 정삼이 뒷골 언덕 소나무 그늘에서 두 늙은이 내외가 여전히 시장기를 감추지 못하는 얼굴로 자기 며느리가 점심을 가지고 오기를 고대하고 있다.
 바깥 노인은 만만한 것이 담배라, 일어났다 앉았다 하며 담배만 뻑뻑 피우고 있고, 안 노인은 시름없이 마른 입맛만 쩍쩍 다시며 손으로 아래턱을 고이고 앉아서 동네께를 내려다보고 있다.
 "글쎄, 이 애가 왜 밥을 아니 가져와. 원, 점심 기다리다가 사람 눈 빠지겠네."
 "이제 밥을 기다려 무엇하겠소. 조금 일을 더하고 아주 집에 내려가 밥을 먹지."
 바깥 노인은 말은 이렇게 하나, 그래도 혹시나 하는 마음으로 선뜻 일어나 밭으로 들어갈 생각은 않고 이따금씩 아래편 산모롱이를 살피며 하던 이야기를 계속한다.
 이야기라야 별로 신기한 것은 아니고 이렇게 인적이 고요한 곳에 두 늙은이만 앉아 있는 때는 항상 해오던 자기네 소시 적 이야기를 되풀이할 뿐이다.

서울서 호화롭게 살던 일, 성교회에 나오던 일, 군난이 일어나 남인 대가가 거의 다 쓰러진 일, 채 정승이 작고한 후 홍파의 세력이 정권을 남용하던 일, 살이 살을 먹는다고 동색끼리 서로 몰아 죽이던 일, 자기는 그 꼴이 보기 싫어 오직 영혼 하나 구한다는 결심으로 아무도 모르게 이곳으로 낙향하여 이름을 감춘 일.

그러나 안 노인은 지금처럼 가뜩이나 쭈그러든 배에서 꼬르륵 소리가 나오는 판에 이런 이야기의 되풀이가 그렇게 탐탁하게 들릴 리 없다. 그래서 안 노인은 듣는 둥 마는 둥 산모롱이만 바라다보고 있다가 자기는 또한 자기대로

"이 애가 원, 친정에 가더니 또 무슨 탈이 난 모양이여."

하고는 길게 한 번 하품을 하고는 입맛을 다신다.

"아따, 한때 굶어서 못살겠소. 좀더 기다려 보다가 내려가 보든지 어쩌든지 합시다."

암만해도 무슨 일이 있지. 어젯밤 꿈자리가 하도 뒤숭숭하더니…"

"아니, 외인처럼 그까짓 꿈을 다 믿나?"

하고 바깥 노인은 물었던 담뱃대를 쑥 빼어 탁탁 털어버리고 두어 번 내불어 보더니 새삼스럽게 시장기가 도는 듯 하품을 하고 나서는 앞산만 바라보고 있다.

산골짜기에서 올라오는 바람이 늙은이의 흰 머리카락을 쓰다듬어 주고는 소나무 틈으로 사라진다.

안 노인은 지루하다고 영감의 그 잔소리를 막아 놓기는 하였으나

그렇다고 무어 신통한 맛도 없을 뿐 아니라 오히려 더 적적하고 쓸쓸함을 느낄 수밖에 없어 이번에는 자기편에서, 역시 기회 있을 때마다 항상 내놓던 푸념을 또 시작한다.

"여보, 영감. 제발 이 산골에서 그만 삽시다. 그 놈의 감자하고 조밥 먹기 인제 참 진저리가 나기도 하고, 또 일만 똥차게 하고 먹을 것은 적으니 어디 살겠소."

이런 말에 바깥 노인은 대답할 말을 정신 들여 생각할 필요가 없다. 항상 해오던 그 대답을 또 한 번만 되풀이하면 그만이다.

"우리가 애초에 무엇 바라고 이 산골을 찾아왔소? 서울서 산더미 같은 기와집에, 겹대문에 청지기까지 두고 안팎 식구, 몸종 두고 궐내에 들락날락하다가 세속의 부귀 영화를 헌신짝처럼 버리고 남몰래 이리로 온 것은 오직 영혼 하나 구하자고 온 것이 아니오. 아무리 해도 한 번은 송장이 되어 썩어질 육신을 그렇게 생각한들 무슨 소용이 있겠소."

그러나 이런 영혼 문제가 나온다 할지라도 안 노인은 또한 그렇게 쉽사리 말문이 막히는 것은 아니다.

"글쎄, 영혼 사정으로 보아도 그렇지 않소. 이런 골짜기에 처박혀 있어 성사 한 번 보지도 못하고 교중 소식 하나 들을 수도 없이 이대로 죽는다면 영혼엔들 무슨 시원한 수가 있을 것 같소."

"허, 그러나 성사를 보려면 먼저 신부가 조선에 계셔야 하지 않소. 무턱대고 나서면 신부가 어디 하늘에서 내려오실 듯싶소?"

"아따, 먼저 수소문이나 해보고 저런 말을 한다면 누가 무어라 할까. 그저 항상 꾹 박혀 있으니 신부가 팔도에 한 분씩 계신들 누가 알겠소?"

"흥! 내가 왜 수소문을 아니 해? 누구를 아주 속이 없는 사람으로 아는구먼. 일전에 용진골 갔더니 성터 사는 침장이 김 서방한테 이상한 말을 들었는데…"

"아니, 무슨 이상한 말을 들었소?"

한 노인은 새 정신이 도는 듯 바짝 영감 곁으로 다가앉는다.

"김 서방이 삼박골로 침을 놓으러 갔었다나. 가니까 그 동네 사람들이 말하기를 그 동네에는 서울서 이 진사라 하는 이가 내려와서 사는데 소문이 나기를 서울서 지금 서학이 대치하여 양인들이 많이 나와서 도를 펴고 대원 대감도 배우시는 중이고 부대부인과 그 따님과 어린 상감님도 배우시고 한다는데, 원, 그 말이 참말인지 알 수 있어야지. 그래, 나는 들은 체 만 체하고 있다가 그대로 올라오고 말았지."

"아이고, 여보. 그러면 좀 똑똑히 알아나 보고 오지, 그대로 왔단 말이오."

안 노인은 그 좋은 기회를 잃고 무심히 돌아온 영감이 원망스러운 듯 혀를 쩍쩍 차고는 은근히 한숨을 짓는다.

바깥 노인은 못마땅하다는 얼굴로

"아따, 여자들은 저렇게 속이 얕다니까. 무슨 일을 그렇게 아무 철없이 내놓다가 남이 우리를 수상하게 보면 어떻게 하려구."

"그럼, 그 사람이 영감 속을 떠보려구 그렇게 말한 게지요."

"그거야 서로 초면인 만큼 그럴 리야 없겠지마는, 알 수가 있소. 혹시 유다스들이 교우를 탐문하려고 그런 풍문을 퍼뜨렸는지…"

"아, 참! 그 유다스 김여삼은 어떻게 되었다우? 그 자식 우리를 못 잡아먹어 지랄도 퍽도 하더니."

"원, 늙었기로 정신이 저렇게 없담! 그 놈이 벌써 죽은 지가 언제라구. 역적 괴수로 몰려 육시를 당하였다고, 왜 내가 말하지 않았남. 그 때 언제인가, 장꾼들이 말하기를 진천읍에도 그 놈의 대가리가 소금섬에 담겨 내려와 주리를 돌렸다고 말하지 않던가."

"그러나 저러나, 지금 교중 소식을 어떻게 알아보겠수? 공연히 또 유다스한테 얽혀들면 어떻게 하려구."

"글쎄, 나두 생각이 있다니깐. 그래, 성칠이보고 읍내서 온 것처럼 차리고 삼박골 이 진사를 찾아가서 한 번 속이나 떠보라고 일러 보냈으니 그 애가 돌아오거든 들어보고서 또 무슨 생각을 하든지 해야지."

산모롱이만 바라보고 있는 안 노인에게는 마침내 그 푸르둥둥한 골짜기에 무엇이 희끗거리며 올라오는 것이 눈에 띄었다. 그는 반가운 듯 얼른 일어나면서

"여보, 저기 오는 것이 우리 며느리 아니우."

그에 따라 영감도 일어나 그 편을 바라보면서

"글쎄, 누가 오기는 오는 모양인데, 그게 남자인가 여자인가. 원, 내 눈이 침침하여 잘 모르겠는걸."

하며 눈을 부비기도 하고 손바닥을 눈 위에 펴고 한참 바라보기도 하다가

"아이고, 올라오면 밥 먹겠지."

하고는 펄썩 주저앉는다.

"아니, 저게 여자는 여자인데, 어찌 빈 몸으로 올까? 아마, 우리 며느리가 아닌 게요…. 저 걸음걸이가 이상한 걸. 아, 저것 좀 보라구요. 왜 저렇게 빨리 올까?"

앉았던 영감이 또다시 일어선다. 두 노인이 눈을 한곳으로 모으고 한참이나 바라보고 있다.

"글쎄, 누가 저렇게 빨리 뛰어오나? 무슨 급한 일이 생긴 게로군."

그러는 중 거리가 점점 가까워져 오는 사람을 알아볼 만하게 되었다.

"아이고, 등 너머 사돈댁 아니오?"

"글쎄, 사돈댁이로구먼. 무슨 일이 생긴 모양이여."

바깥 노인의 말이 떨어지기 전에 안 노인은 그쪽을 향하여 뛰어간다.

바깥 노인도 뒷짐을 지고 혼잣말로 중얼거리며 그 뒤를 따른다.

'원, 저 감태 사나운 사돈댁이 또 무슨 트집을 잡으려구 쫓아오는 것이나 아닐까?'

"아이구, 이거 등 너머 사돈댁 웬일이셔유?"

하고 안 노인은 반가운 기색을 지으며 인사의 말을 내놓았으나 그 등 너머 사돈댁의 얼굴을 쳐다보고는 멈칫하지 않을 수 없다.

등 너머 사돈댁은 그런 말은 들은 체 아니하고 헐레벌떡거리며 다가서서 안 노인의 얼굴을 쏘아보면서

"우리 딸 여기 안 왔수?"

하고 기색을 살핀다.

"글쎄, 우리도 그 애가 점심 가지고 오기를 기다리는 중인데…"

사돈댁은 그만 말을 가로막으며
"점심이고 무엇이고 대관절 그 애가 간밤에 집에서 잤수?"
아닌 밤중에 홍두깨 내미는 격으로 이런 돌발적인 문초에 두 노인은 어안이 벙벙하여 서로 쳐다만 보다가 안 노인이
"아니, 그 애가 어제 저녁 먹고 친정에 넘어갔는데, 왜…"
이 대답이 떨어지기도 전에 사돈댁은 그만 펄쩍 주저앉으면서
"아이구, 이 일을 어찌하나!"
하고 소리를 내어 통곡을 한다.
이 광경을 보는 두 노인의 가슴에는 무서운 불길한 예감이 염통을 찌른다.
안 노인은 덩달아 눈물이 글썽거리며
"아니, 사돈댁. 글쎄, 무슨 일이 났수?"
하고 사돈댁의 어깨를 흔들며 그 옆에 주저앉고 바깥 노인은 이맛살을 찌푸리고 이 광경을 내려다보다가 갑갑한 듯이
"허, 글쎄, 어떻게 된 일이우? 좌우간 무슨 말을 하셔야지, 어디 사람이 갑갑해서, 원…."
하고 남자의 위신을 지키려고 그 자리에 버티고 서서 들썩거리는 등 너머 사돈댁의 어깨를 내려다보면서 대답을 재촉한다.
등 너머 사돈댁은 한참 있다가 울음을 진정하더니 머리를 한 번 요란스럽게 좌우로 흔들어 못 참겠다는 표정을 보이면서 무엇을 괴춤에서 꺼내어 그것으로써 장황한 설명을 대신한다는 듯 두 노인 앞에 내던지고는 다시금 설움에 복받쳐
"그 애는 분명히 죽었수! 이것 좀 보우!"

하고는 다시 통곡을 계속한다.

그는 전날 자기 딸에게 집에 다녀가라고 기별해 놓고 그날 밤중까지 기다려도 딸의 그림자도 나타나지 않고 이튿날 아침 샛밥 때가 지나도 종시 아무런 소식이 없으므로

'원, 그동안 사돈집에 또 무슨 변고가 생겼나? 그렇지 않으면 그 사돈 마누라가 또 무슨 핑계를 잡아가지고 주저앉혔나…'

여러 가지로 궁금하여 여하간 한번 넘어가 알아나 보리라 하고 집을 나섰던 것이다.

'전에는 딸을 보내라는 대로 곧잘 보내더니 요새 와서는 사돈 마누라 눈치가 달라져 종종 붙잡아 앉히더라! 하기야 우리가 딸을 남의 집에 주어 놓고서 너무 자주 불러 오는 폭이지만, 그래도 당초에 그렇게 하기로 약속까지 하고 혼인을 한 이상에야…'

이런 일이 만일 다행히 이번 일이 변고로 인한 것만 아니라면 넉넉히 사돈 내외를 당하여 낼 자신이 생긴다.

그래서 더운 줄도 모르고 긴장하여 고갯길을 오르다가 도랑섶을 접어들 제 길가에 웬 비녀 한 개가 떨어져 있는 것을 보고 무심코 집자니까 또 두어 걸음 옆에 옷고름이 있어 아주 그것까지 집어가지고

'아이 참, 얄궂어라!'

하고 생각하며 다시 길로 나오자니까 옆으로 보이는 사태북지에 큼직한 짐승 발자국이 띄엄띄엄 놓여 있고, 또 무엇이 끌려간 자리가 역력히 남아 있지 않은가!

깜짝 놀라 걸음을 멈추고 그 발자국이 간 대로 눈을 들어 살피자니까 사태북지에 서 있는 조그마한 참나무 끄트머리에는 사람의 머리

카락까지 얽혀 있었다.

'아뿔사! 이거 호랑이가 사람을 궂힌 게로구나!'

하고 깨달으니 온몸에 소름이 쭉 끼친다.

그는 정신없이 펄쩍 길 가운데로 뛰어나와 가던 길을 계속 가려다 지금 자기가 쥐고 있는 비녀와 옷고름이 죽은 사람의 것임을 깨닫자 별안간 싫은 마음이 나서 내버리려다가 다시 한 번 들여다보니 그것이 몹시 눈에 익은 비녀이므로 다시 눈을 비비고 이모저모 살펴보매 그것은 분명히 자기 딸 시집갈 때 해준 그 비녀이다!

'우리 딸이 호랑이에게 물려가다니!'

눈앞이 캄캄하고 하늘이 무너지는 듯하다.

이 일을 영감에게 가서 말할까, 이 길로 사돈집에 가볼까 하고 잠깐 망설이다가 좌우간 먼저 똑똑히 알아나 보아야 한다고 내친걸음으로 사돈집을 향하여 떨리는 걸음을 재촉하였다.

그는 마치 지금 눈앞에 호랑이가 자기 딸을 물고 가는 것을 쫓아가 뺏어오기나 하려는 듯이 허둥지둥 고개를 넘어 쏜살같이 내려 달렸다.

사돈집의 지쳐둔 사립짝문을 밀어젖히고 들어서면서 딸을 불러 보았으나 아무런 인기척도 없다.

이 방 저 방을 들여다보고 부엌으로 해서 뒤란을 거쳐 돌아나와도 놀란 파리떼만 위잉 하고 나를 뿐 사람의 그림자라고는 볼 수 없다.

그는 마침내 열병 든 사람처럼 어쩔 줄을 모르고 밖으로 뛰어나오다가, 이미 아까부터 울타리 새로 이의 당황한 걸음걸이와 수상스러운 태도를 보고 심상치 않다고 생각하다가 나와 보는 건너편 집 아낙네와 마주쳤다.

"아니, 이 집에는 다들 어디 갔나요?"

"아침에 뒷골로 밭 매러 갔지요."

"우리 애두 갔나요?"

동네 아낙네는 그의 얼굴을 물끄러미 쳐다보다가

"그건 모르겠는데유, 오늘 아침엔 그 새댁은 보이지 않고 안 노인이 아침을 짓는 모양이던데, 무엇 때문에 그러슈?"

이 말을 들은 그는 얼굴이 흙빛으로 변하면서

"아이구, 이 일을 어쩌나!"

하고 굵다란 눈물 방울을 떨어뜨리며 울음 섞인 소리로 자기 딸의 비녀를 길에서 줍고 그 곁에서 호랑이 발자국을 본 사실을 말했던 것이다.

그리고는 아낙네의 말은 들을 필요도 없다는 듯이 벌 쐰 사람처럼 뒷골을 향하고 치오르면서도 그래도 혹시나 하는 거미줄 같은 희망을 놓지 않았으나 마침내 사돈댁의 입으로부터 자기 딸이 어제 저녁에 친정으로 넘어갔다 함을 듣고서는 그만 절망하여 그 자리에 주저앉았고 괴춤에서 그 비녀를 꺼내어 던짐으로써 모든 설명을 대신하였던 것이다.

그러나 지금까지 점심밥만 고대하고 있던 바깥 노인이 이렇게 아무 설명도 없는 간단한 표시만 보고서 그 속에 얽힌 내막을 알아들을 리가 없다.

그래서 우렁을 찍으려는 황새처럼 목을 길게 빼어 사돈댁이 내놓은 그 거무스름한 물건과 사돈댁의 얼굴을 번갈아 들여다보다가는

마침내 갑갑하고 불쾌한 표정으로

"대체 어서 전후 사정을 말씀이나 해보시우."

하고 눈을 둥그렇게 떴다.

등 너머 사돈댁이 눈물을 이리저리 씻어가며 목메인 소리를 몇 번이나 끊었다 이었다 하면서 사실의 줄거리를 대충 이야기하고

"어쩌면 그래, 젊은 애를 혼자 보낸단 말이오!"

하고 원망 섞인 통곡을 다시 시작하였다.

비녀를 들고 보던 안 노인의 얼굴도 갑자기 찌그러지면서

"아이구! 우리 며느리가 그 놈의 호랑이에게 물려가다니!"

하고는 울음 소리를 내놓았다.

바깥 노인은 이마를 찌푸리고 두어 번 쓰디쓴 입맛을 다시고 나서

"허! 그거 참! 일이 그렇게 될 줄이야. 원, 누가 꿈에나 생각했나. 전에도 곧잘 혼자 넘어다니고, 또 어제 저녁으로 말할지라도 제 장부가 바래다 준다고 해도 제가 우기어 혼자 넘어간다 하기에…. 허, 그거 참!"

하고 변명 비슷이 말을 하였으나 이런 말이 사돈댁의 귀에 들어갔을는지 모른다.

두 노인의 울음 소리가 건너편 산에 이상한 반향을 일으킨다.

바깥 노인은 우두커니 서서 눈만 껌벅거리다가

"아니, 여기서 이럴 것이 아니라 좌우간 동네 내려가서 알아봅시다. 원, 호랑이에게 물려갔는지, 사람에게 붙들려 갔는지 여기서 울고만 있으면 무슨 별수가 나겠소."

하고는 쓱 돌아서서 뒤도 안 돌아보고 허둥지둥 내려 달린다.

두 노인네는 비틀비틀 일어나 서로 손을 잡고 울며불며 그 뒤를 따랐다.

동네 어귀에 다다르니 울타리 그늘 밑에 턱을 괴고 누웠던 검둥이가 머리를 들어 이 꼴을 보고는 비록 일상 보는 사람이나 그 걸음걸이가 수상하다고 두어 번 컹컹 짖어 나무란다.

집에 이르러 보니 주인 없는 텅 빈 집은 벌써 초상집 기분이 넘친다.

사립짝문 앞에는 동네 사람 몇 명이 모여 서서, 남의 일 같지 않은 듯 수심이 깊은 얼굴로 주인이 돌아오기를 기다리고 있다가

"아이고, 샌님! 참, 이거 큰일났습니다. 오죽이나 걱정되겠습니까."

하고 모두들 인사의 말을 내놓는다.

바깥 노인은 이에 대답할 말이 없는 듯 한숨만 크게 내쉬며 곧장 안으로 들어가 토방에 걸터앉는다.

젊은 여자들 몇 사람은 부엌 모퉁이에 모여 서서

"아이고, 딱해라! 글쎄, 이 일을 어찌해."

"그 댁은 꼭 죽었지 뭐. 호랑이에게 물려 가서 살아오는 재주가 어디 있담!"

"아이 참, 불쌍해라! 간밤에 꿈자리가 뒤숭숭하더니 이런 꼴을 보게 되느라고…"

"글쎄, 어저께 그 새댁 얼굴이나 하는 말이 모두 처량해서 나두 퍽 이상히 생각하였다니깐."

"그래, 왜 친정에는 그처럼 자주 넘어다니는 거여… 더구나 저녁에."

"아따, 친정 어머니가 자꾸 그렇게 불러간다는구려."
"불러가는 친정 어머니나 그렇다고 놓아 보내는 시집에서나 다 같지, 무얼…"
"아이 참! 불쌍한 건 그 새댁이지. 인물도 좋고 마음씨도 곱고 하더니만…"
이렇게 입에 침이 마르도록 수군거리다가 바깥 노인이 들어오는 것을 보고 움찔하여 모두들 염려스러운 눈을 노인의 얼굴로 던지면서
"아이, 딱해라! 얼마나 놀라셨겠어유."
하고 인사한다.
뒤이어 마당에 들어서는 두 사돈댁은 딸을 부르며, 며느리를 부르며 대성통곡한다.
동네 부인들도 돌아서서 치맛자락으로 눈을 씻으며 흑흑 느낀다.
마치 젊은 새댁의 처참한 시체가 안방에 누웠는 듯하다.
벌써 남자 몇 명은 뒷고개에서 뛰어 내려오면서
"아이고, 그 놈의 호랑이 발자국이 몹시 크던 걸. 사람을 물고 사뭇 산으로 치달았던 걸…"
하며 떠드는 소리가 울 밖에 들렸다.
바깥 노인의 가슴은 점점 더 땅속으로 내려앉는다. 어떻게 함이 좋을지, 마치 머리를 뭉치로 맞은 것처럼 막막하다.
건넛집에 사는 바깥 노인의 친구 박 첨지가 이윽고 입을 열어 의견을 제출한다.
"자, 여기서 이렇게들만 하고 앉았을 게 아니라 기왕 일이 그렇게 된 바에야 지금에 와서 사람은 이미 죽은 사람이니 구해 낸다는 재주

는 없지마는 그래도 시체는 찾아보아야…, 하다 못해도 해골은 찾아와야 할 것이니까….”

하고 말을 내놓으매 좌중은 박 첨지의 입만 바라보고 멍하니 듣고만 있을 즈음, 한 육십이 넘어 보이는 늙은이가 텁수룩한 머리에 수건을 질끈 동이고 손에는 작대기를 끌며 안마당으로 서슴지 않고 들어선다.

사돈댁이 그를 보더니
"아이고! 영감, 이 일을 어찌하우!"
하고 땅을 치며 울음을 터뜨리고 안 노인 역시
"아이고, 우리 며느리 어디 있니? 너희 친정 아버님 오신다!"
하며 또 통곡을 시작한다.

이렇게 되니 박 첨지의 공사는 그만 중도에 깨뜨려지고 좌중은 다시 비참하고 혼돈한 기분 속에 가라앉는다.

그는 택호로는 양근 양반이라 하는 등 너머 서 생원으로서 호상 갔다는 여자의 친정 아버지이다.

그는 아침을 먹으면서도 어찌 그 애가 아니 넘어왔을까 하고 내외끼리 이야기도 하였으나 무슨 일이 벌어졌으리라고는 꿈에도 생각지 못한 바요, 또 자기 아내가 사돈집으로 넘어가 본다고 떠났으므로
'좌우간 나중에 알게 되겠지마는, 설마 무슨 변고야 있으랴…'
하고 아주 심상히 생각하면서 자기는 오줌장군을 지고 나와 담배밭에 오줌을 주느라고 전심하고 있을 때 이웃 사람 하나가 밭가에 와서 심상치 않은 얼굴로
"등 너머 집에서는 당신 따님이 간밤에 없어졌다고 야단법석이 났

는데 아직 아무 소식도 못 들었수?"

하는 말에 정신이 펄쩍 나서 단걸음에 이 집으로 뛰어왔던 것이다.

마당에 들어서면서 모인 사람들의 얼굴만 둘러다 보아도 자기 딸의 신상에 가장 큰 불행이 닥친 것은 틀림없다.

자기 마누라와 사돈댁이 울음 섞어 하는 말과 바깥 사돈의 입에서 무겁게 나오는 이야기를 대충 듣고 나니 자기 딸은 이미 호랑이에게 궂힌 것이 분명한 사실이다.

마당 한 편에 몰켜 섰는 동리 아낙네들은 이 서 생원의 얼굴에 어떠한 표정이 나타나고 그의 입에서는 또 어떠한 말이 나오고, 또 장차 어떠한 태도나 대책을 취할는지 하나도 놓치지 않으려는 듯 모두 긴장된 시선을 그에게서 거둘 줄 모른다.

그러나 서 생원은 두 손으로 작대기를 짚고 토방 턱에 걸터앉아 시름없이 눈만 꺼먹거릴 뿐 별반 신기한 수가 없는 모양이다.

서 생원의 머리 속에는 자기의 구구한 일생이 한 토막 한 토막 머리를 들고 지나간다.

그는 본시 살기는 양근 마재에 살았고, 또 거기서 자연히 정약종 다산과 상종이 많았으므로 성교회에 들어왔다. 그 후 기해군난에 포졸들에게 가산을 적몰당하고 겨우 맨몸만 빠져나와 연풍 평방골이라는 동리로 이사하여 은거하다가 다시 병오년 군난을 만나 동중 외인들한테 떨려서 진천 명심이라는 산촌에 피신하고 있다가 그 이듬해 절골로 와서 사는 중이다.

비록 성교를 숨기고 겉으로는 외인이나 다름없이 살아오나 속으로는 하루 수계를 궐한 일이 없고 주일과 모든 첨례를 꼭 지켜 내려

왔다.

아들은 하나도 두지 못하고 다만 슬하에 딸 둘을 두어 애지중지 길러왔지만 모든 경문과 교중 본분을 가르치기를 게을리 아니하였다.

큰딸은 이십 세나 되도록 교우를 만나지 못하여 출가시키지 못하고 있던 중 장성한 딸자식을 그대로 집에 두고 있자니 자나깨나 마음을 놓을 수 없고 동네 외인들의 떠드는 말도 무섭고 그대로 지내다가 자기 내외가 죽든지, 또는 군난이 나든지 하면 임자 없는 커다란 처녀의 앞길이 말이 안 될 것이므로 하는 수 없이 우선 외인에게라도 주어 놓고서 볼 일이라 하여 근동에서 가장 점잖은 정삼이골 이 생원의 며느리로 들여 보냈던 것이다.

그래도 딸의 영혼 사정에 대한 염려는 일상 마음놓을 수 없을 것이므로 정혼할 때 사돈과 미리 언약하기를 성혼한 후에라도 친정에 무슨 일이 있으면 자기 딸을 보내주어야 한다고 다짐을 받고 나서야 혼인을 시켰고, 그리고 나서는 주일이나 첨례를 당하면 무슨 핑계든지 내세워 딸을 불러다가 첨례와 신공을 같이 드려 왔던 것이다.

이 날도 마침 성 베드로, 바오로 첨례이므로 미리 어저께 기별을 보내어 친정 어머니가 편찮으니 와서 다녀가라고 하였더니….

작은 딸은 어떻게든지 교우 집으로 보내기로 마음을 단단히 먹고 있었으나 세상 일은 뜻과 같이 되지 않아 교우의 종적은 묘연한 중 뜻밖의 세력에 눌려 기어코 외인에게 빼앗기고 말았던 것이다.

진천 읍내 조 참판이란 자는 세력도 있고 재물도 많아 읍에서 굴지가는 사부의 집안인데 한 해 여름 그 맏며느리가 염병으로 세상을 떠난 후 그 아들의 후처를 구하던 중 절골에 사는 서 생원의 작은딸이 얌전하다는 소식을 듣고서 사람을 놓아 알아본 후 곧 성혼하기를 재촉하였던 것이다.

산골에 묻혀 있어 두더지 모양으로 땅이나 파서 감자, 강냉이로 연명하는 산골 양반으로서는 일군의 세력이 늠름한 참판의 권리에 어찌할 수도 없는 중, 작은딸은 이미 일이 이렇게 된 바에야 자기가 그집에 들어가 그 집 사람까지 귀화시킴이 상책이라고 염려 말아주기를 자청하기도 하여 그 역시 외인 집안으로 보냈던 것이다.

그 후 머리에 흰 털이 더하여질수록 자기와 두 딸의 영혼 대사가 늘 양심에 보채 오던 중 이제 큰딸이 자기 눈앞에 이런 악착한 죽음을 당함을 보니 천주의 엄벌이 이제 큰딸로부터 내리기 시작하는 것 같다.

박 첨지가 서 생원 역시 꾸어다 놓은 보릿자루처럼 우두커니 앉았음을 보고 못마땅하고 갑갑한 듯 아까 하던 공론을 다시 계속한다.

"자, 이러구들 앉았기만 하면 대체 어떻게 하자는 셈이여. 어서들 일어나 해지기 전에 한 번 올라가 해골이나 찾아보아야지…."

하고 동리 사람들을 둘러보며 재촉한다.

아까부터 신들메를 단단히 하고 작대기를 하나씩 짚고 있던 동리 사람들은 이 말을 기다렸다는 듯이 먼지를 툭툭 털며 일어선다.

점심도 굶은 두 노인의 새까맣게 탄 얼굴이 무한히 불쌍하다.

서 생원도 이러고만 있을 수는 없어 작대기를 짚고 일어서기는 하나 이제 조만간 눈앞에 나타날 자기 딸의 참혹한 해골을 생각하니 소름이 끼칠뿐더러 건너다 보이는 무시무시한 큰 산속에는 천주의 엄벌이 이제 자기를 기다리고 있는 것만 같아 다리가 떨린다.

박 첨지의 독촉으로 동리 젊은 사람들이 막 산을 향하고 나서려 할 때, 어떤 방물 장수 노인이 사립짝 안으로 들어서다가 이 집의 공기가 심상치 않은 눈치를 보고 잠깐 주춤하더니 설마 어떠랴는 듯이 이내 안마당으로 들어서며

"아이고, 더워! 또 이 댁에는 무슨 일이 났나?"

하며 사람들의 얼굴을 살핀다.

남자들과 두 사돈집은 이런 경황 중에 저런 방물 장사쯤이야 본숭만숭 대꾸도 아니하고 있는데 부엌 모퉁이에 서 있던 여자들이

"아이구, 무슨 일이 다 무어유. 이 집 며느리가 어젯밤에 호랑이에게 물려갔다우."

기다리던 가장 큰 소식이나 전하는 듯이 얼른 대답을 해주었다.

방물장수 노인은

"아이구, 더워라!"

하며 방물 보퉁이를 토방에 내려놓고 이리저리 땀을 씻으면서

"아이 참, 얄궂어라! 저 삼박골 동네에서는 어떤 여자가 호랑이에게 물려가다가 놓여 왔다고 야단들이던데…"

하며 주인일 듯한 사람을 찾는 눈치이다.

"그래, 그게 언제 된 일이라우?"

박 첨지가 방물 장수를 향하여 묻는다.

젊은 사람들은 나갈 생각을 아니 하고 모두 고개를 돌이켜 이 두 노인의 대화에 흥미를 느낀다.

"글쎄, 거기두 바로 어젯밤에 된 일이라우."

하며 방물 장수는 이상하다는 듯이 눈동자를 굴린다.

"아니, 그 놈의 호랑이들은 요새는 왜 그렇게 등쌀을 대어…."
동리 젊은 사람들은 두런거리기 시작한다.
'제기, 어떤 사람은 복이 저렇게 많아 호랑이에게 물려가다 살아오는 수도 있다는데…'
두 사돈댁이 약조나 한 것처럼 이렇게 생각을 하고 보니 자기 딸, 자기 며느리가 다시금 무한히 불쌍하고 자기들은 이 세상에서 돌려냄을 받은 것처럼 가장 불행한 신세임을 느끼게 된다.
"그래, 그 여자는 삼박골 사람이랍디까?"
박 첨지의 조사는 차차 깊이 들어간다.
"아니라우. 글쎄, 나도 지나다가 잠깐 들은 말인데, 타동 사람이기에 지금 이 진사댁에 있다지. 아주 젊은 새댁인데 엊저녁 먹고 친정에 간다고 나섰다가, 글쎄 그 꼴이 되었다우!"
방물 장수의 말이 떨어지자 일동의 눈에 빛이 난다.
숨을 끊고 방물 장수의 입만 쏘아보고 있던 사돈댁은 막혔던 숨길이 터지는 듯
"암만해도 그게 우리 애여!"
하고 벌떡 일어서더니 뒤도 안 돌아보고 사립짝 밖으로 내달렸다.
안 노인도 재생하는 듯 한숨을 크게 한 번 내쉬면서
"그렇기나 하였으면 오죽이나 좋을까!"
하고 그 뒤를 따라 허둥지둥 쫓아나갔다.
박 첨지도 적이 안심되는 듯 좌중을 향하여
"자, 그러면 그이가 필경 이 집 부인일 듯하니 자네들은 가서 일들이나 하고 있게. 그러나 혹시 알 수 없으니 너무 멀리는 가지 말

고…"

하고 젊은 사람들을 바라보았다.

이때 벌써 바깥 노인과 등 너머 사돈은 박 첨지의 공사를 뒤로 듣는 둥 마는 둥 사립짝 밖에 나섰다.

검둥이가 이번에는 아주 일어서서 크게 나무란다.

안팎 두 사돈은 앞서거니 뒤서거니 허둥지둥 삼박골을 향하고 달렸다.

뻐꾸기 소리는 여전히 아늑한 산골에 울릴 뿐….

그동안 삼박골 이 진사의 집안에는 경사의 기분이 넘쳐흐른다.

안방에는 여교우들이 모여 앉았고 공소방에는 주교 슬하에 남교우들이 모여 앉아, 하고난 이야기를 되풀이하고 저 사람이 한 말을 이 사람이 또 해도 또 재미있는 모양이고, 세상에 실로 희한하고 저런 다행을 자기 자신이 맛본 것이나 다름없이 즐거워한다.

두 번이나 사람의 간을 콩만큼 만들어주던 사람들이 뜻밖에 교우고, 교우일 뿐 아니라 또 같은 내외요, 내외일 뿐 아니라 이 자리에서 비로소 가슴속의 비밀이 풀어져 서로 교우인 것을 알게 되고, 그리고 또 천만 뜻밖에 주교까지 뵈옵게 되어 마치 자기 자신들이 천당에 올라 오주 예수를 뵈옵는 듯하니 황홀하고 감격한 얼굴에 눈물을 흘리는 한 쌍의 원앙이었다!

비리버는 자기 아내 데레사를 바라볼수록 더욱 사랑스럽다.

어떻게 하면 자기 아내를 입교시킬까 하고 이리 궁리 저리 궁리 좋은 기회를 기다리느라고 애쓰던 것도 이제는 일장 춘몽, 자기 아내는 엄연히 교우가 아닌가!

오히려 성모패를 그처럼 소중히 모시고 조심하여 공경하여 온 것을 듣고 보니 아내는 자기보다도 훨씬 더 열심한 교우라 올려다 보인다.
데레사는 자기 장부를 바라볼수록 믿음직스러웠다.
외인 집안에 출가한 후 자기 영혼 대사를 생각하고 가슴이 아프도록 홀로 근심하던 그 무서운 꿈을 이제 깨고 보니 자기 장부가 버젓한 교우라니!
교중 소식을 알아보려고 그처럼 애를 쓸 정도로 열심한 교우 남편을 아직까지 몰라보고 지낸 것이 무한히 안타깝다.
방안에 모였던 교우들은 주교의 분부를 따라 혹은 사랑으로 나가고 혹은 집으로 돌아가고 그 집안 식구는 저녁을 지으려고 쌀을 씻기 시작했다.
비리버는 공소 방에서 회장에게 도리를 듣고 성사 보는 법을 익힌 후 과거를 회상하여 성찰하느라고 정신을 쏟고 있고, 데레사는 회장 댁에게 안방에서 도리를 듣고 역시 성사 받을 준비를 하기에 전심하고 있다.
이제 곧 성사를 받을 생각을 하니 캄캄하던 영혼의 앞길이 활짝 열림을 느끼는 동시에 마음은 새깃처럼 가볍다.
마치 벌써 천당에나 올라 세상 일을 잊은 듯이 이 부부는 자기 행복에, 자기 신락(神樂)에 도취되어 집안도, 부모도 생각할 줄을 모른다.
이 진사 집안의 긴장된 기분도 이미 가라앉아 군난 때의 공소 집의 조심성을 다시 회복하였다.
안마당에는 암탉 두어 마리가 기웃기웃 모이를 찾고 있다.
이윽고 지쳐두었던 대문이 요란스럽게 삐드득 소리를 내며 활짝 열리더니 험상스러운 노파들이 느닷없이 들이닥친다.

토방 밑에 다가서며 헐떡이는 가쁜 숨을 진정할 새도 없이

"아이구! 이 댁에, 이 댁에 말, 말 좀…"

하는 그동안 회장댁은 데레사에게 눈짓하여 저편으로 물러앉아 주의하라고 경계하고, 이 의외의 침입자들을 대하러 나섰다.

데레사는 선뜻 귀에 익은 소리를 듣고 나서 회장댁 어깨 너머로 슬쩍 내다보니 토방 밑에 섰는 자는 자기 어머니가 아닌가!

회장댁을 뿌리치고 곤두박질로 뛰어나가

"아이구, 어머니!"

부르짖으며 얼싸안는다.

"아이구, 네가 살았구나!"

모녀는 서로 얼싸안고 통곡을 한다.

안 노인도 죽은 줄 알았던 며느리의 어깨를 잡고 늘어지며 울음을 터뜨린다.

회장댁은 더 물어볼 여유도 없지마는 물어보지 아니하여도 어떻게 된 사정을 직감하고 눈으로 이 광경을 바라만 보고 있고, 공소 방에서 머리만 내놓고 바라보던 회장도 뛰어나와 이 감격스러운 장면을 바라만 보고 있다.

두 바깥 노인은 닭 쫓던 개 올려다보기로 차마 대문 안으로 들어서지 못하고 초조한 가슴을 누르며 기웃기웃하다가 몇 번 떨리는 목소리로 번갈아가며 불러본다.

"주인장 계십니까?"

북새통에 안에서는 이런 소리를 들을 리 없다.

두 사돈집 107

문 방지거가 사랑에서, 안마당에서 벌어진 장면을 바라보다가 밖에서 무슨 소리가 들리는 듯하므로 나와 보니 두 노인이 숨을 씨근거리며 서 있으므로 사랑방으로 불러들이고, 물어 보지 않아도 안다는 듯이 성칠이를 나오라고 하였다.

안마당에는 동리 여자들이 큰 구경거리나 난 듯이 들어와 둘러섰고, 아이들도 어느 틈에 큰 놈 작은 놈 대여섯이나 몰려들어와 기웃거린다.

회장이 골방으로 들어와 주교의 분부를 받아가지고 나오더니 두 노인과 호환 갔던 여자를 안방으로 안내하도록 이르고, 또 저녁 때도 거의 되었으니 피곤한 몸으로 정삼이골로 가게 하는 것은 인사가 아닌즉 그 손님들은 다 자기 집에서 자고 가도록 하라고 분부하고 호환 갔던 젊은 부인의 놀란 가슴을 진정시키기 위하여 조용해야 한다고 사방을 둘러보며 몇 번이나 을러대고, 동네 아이들보고 무슨 구경이 났느냐고 소리를 질러 내쫓는 통에 동네 여자들도 하나씩 모두 돌아갔다.

얼마 후 사랑방에 기다리고 있던 두 노인을 불러들여 두 사돈집 식구를 한자리에 앉게 하고 주교께서도 이 인간 희비극에 참석하셨다.

죽은 줄 알았던 딸, 며느리가 여전히 살아 있고, 외인으로 알았던 사위와 며느리가 교우이고 사돈집이 서로 모두 교우이니⋯.

또 천만 뜻밖에 주교, 주교까지 뵈옵다니!

'대체 이게 꿈인가, 생시인가!'

두 사돈집 노인들은 흑흑 흐느껴 운다.

주교로부터 좌중 모든 이의 눈에도 감격에 넘치는 눈물이 마르지 않는다.

# 폭풍

함박눈이 펑펑 쏟아지는 어떤 겨울날 아침.

진천장 관리 뜰에 있는 살구정이〔杏亭〕주막에서는 술청이 한창 벌어져 있다.

때마침 그리로 지나던 5, 6인의 포졸배가 느닷없이 이 주막으로 몰려들어 오며

"아이고, 추워! 어디 가겠나. 해장이나 한 잔씩 하고들 가세."

하며 신발에 묻은 눈을 툭툭 털어 뜰에 벗어 젖혀 놓고는 술청으로 들어온다.

주인 마누라는 부엌에서 아침을 하느라고 종종걸음을 치며 왔다갔다하는 판에 방에서는

"여보, 주인댁! 술 좀 얼른 가져오우!"

하는 소리가 벽력같이 들린다.

주인댁은 하던 일을 내던지고 술 항아리를 끼고 방으로 들어서면서

"아따, 오늘은 무슨 큰 수가 생기는 게구려. 이른 아침부터 이렇게

야단들이시니."

이렇게 첫인사를 붙여 놓고 생긋 웃으며 술상 머리에 앉는다.

포졸들은 죽 둘러앉아 따끈한 막걸리를 한 사발씩 부어주는 대로 들이키고 나서 국 한 그릇씩 들고 먹기 시작한다.

주인댁은 그들의 술국 들이키는 푸짐한 모양을 한번 둘러보고 나서

"그래, 오늘은 또 누구를 잡아가려고 이렇게 일찌감치들 나섰수?"

하고 이야기를 건다.

"계집이 그런 걸 알면 무엇 해? 대장부들이 하는 일을."

"왜, 여자는 사람이 아니라우?"

"사람이면 그걸 엇다 써먹어. 밥이나 하고 빨래나 하고 그럴 뿐이지."

"아따. 당신도 그렇게 여자를 천대 말우, 당신은 여자 없이 어디서 나왔겠수!"

"그러면 여자는 남자 없이 나는 수도 있나."

이렇게 주인댁과 포졸 한 사람이 농담을 하고 있는 것을 그 옆에 있던 다른 포졸이 그의 어깨를 탁 치며

"여보게, 이 사람. 잔소리 말고 얼른 술이나 먹고 우리 볼일이나 보러 가세. 그 주인댁 말하는 것을 보니 남자 열 명도 더 잡아먹겠네. 공연히 우리들 다 잡아먹으면 어떻게 하려고 노닥거리고 있나."

하며 코웃음을 치는 바람에 다른 포졸들도 입에 물었던 국을 토하는 등, 사레 걸려 정신을 못 차린다.

포졸들이 숟갈을 놓고 입을 이리저리 씻으며 둘러앉아 담배 한 대씩 붙여 무는 것을 보고 주모는 약간 안색을 정돈하고서 묻는다.

"아마 오늘도 천주학쟁이들을 잡으러 나서신 모양이지."

주인댁을 쳐다보고 있던 한 포졸이 썩 나서며

"왜, 주인댁이 천주학쟁이하고 어떻게 되는 게로구먼!"

"아니, 어떻게 되어서 묻는 것이 아니라 어저께는 읍내 조 참판댁이 다 잡혔다니 말이우."

"그럼. 조 참판댁은 무슨 용빼는 수 있나. 다 잡혔지, 무어."

"아니 그럼, 나리들이 바로 그 집에 들어가 붙들어들 가셨수?"

"아무렴, 우리들이 들어가 그 집 식구를 모두 포박하여 갔지."

"아이고, 딱해라. 글쎄, 무엇 하려고 그 놈의 천주학을 하다가 그렇게들 붙들려 죽는지 몰라. 그런데 그 집 며느리도 잡혀갔수?"

주모의 관심은 여기로 쏠리는 눈치이다.

그러면 대체 그 집 며느리는 어떤 사람인가.

독자는 전에 절골 사는 서 생원이 자기 큰딸의 호환 소문을 듣고 두근거리는 가슴으로 자기 두 딸의 영혼 대사를 생각하고 천벌을 무서워하던 것을 기억할 것이다. 큰딸 데레사는 정삼이골 이 생원을 외인인 줄로만 알고 그의 며느리로 들여보내 놓고서 걱정하고 있던 중 작은딸은 또 뜻밖에 진천 읍내 조 참판의 세력에 눌려 그 집 며느리로 빼앗기게 되어 머리를 싸매고 앓고 있더니 작은딸이 그 눈치를 알고 이왕 일이 이렇게 된 이상 다른 도리는 없고 자기가 그 집에 들어가 그 집안을 회두시킴이 상책이라 하여 조 참판의 맏아들의 후처로 들어갔던 것이다.

조 참판댁으로 들어가 매사에 조밀하고 눈치 빠르고 부지런하고 예모 있고 하여 장부의 눈에 들고, 또 시부모에 대한 효성이 극진하여 무쌍한 귀여움을 받고 있었다.

그 장부는 부모 슬하에 귀골로 자라나며 글 공부만 힘쓰던 이십여 세 청년이었으니, 하루는 사랑에서 밤이 이슥하도록 글을 읽고서 자기 방에 들어가니 아내는 하던 일을 멈추고 일어나 그를 맞이하고 나서 일거리를 다 치우고

"그래, 요새는 무슨 글을 읽으십니까?"

하고 조용히 물었다. 청년은

"요새 《시전》을 읽는 중이오."

하고 대답하니 그 아내는 자기 손그릇에서 무슨 책을 한 권 내주며

"이 글을 읽어 보십시오."

하고 권한다. 청년은

"그게 무슨 책이오?"

하고 무심히 받아들고서 책 껍데기를 열어 젖히니 첫 장에 '천주실의'(天主實義) 넉 자가 당판으로 뚜렷하게 박혀 있다.

"천주실의, 천주실의"

청년은 머리를 갸우뚱하며 이렇게 두어 번 중얼거리면서 그 다음 장을 열고 서문을 읽어 본다.

청년의 눈은 글줄을 훑어 내려가고 있는 동안 부인의 눈은 청년의 안색을 훑는다.

이윽고 부인은 안심되는 듯이 말문을 연다.

"여보시오. 당신은 지금까지 한 세상 성현에 지나지 못하는 공자, 맹자만을 숭배하는 유서를 공부하시며 세상을 지내시니, 이제부터는 천지 인간을 마련하여 놓으신 천지 대군을 알아보는 공부를 시작하

여 보십시오. 그 책은 그런 공부를 하는 책이랍니다."

청년은 잠시 책에서 눈을 떼어 부인을 바라보더니 다시 읽어 내리기를 계속한다.

본시 글을 좋아하는 그인지라 한번 손에 들어온 책을 그대로 내놓는 일이 없다. 그날 밤을 새워 가며 이리 궁리 저리 궁리 그 책을 다 읽어 보니 아직까지 듣지도 못한 크고 높은 진리가 논술되어 있음에는 감복해 마지 않으나 어떤 문구는 알아듣기 어려워 갑갑함을 풀 길이 없다.

천주학이란 말만 무심코 들었더니 천주학이 이럴 줄이야 누가 꿈에나 생각하였나!

정신 속으로 파고드는 새로운 서광 앞에 자연히 머리를 숙이게 된다.

그러나 잘 알아듣지 못할 문구는 시절이 시절인 만큼 아무에게나 물어볼 수도 없어 난처하다고 생각하다가 부인에게 그 사정을 말하니 부인은 그가 책을 읽어 나가는 중 그 얼굴에 나타나는 표정을 여러 번 살펴 이미 세운 짐작이 있으나

"그건 더 알아 무엇하려구 그러우?"

하고 한술 떠보았다.

"아니, 지금까지 우리가 꿈속에 살아온 것은 과거지사로 돌린다 할지라도 이제 천지 대군을 이만큼이나 알고서 그대로 지낸다는 것은 금수나 다름없을 것이니, 이것을 더 공부해서 우리도 사람 된 본분을 차려야만 하지 않겠소."

그의 얼굴에는 진중하고도 고상한 감격의 표정과 함께 그 무슨 결심의 빛이 서렸다.

이를 바라보던 부인은 크게 감동하는 얼굴로 자기 친정 아버지를 소개하였다.

그 이튿날 청년은 부인에게만 알리고 절골로 가서 조용히 장인을 만나보고 왔다. 그 후 청년의 절골 출입이 잦더니 드디어 경문과 도리를 배우기 시작하였고 그 이듬해는 부모와 집안 식구를 다 입교케 하였다. 그러므로 시부모들은 종종 우리가 며느리를 잘 얻어서 육신 살림도 잘 되고, 온 식구가 다 천당 가게 되었다고 말해 왔다.

과연 부인은 인물도 출중하지마는 그 성품이 비단결처럼 곱고 부드러우면서도 매사에 민첩하여 막히는 일이 없으므로 이웃 사람들도 도를 통한 부인이라고 얼컬어 왔던 것이다.

주인댁도 이 부인을 전에 알고 지내던 처지이므로 그 안부가 궁금하여 물어 보았다.

"그래, 함께 잡혀갔느냐?"

그 말이 떨어지기가 무섭게 포졸 한 사람이

"아, 잡히고 말고, 바로 내가 잡았는 걸."

하고 의기양양해 한다.

"아이고, 저 일을 어쩌나! 인물도 일색이고 얌전하고 효도스럽고…"

주모의 얼굴은 잠시 흐려진다.

"그런데, 참. 사람은 낫네. 아, 잡힐 때도 조금도 무서워하는 기색이 없이 아주 태연한데…"

"아이구, 어쩌면… 아, 그 천주학은 무엇 하러 믿다가 저런 봉변을 당해, 글쎄!"

이들이 대화하는 중 주인댁의 얼굴을 유심히 쳐다보고 있던 포졸 하나가 주인댁을 향하여

"그 여자의 친정이 절골에 있다지?"

하며 여전히 시선을 거두지 않는다.

주인댁은 잠깐 어리둥절한 기색을 감추지 못하였으나 즉시 안정을 회복하여

"글쎄, 그건 나도 모르겠수."

하고 시치미를 떼었다.

"흥! 모른다구? 지금 우리가 그 조참판네 사돈을 잡으러 절골로 가는 중이여!"

하고 그 포졸은 소리를 꽥 지른다. 다른 포졸은 그에게 눈짓을 하더니 아주 온건한 말씨로

"여보, 주인댁. 그 근처 산골에 천주학쟁이가 많이 산다는데 주인댁은 천주학쟁이 아는 사람 많지?"

"아이고, 난 몰라요."

"모르긴 무얼 몰라. 우리가 다 알고 묻는 말인데."

"알긴 무얼 안단 말이요. 글쎄, 나 참 별일 다 보겠네!"

주인댁은 골이 펄쩍 나가지고 부엌으로 나가버린다.

그때 포졸 두목은 그만 떠나는 체하고 부하들을 데리고 나서더니 바깥 마당에 나가 모여서는 한참 두런거리고 있다. 그것은 이 집을 그대로 지나치기 발길이 떨어지지 않으므로 부하들에게 이리이리하라고 지휘하고 있는 것이다. 이렇게 한참 서로 의논한 다음 다시 안마당으로 들어서며

"무어 그리 바쁠 것도 없으니 햇살이나 퍼지거든 떠나세."

하고는 다들 방으로 들어앉는다.

이들은 며칠 전 진천 읍내 조 참판 집을 에워싸고 그 식구를 다 잡아 관가로 압송하여 보내고 나서 그 집 재물을 다 적몰하고 보니 각각 앞으로 돌아오는 몫이 상당하므로 여기에 재미본 경험이 있는지라 오늘도 절골로 참판의 사돈 되는 서 생원을 잡으러 가는 판에 혹시 그 근처에 또 다른 천주학쟁이나 없을까 하여 알고자 하던 차, 한 포졸의 말에 의하면 이 살구정이 주막집 주모가 천주학을 하는 성싶고 적어도 다른 천주학쟁이와 상종이 있다 하므로 그 무엇을 건져 보려고 술을 먹으며 몇 번 떠보았으나 그 결과가 신통치 않으므로 떠나는 체하고 바깥 마당에 나가서 서로 의논도 하면서 그동안 주모의 흥분된 기분이 가라앉기를 기다려 다시 들어갔던 것이다.

이 주인댁은 그들의 추측과 같이 과연 교우였던 것이다. 군난 전까지 하백이라는 주막거리에서 주식 영업을 하면서도 성교를 봉행하더니 군난이 대치함을 보고는 그만 냉담하고서 이 살구정이로 이사하여 살았다.

그러므로 교중 사정을 짐작하는 것도 많았고 근처 교우들의 동정도 모를 리 없고, 또 산막 사는 교우들은 장에 다닐 때 자연 이 주막으로 들리게 되므로 상종도 끊어지지 않았다.

비록 자기는 마음이 약하여 냉담하고 있으나 양심은 편치 못하므로 이후 좋은 시절이 오면 다시 회두할 마음도 없는 바가 아니요, 일상 마음으로는 교우들을 돌보고 싶었던 것이다.

"주인댁, 어서 술 가져오우!"

방에서 그 반갑지 않은 재촉이 또 시작된다.

주인댁은 이런 생각 저런 생각에 심신이 불안하여 못들은 체하면서 상 보느라고 왔다갔다하는데 안마당에 서성거리고 있던 포졸 한 사람이 쏜살같이 부엌으로 들어와

"이 주인댁이 금방 귀머거리가 되었나?"

하며 손목을 잡고 방으로 끈다.

"아이, 사람만 들어가면 어떻게 해요. 술하고 안주하고 다 마련해 가지고 들어가야지…"

주인댁은 비록 속으로 불쾌하기 짝이 없으나 겉으로는 기색을 가다듬어 이렇게 온순한 대답을 아니할 수 없다.

그는 손목을 놓으며 다시 한 번 재촉하고는 방으로 들어갔다.

얼마 후 술청은 또 벌어졌다.

주인댁이 술상 머리에 앉아 술을 부어 서너 고배나 들었을 즈음 한 포졸이 주인댁을 끌어 한가운데 앉히고는 술을 권한다.

처음에는 술을 못 먹노라고 한사코 사양하였으나 이미 계획을 세운 그들인지라 그렇게 만만히 그만둘 리가 없다.

그 무지스러운 팔뚝들이 꽉 붙들고 강제로 퍼먹이는 데는 날고 기고 하는 도리가 없어 두서너 번을 들이키고 나니 가슴이 두근거리고 숨이 가쁘고 얼굴은 모닥불을 끼얹은 듯 화끈거린다.

이윽고 포졸 두목이 엄숙한 표정으로 주인댁을 향하여

"자, 앉아. 당신이 죽고 살기는 우리 손에 달렸으니 말은 바른 대로 하렸다. 당신이 천주학을 하고 있지?"

방안에 희롱의 기분은 일소되고 갑자기 서릿발이 늠름하다.

"아이고, 나는 천주학을 몰라유."

그는 이런 질문에는 주모답지 않게 교태도 부릴 줄 모르고 성낼 용기도 없는 아주 순박하고 담소한 촌부일 뿐이다.

"이년아, 바로 말해라. 그렇지 않으면 오늘 이 당장에 포도청에 들어갈 터이니…"

두 눈에 불을 켜고 있는 포졸 두목의 입에서는 이런 벽력 같은 호령이 얼마든지 연달아 나올 기세이다.

"아이고, 나는 전에 천주학을 하다가 올 봄에 배교하고 지금은 아니합니다. 그저, 살려줍시오!"

주인댁 뒤에 앉은 포졸 한 사람이 가장 주인댁을 동정하는 듯 그 귀에 대고

"글쎄, 무엇이나 나리 묻는 대로 바로 대답을 하시우. 공연히 자칫하면 참 큰일날 터이니."

하는 것을 포졸 두목이

"잔말 마라!"

하고 소리를 꽥 지르고 나서는 여전히 날카로운 눈초리로 주인댁의 겁에 질린 얼굴을 쏘아보면서

"그래, 너를 살려 두는 것도 내 손에 있고 너를 죽이는 것도 내 손에 있다. 이것을 먼저 알고 있어야 한다. 그런데 네가 목숨이 아까운 줄 알거든 바른 대로 말해야 한다."

하고 한 번 큰기침을 하여 위엄을 돋아두고 나서

"네가 전에 천주학을 하였다니, 그러면 네가 아는 천주학쟁이가 많을 것은 의심할 수 없는 일이 아니냐? 그러면 네가 죽기가 무섭거든

어디 이 자리에서 네가 아는 대로 천주학쟁이를 바로 대어보아라."
하고는 말을 딱 끊는다.
방안은 죽은 듯이 고요하다.
일동의 시선은 주인댁 입술에 모여 떨어지지들 않는다.
뒤에 앉은 포졸이 또 주인댁 사정을 보아주는 듯이 그 목덜미에 대고 "얼른 아는 대로 말하시우. 나리는 벌써 다 알고서 하는 말인데 공연히… 내가 먼저 살고 볼 게 아니유, 글쎄!"
하고 가장 은근히 일러주는 듯이 하고 나서 입맛을 두어 번 다시고 물러앉는다.
주인댁의 입에서 하나씩 하나씩 근처 교우들의 이름이 토설되어 나올 때 그 중에는 '정삼이골 이 생원의 집'도 끼여 있었다.
정삼이골 이 생원 집은 다른 집이 아니라 전에 호환 갔다 살아와 뜻밖에 삼박골 공소에서 주교까지 뵈옵게 되어 친정 식구, 시집 식구 다 함께 영혼상 쌓이고 쌓인 기갈을 풀어 버린 서금순 데레사의 집이다.
그 해 가을 강 신부가 다시 삼박골 공소에 오시게 되어 판공성사를 받고 난 다음 그 해 겨울에 바깥 노인이 세상을 떠나고, 이듬해 이른 봄 해토될 무렵에 안 노인마저 찬류 세상을 하직하였으므로 이 비리버, 서 데레사 내외만 단출하게 남았다.
그들은 부모가 물려준 부대 밭을 파먹으면서도 다른 속세의 욕심은 없이 평화의 보금자리 속에서 그날 그날을 사주 구령에 열심히 지냄으로써 만족하였다.
이제 이 평화스러운 데레사의 집도 주인댁의 입에서 토설되었다.
들을 만큼 들은 포졸 두목은 다른 포졸들을 쳐다보며 한 번 씽긋

소리도 없이 웃고 나더니 주인댁을 향하여 제법 점잖게
"주인댁, 이것 참 미안하오. 매우 수고하셨소."
하고 물러앉으며 제가 볼일은 다 보았다는 표시를 하였다.
주인댁은 민망스럽고 불쾌하기 짝이 없어 아무 말없이 일어나 부엌에 나가 있는 동안 포졸들도 한 사람씩 일어나 바깥 마당에 나가서서 두런거리고 있고 포졸 두목만 방에 앉아 있더니 이 두목 역시 조금 있다가 바깥 마당으로 나간 다음, 술값은 낼 생각도 아니함은 물론이요, 온다 간다 말없이 다 어디로인지 가버리고 말았다.
용진골 앞의 행길에는 의기양양한 포졸들의 그림자가 흰 눈 위에 우쭐거린다.
이제 여기서 조금만 더 올라가다가 오던 행길을 버리고 우편 골목으로 꺾어들어 올라가면 거기가 지금 이들이 향하고 가는 정삼이골이다.
점심때가 벌써 되었는지 마을에서는 닭의 울음 소리가 들리고, 흰 눈 속에 폭폭 파묻힌 이집 저집에서는 파란 연기가 한가로이 떠오른다.
"거 참, 조 참판네 며느리는 좀 얌전해. 우리가 잡아다 주었지만 참 사람은 아깝대…"
"아무렴, 그러니 이성칠이 아낙이 그의 형이라니까 이 역시 어지간 할테지…"
"그러기에 모두 풍겨 놓기 전에 그 집에 먼저 가보자고 내가 그러지 않았어."
이렇게 포졸들이 떠드는 것을 두목이 주의를 시켜 묵묵히 걸음만 걷는다.

원체 눈이 많이 쌓여서 행길에는 사람 발자국이 드물다.

성칠이 비리버 내외는 이미 군난이 난지라 신절이 위험함은 이미 느끼고 있는 바이지마는 오늘 무슨 일을 당할 줄이야 어찌 뜻하였으랴.

비리버는 한나절 동안 짚신 몇 켤레를 삼아 치우고는 이제 점심을 받고 앉아 자기 아내 데레사와 함께 재미있게 밥을 먹고 있었다.

포졸들이 벌써 자기 집을 에워싼 줄도 모르고….

조금 있더니 앞집 늙은 마누라가 밭은 기침을 한 번 하고 갑자기 문을 열고 보더니

"아이고, 점심 잡수십니다그려!"

하고 미안해 한다.

"왜 그러세요, 들어오시지요."

비리버는 반가이 맞이한다.

"누가 밖에서 찾는데요."

"네, 잠깐 사랑에 들어앉으라고 말씀하여 주십시오. 내 곧 먹고 나갈 터이니…."

이렇게 심상히 대답하는 동안 노파의 뒤를 따라 들어온 포졸 두 명이 뜰 위로 성큼 올라서서 문을 열고 있는 노파의 어깨 너머로 방안을 들여다보고 있다.

방안을 들여다보던 포졸이 심술궂은 눈을 비리버에게 던지며

"여보, 이 댁이 이성칠 씨댁이오?"

하고 묻는다.

"예, 내가 이성칠이오. 왜 그러시오?"

하는 비리버의 말이 채 떨어지기도 전에 포졸은 서슴없이 방안에

들어선다.

비리버는 밥숟갈을 내던지고 벌떡 일어나

"아니, 임자는 어떤 양반이기에 이처럼 무례하게 남의 안방에 막 들어선단 말이오?"

하고 준절히 꾸짖어 본다.

포졸은 하찮다는 듯이

"흥!"

하고 코웃음을 치며

"제기, 들어올 만하기에 들어왔겠지. 네가 천주학을 하지?"

하고 조롱하는 웃음을 입가에 흘리며 비리버를 건너다본다.

비리버는 그제서야 포졸이 무슨 이유로 자기 집을 습격하였는지 깨닫고 어찌할 바를 몰라 주저하는 동안 밖에 있던 포졸이 뛰어들어 홍사로 비리버를 결박한다.

그리고는 윗목에서 구석을 향하고 서 있는 데레사도 끌어내어 홍사로 칭칭 감았다.

두 내외는 아무런 반항의 빛도 없이 양처럼 온순하게 그 결박을 당하고 있다.

'이제 우리도 목숨을 천주께 바쳐 치명의 화관을 받을 기회가 왔다!'

그들은 아무 말도 없이 속으로 이런 생각에 잠겨 정신을 집중하여 마음 준비를 하기에 힘쓴다.

포졸 두목이 그때 방으로 들어와 홍사로 결박된 두 '희생'을 보고, 아랫목에 그대로 밀쳐 있는 밥상을 내려다보더니 다른 부하들을 향

하여

"에잇, 사람들! 짐승도 먹을 때 붙들어 가는 것이 불가하다는데, 그래, 밥 먹는 사람을 저렇게 결박했단 말인가!"

하고 두어 번 혀를 끌끌 차고 나서 먼저 데레사의 결박을 풀어 주고 비리버의 결박도 풀어 주었다. 그리고 먹던 점심을 계속하라 하였다.

그러나 숟갈을 다시 들 리는 없다.

포졸 두목은 가장 사정이나 보아주는 듯이

"혼자들 먹기가 미안하면 우리도 같이 먹을 터이니, 그럼 나가서 밥이나 지어오시우."

하고 좌중을 둘러보며 싱거운 너털웃음을 내놓는다.

데레사가 부엌으로 나아가 울렁거리는 가슴을 억지로 진정하여 가며 다시 밥을 짓기 시작하였다.

바가지가 손에 잡히는지, 부지깽이가 손에 잡히는지 알기 어렵다.

정신없이 한참 분주한 중에 옆에 인기척이 있음을 비로소 깨닫고 돌아다보니 거기는 언제부터인지 포졸 한 사람이 입가에 비루한 웃음을 흘리며 자기를 바라보다가 말을 건넨다.

"참 수고하시우."

"……"

"올해 몇 살이나 되셨수?"

"……"

"아, 저렇게 어여쁜 새댁이 글쎄 왜 그까짓 천주학을 해!"

"……"

"여보, 그러지 말고 내 말만 들으시우. 내가 꼭 살려줄 터이니."

아직까지 입을 꼭 다물고 망두석처럼 아궁이 앞에 서 있던 데레사가 소리를 크게 하여

"이 양반이 왜 들어와 이 야단이야. 내가 아무리 나라의 죄인이 되었다 할지라도 당신 같은 포졸들한테 희롱받을 사람은 아니야. 나라의 법이 있으면 그 법대로 시행할 뿐…"

하며 엄숙한 얼굴로 꾸짖는다.

희롱 걸던 포졸은 대체 일개 촌부에 불과한 이 젊은 여자에게 어찌 이런 침범키 어려운 위엄이 들었나 하여 어안이 벙벙한 채 서 있다.

다른 포졸들은 방에서 세간을 뒤지기도 하고, 밖에서 닭을 붙들러 몰켜 다니기도 하여 부산한 중에 포졸 두목은 데레사의 소리를 듣고 부엌으로 들어오다가 거기 섰는 포졸과 마주쳤다.

"아, 자네는 거기서 무엇 하고 있나?"

"아니올시다."

"아니기는 뭐가 아니여. 이 사람, 양반 집에서도 그 따위 행투를 하려드나. 어서 나가 일이나 보게."

그 포졸이 뒷퉁수를 치고 마당으로 나간 다음 다른 포졸이 닭을 죽여 가지고 들고 와서 아궁이 앞에 앉아 털을 뜯기 시작한다.

포졸 두목도 그 옆에 앉아 같이 털을 뜯는다.

데레사가 장을 뜨러 뒤꼍으로 나간 틈에

"여보시오, 두목님 제가 홀아비 된 줄 아시지요?"

"그래, 어쩌란 말인가?"

"그러면 어디 장가 좀 들게 마련해 주시우."

"아, 이사람. 지금 갑자기 무슨 장가를 들여 달란 말인가?"

"아, 지금 이판에 수두룩하지 않소. 두목님이 힘만 써주면 곧 됩니다."

"아, 그럼 자네가 천주학쟁이 마누라 하나 갖고 싶어서 하는 소리인가!"

"그럼 어쩝니까. 천주학쟁이 계집들이 다 잘나고 개개 일색입디다."

"글쎄, 그것은 여하간, 자네까지 서학꾼으로 몰려 죽으면 어떻게 할 작정인가."

"설마 그럴라구요. 제 아무리 천주학 귀신이 되었다 할지라도 한 번 내 손아귀에 든 다음에야 제가 천주학을 또 하고 배겨낼 장비 있나요. 그러니, 두목님. 다른 염려는 마시고…"

하고 더 바싹 다가앉아 낮은 소리로 말을 계속한다.

"이 여자가 똑똑하니 중간에서 돌려 내놓읍시다. 인생이 불쌍하니 사람 하나 살려주고 저 장가 들여 주고 하면 일석이조가 아닙니까?"

"여보게, 한 사람 두 사람의 눈이 아닌 바에야 이 여러 동간들의 눈을 어떻게 속이나. 공연히 그러다가 관가에 말이나 들어가면 우리까지 몰려 나라의 죄인이 될 터이니…"

여기서 그는 말을 끊고 고개를 한 번 들어 주위를 살피고 나서 더욱 은근한 어조로

"그러지 말고 그 여자가 옥에 갇히거든 자네 수단대로 꾀어서 배교를 시키고 관가에서 내놓거든 어디 그때 자네 마음껏 계교를…"

할 때 데레사가 들어오는 발자국 소리가 들린다.

두 사람은 눈을 꿈벅하며 고개를 끄덕여 그것이 상책이라는 데 동의를 표하고는 딴청을 피운다.

그들은 털 뜯은 닭을 부뚜막 도마 위에 올려 놓고는 마당으로 나가서 제 세상이나 만난 듯이 시시덕거린다.

데레사는 그동안 밥을 짓고 국을 끓이고 하여 큰 그릇에 담아 놓고 정초에 먹고 남은 술까지 걸러 따뜻하게 데워 방으로 들여보냈다.

포졸들은 허기진 거지떼처럼 방으로 몰려들어 가고 데레사는 얼빠진 사람처럼 아궁이 앞에 우두커니 서 있다.

'이제 세상에서는 내 손으로 밥을 짓기는 마지막이로구나. 문턱이 닳도록 드나들던 방, 그보다도 더 정들은 부엌, 수족처럼 긴하게 쓰던 부엌 세간… 오냐, 너와 나는 오늘이 마지막이로구나!'

눈에는 부지중에 더운 눈물이 돈다.

'그러나, 이제 안 떠난다면 언제까지나 이 집에 살아 있으랴. 사람은 누구나 다 한 번은 죽고야 마는 것을…'

작년 재작년에 죽은 시부, 시모의 싸늘한 시체가 눈에 보이는 듯하다.

'이왕 사람은 죽고야 말고 내가 여자의 몸으로 세상에 나서 큰일을 못할 바에야 칼날 밑에 붉은 피를 흘리고 넘어져 죽어 치명이나 함으로써 천주의 대은을 갚는 것이 오히려 다행치 않은가!'

이렇게 생각하니 가슴이 든든하다.

희광이의 칼날 밑에 두 토막이 된 자기 몸뚱이가 피투성이로 땅에 구르는 모양이 눈앞에 나타나나 어쩐지 능히 그를 감수 인내할 자신이 있는 성싶다.

"아, 여기서 무엇 하시우. 방으로 들어가시지."

하는 소리에 깜짝 놀라 돌아다보니 아까 닭털 뜯던 포졸이 가장 동정하는 듯한 얼굴로 나와 섰다.

그는 혹시 여자가 도망하지나 않을까 하는 염려도 있고, 또 떡 줄 놈은 생각도 않는데 먼저 김칫국 마시고 있다는 격으로 데레사는 꿈에도 생각지 않고 있는데 자기 마음속으로는 벌써 자기 아내나 된 것처럼 서둘러 홀아비의 가소로운 꼴을 보이고 있는 것이었다.

"싫습니다. 안 들어가고 여기서 기다릴 터이니 염려 마시고 어서 점심이나 잡수십시오."

데레사는 아주 태연하다.

"여기 계시면 안 됩니다. 방에 들어가셔야지…"

"걱정 마십시오. 이래 보여도 내뺄 사람은 아닙니다."

"아니, 도망갈까 봐 그러는 게 아니라 같이 점심을 자셔야지…"

"걱정 마시오. 밥 먹을 마음이 없습니다."

"그렇더라도 여기 추워서 원, 어디 되겠소?"

"추워도 좋습니다. 죽을 사람이 추위를 생각해 무엇하겠소!"

"아따 그 새댁 고집 참!"

하고 포졸이 덤벼 끌고자 하는 바람에 데레사는 못마땅한 얼굴을 지으면서도 방으로 들어갔다.

포졸들은 죽 둘러앉아 술잔을 돌리며 다리를 뜯느라고 정신없다가 데레사가 들어오는 것을 쳐다보고

"어 참, 추운데 수고하셨수."

"이 아랫목으로 오시우."

한마디씩 하며 자리를 비켜준다.

데레사는 들은 체, 본 체도 않고 윗방으로 넘어갔다. 비리버는 포졸 두목의 강권에 못 이기어 몇 술 뜨는 체하다가 말았다.

포졸들은 굶주린 동물처럼 먹을 것을 입에 쳐넣느라고 한참 수선을 피운 다음 포졸 두목으로부터 속히 떠나자는 명령이 내려졌다. 먹기를 마친 그들은 역시 동물처럼 모든 인정미를 싹 걷어치우고 쌀쌀한 잔인성만 남았다. 이윽고 큰 죄인처럼 홍사로 잔뜩 결박을 진 비리버, 데레사의 모양이 포졸들에게 끌리어 사립짝문 밖에 나타났다. 울타리 구멍으로 이 광경을 내려보던 동리 아낙네들은 모두 돌아서서 치맛자락으로 눈을 훔친다.

# 옥형

맨 앞에 포졸 몇 명이 서고 그 다음으로 결박당한 데레사 내외가 서고 그 뒤로 또한 포졸 몇 명이 따라섰다.

오랫동안 단란하게 살아오던 집을 숟갈 한 가락 건드림 없이 고스란히 등 뒤에 두고서 흰 눈 쌓인 길을 타박타박 걸어 돌고개 장터까지 내려오니 거기는 벌써 허다한 남녀 교우들이 묶여 와 있다.

어떤 이는 아주 태연한 태도로 깊은 생각에 잠겨 있고, 어떤 이는 아직도 창백한 얼굴로 벌벌 떨고 있다.

어떤 부인은 세 살 된 젖먹이를 떼어놓고 왔다 하여 퉁퉁 부은 눈으로 안절부절을 못하는 양이 심히 딱해 보인다.

포졸들은 동간들을 만나 마치 무슨 산짐승 사냥에 성공이나 하고 온 듯 술청에 들어앉아 한참 시시덕거리고 난 후 다 함께 출발하기로 하였다.

여기서부터 잡혀온 교우들은 남녀 할 것 없이 마치 청어 두름처럼 쭉 한 줄에 묶여 가게 되었다.

주막거리에 지나는 사람 중 어떤 자는 포교의 호의나 사려는 듯이 이 묶여 가는 교우들을 바라보며

"에이, 천하에 몹쓸 년놈 같으니. 글쎄, 그 천주학인가 무엇인가를 글쎄, 무어 따먹겠다고 하다가 저 지경이 된담!"

하며 욕설을 던지는 자도 있고, 어떤 사람들은 차마 그 모양을 못 보겠다는 듯이 이맛살을 찌푸리고 고개를 돌려 외면하여 그대로 지나는 자도 많다.

교우들은 거리의 사람들이 뭐라고 하든 다만 다소곳하고 고개를 숙여 발 앞만 내려다보며 걸음을 옮길 뿐이다.

어떤 교우는 잡힐 때 얼마나 얻어맞았던지 저는 다리를 억지로 움직이기가 심히 힘드는 모양이다.

그들은 이처럼 한 줄에 묶여 가면서도 이따금씩 무심코 머리를 돌이켜 자기 아내나 자기 장부를 한 번씩 바라보곤 한다.

그날 진천 읍내 본관으로 압령되어 하룻밤을 지내고, 이튿날에는 역시 같은 모양으로 청주 감영에 끌려가 옥중에 구금되었다.

옥으로 말하면 두 칸이나 되는 방인데 아랫목에는 초석들이 깔려 있고 윗목에는 멍석 하나가 깔려 있다.

여기에 남녀 이십여 명의 죄수가 함께 갇혀 있자니까 자연히 당하게 되는 곤란이 심하였다.

교우들은 모두 순직한 양처럼 아무 말도 없이 조용히 있으나 외인 죄수 중에 불량한 청년 세 명이 있어 옥중은 가끔 소란하게 되었다.

이 사람들은 모두 노름하다가 잡혀 와 있는 모양인데 조금도 두려워하거나 걱정하는 빛도 없이 그저 술청에서 하던 그런 태도를 계속

하였다.
 저희들끼리 장난이 심하며 음담 패설을 무시로 주고받고 하므로 교우들, 특히 여교우들이 당하는 고통은 막심한 것이었다. 밤에도 자지 않고 번갈아 서로 떠들고 소리도 하고 하니 들레므로 교우들은 잠 한숨 못 자고 여러 날 밤을 꼬빡 새운 사람이 많았다.
 그뿐 아니라 이 난류배들은 대소변을 볼 때도 정한 처소로 아니 가고 방 한가운데서 그대로 하는 일이 많아 교우들이 스스로 창피함을 금할 수 없으나 며칠 동안은 모르는 체하고 참아 오다가 그 다음에는 적어도 여교우들을 위하여 버릇을 가르칠 필요가 있다 하여 남교우들 몇이 공론하고 그 놈들이 그런 짓을 또 할 때는 덤벼들어 그 자리에 주저앉히기도 하고 강제로 퍼먹이기도 하며, 주먹과 발길질을 아끼지 않았다.
 이런 일이 몇 번 있은 다음부터 난류배의 기세는 꺾여 힘을 못 썼다. 그뿐 아니라 이 천주학꾼들이 자기보다 완력이 훨씬 더 있는 사람들이나 며칠 동안 잠자코 참아온 것이라든지, 또는 이들의 그 어딘지 모르는 무게 있는 점잖은 태도에 감복되기도 한 듯하여 나갈 때까지 조용히 있었다.
 교우들은 이 컴컴하고 추운 감방에서 장차 어떠한 처치를 당할는지, 그리고 밖의 세상은 어떻게 되었는지 궁금한 마음으로 그날그날을 헤아리고 있던 중, 어느 날 아침 옥사장이 옥문을 왈칵 열어 젖히며
 "자, 천주학쟁이들 나오너라!"
 하고 외친다.
 이 소리에 교우들의 맥이 탁 풀리고 가슴이 울렁거리기 시작했다.

문으로 조수처럼 밀려드는 아침 광선에 이미 여러 날 동안 추운 옥중에서 하루 한 끼의 요기만 하고 지낸 교우들의 초췌한 얼굴은 모두 눈이 쑥쑥 들어가 골격만 남은 성싶다.

하나씩 하나씩 호명함을 따라 불려 나가는 사람들이 다리가 사시나무 떨 듯한다.

그래도 옥에 남아 있는 자기 가족을 향하여 마지막 눈물의 하직을 하며 자기를 위하여 기구하라는 둥, 잠시 어려울지라도 주를 위하여 형벌을 잘 참으라는 둥, 먼저 천당 가거든 찬류 세상 체읍지곡에 남아 있는 자들을 많이 생각하라는 둥, 인사 권고 부탁의 말을 서로 주고받기에 옥중은 잠시 소란하였다.

얼마 후 담 너머 동헌 마당으로부터 포장의 천둥 같은 호령 소리가 들린다.

"너 이 놈, 그래도 배교하지 않겠느냐…"

"어서 너희 당이 누구 누구인지 밝혀 아뢰어라."

하는 호랑이 울음소리 같은 무서운 소리가 난 다음, 그 앞에 꿇린 교우 입에서는 어떤 말이 나오는지 잠깐 동안 아무 소리도 들리지 않는다.

"여봐라, 네 그 놈을 쳐라."

하는 호령이 마치 산울림처럼 두어 번 들리고 연하여

"철썩- 철썩- 딱"

매질하는 소리가 나고, 그에 따라

"으아악…"

하며 자지러지는 소리가 옥중 교우들의 가슴을 찌른다.

한 교우가 이런 형벌을 당하고 나면 그 다음 사람이 또 그런 곤경을 치르는 모양이어서 한참 이렇게 계속되는 동안 옥중은 죽은 듯이 고요하고, 오직 이따금씩 한숨 쉬는 소리만 처참히 들릴 뿐이다.

얼마를 그렇게 한 다음 마당 저 편으로는 거적으로 싸여 나가는 송장 같은 것이 보이고, 피투성이가 된 몸으로 업혀 나가는 교우도 보이고, 매 맞은 몸을 간신히 가누며 절뚝절뚝 끌려가는 교우도 보인다.

그럴 때마다 옥중에는 눈을 가리고 돌아앉는 교우도 있고, 엎드려져 흑흑 흐느껴 우는 교우도 있다.

이렇게 얼마 동안 지낸 후 옥문은 여전히 굳게 닫혔으나 나간 교우들은 들어오지 않는다.

그것은 그때 형벌 받던 교우들이 혹은 악형을 못 이기고 배교하고 나간 이도 있고 혹자는 어떻게 그대로 방면되어 나가기도 하고 그 나머지 사람들은 모두 다른 옥으로 이수한 연고이다.

데레사 내외는 오래지 않아 자기들도 당해야만 할 그 참상을 머리 속에 그리며 하룻밤을 옥중에서 더 지내게 되었다.

서편 들창에 해 그림자는 어느덧 소리도 없이 다 올라가 버려 그날도 이미 저물었다.

종일 끔찍한 소리만 듣고 참혹한 광경을 직접 보고 난 데레사 내외는 마치 자기 자신들이 형벌을 치르고 난 듯 몸이 나른하고 전신의 맥이 다 풀린다.

이제 그 다음으로 올 것은 자기의 차례임을 생각하면 어쩐지 가슴이 무겁고 정신이 삭막한 중 오히려 오늘 먼저 불려 나가 당할 것을 먼저 당하고 난 자들이 더욱 다행으로 보인다.

자기 혼자라면 비록 불려 나가서 다리가 부러지거나 목이 잘려지거나 할지라도 오히려 가뿐하련마는, 자기 배필과 함께 끌려 나가 자기 배필이 형벌당하는 그 안타까운 형상을 자기 눈으로 보게 될 것을 생각하면 마치 자기 몸속에 또 한 몸이 들어 있어 비록 형역의 손에서 한 번 매질이 내려질지라도 번번이 두 몸이 다 함께 얻어맞고 다같이 아파할 것처럼 더욱 민망하고 난처하다.
　그래서 두 내외는 비록 옥 안이 어둠침침하여 저편의 골이 보이지 않을지라도 수시로 그 편을 향하여 바라보고 또 바라보고 한다.
　또 한 가지 딱한 사정은 그날 아침 어떤 여교우가 호명에 불려 나갈 때 세 살 먹은 어린것을 떼어놓고 나간 것이다. 그는 필시 자기가 불려 나가기는 하나 다시 그 곳으로 돌아올 줄로 짐작한 모양인데 그는 과연 혹형 밑에 죽었는지 기절하였는지 끝내 돌아오지 않고 소식도 없다.
　나갈 때 자기가 당할 형벌보다도 울며불며 앞에 기어오르는 어린것을 떼어놓기가 더욱 아픈 듯 가슴을 태우며 끌려 나가던 그 어미의 모습이 종일 눈에 삼삼하다.
　데레사가 어린애를 달래느라고 갖은 수단을 다 쓰나, 날이 다하고 밤이 다하도록 제 어미를 찾으며 보채는 어린것의 불쌍한 정상이 몇 번이고 데레사의 더운 눈물을 자아낸다.
　어저께 서산을 넘은 해는 아무런 일도 없다는 듯이 다시 올라 동편 들창에 한 가닥 빛을 던진다.
　옥중에 아침상이라고 받아 놓고 비리버는 몇 숟갈 뜬 후 물러앉고, 데레사는 눈 한 번 붙여 보지 못하고 그대로 밤을 새웠으므로 입맛이 얼얼할 뿐 아니라 어린것의 정경이 더욱 딱하여 그를 품에 안고 앉아 자기보다도 어린 애 입에 밥 숟갈을 나르기에 분주한 중에 어제처럼 옥문이 활짝 열린다.

"서학 죄수 이성칠, 서금순 내외 나오너라!"

하는 소리가 옥중을 압도한다.

누구보다도 이제 밥숟갈을 보고 입을 벌리던 어린애가 자지러지게 놀라 폐부를 찌르는 울음을 또 내놓는다.

비리버가 일어서고 그에 따라 데레사도 일어나려 하니 어린애가 치맛자락을 움켜잡고 악을 쓰며 매어달린다.

이를 본 옥사장이 펄쩍 뛰어들어 오더니

"아따! 이건 어떤 놈의 새끼가 야단이여!"

하며 왈칵 덤벼들어 어린애를 잡아떼어 구석으로 밀어 젖히고는 데레사의 손목을 잡고 끌어낸다.

데레사는 뒤의 기절하는 듯한 어린애를 돌아보고

"오냐, 조금 있으면 네 엄마가 올 터이니 울지 말고 잘 있거라."

하며 비록 작은 인간일망정 마지막 하직을 하고 옥 문턱을 넘어서자니 가슴속이 쓰리고 눈이 젖는다.

동헌 마당으로 끌려오니 거기는 벙거지를 쓴 포졸들이 붉은 주장을 짚고 두 줄로 벌려 서 있다.

죄수 부부가 그 가운데로 천천히 인도되어 가는 중 별안간

"서학 죄인 이성칠 부부 대령하였습니다!"

하고 길게 외치는 소리에 깜짝 놀라 머리를 들고 보니 마주보이는 높은 뜰 위에는 큰옷 입은 한 양반이 책상다리로 앉아 있고 그 옆에

는 지필을 든 사람이 꿇어앉아 있다.

뜰 아래 한가운데는 형틀 한 대가 놓여 있고, 그 곁으로는 쇠 갈고리와 홍사가 흩어져 있는 것이 유별하게 눈에 뜨인다.

가슴이 섬뜩하였다.

이럴 때일수록 마음을 단단히 가져야 한다고 눈을 내리뜨고, 옥중에서 무시로 하던 것처럼 주모께 향하여

"허약한 우리 인간을 굽어보시고 불쌍히 여기소서!"

하는 기구를 속으로 드리며 정신을 수습하느라고 노력할 때 돌연

"네 거기 꿇어라!"

하는 천둥 같은 소리가 뜰 위에서 떨어진다.

옆에 있던 포졸 두 사람이 나는 듯 덤벼들어 비리버 내외를 그 자리에 꿇어앉혔다.

"네가 이성칠이라 하는 천주학쟁이냐?"

"네, 그러합니다."

"네 아내도 천주학을 하느냐?"

"예, 둘 다 합니다."

"언제부터 천주학을 하느냐?"

"제 조부 때부터 하였사옵니다."

"너의 부모는?…"

"몇 해 전에 두 분 다 작고하셨습니다."

"네 나이 지금 몇 살이냐?"

"설흔한 살이올시다."

"네 아내는?"

"스물여덟 살이올시다."

관장은 잠깐 문부를 뒤적거리고 나서 뜰 아래 꿇린 비리버 내외의 숙인 머리를 말없이 내려다보더니 언성을 높여 가지고

"네 이놈, 들어보아라. 너의 집안으로 말하면 대대로 나라에 벼슬을 하고 문벌이 뚜렷한 양반가의 자손으로서 어찌 저 서양 오랑캐들이 하는 도를 하고 있단 말이냐?"

"천주교는 천주, 즉 하느님을 공경하는 도로서, 사람 된 자는 양반 상놈 할 것 없이 누구나 다 봉행할 도요, 인간으로서 잠시라도 떠나지 못할 도로소이다. 논어에서도 공자께서 '소사상제'(昭事上帝)라 하여 하느님을 섬기라고 말씀하셨고 중용에도 '도야자는 불가수유리야'(道也者 不可須臾離也)라 하여 도라는 것은 모름지기 잠깐이라도 떠날 수 없는 것이라는 말씀이 있지 않습니까?"

"아따, 주제넘은 놈! 이 놈아, 그것은 다 우리 유교를 가지고 하는 말씀이지, 너희 그 천주학을 가지고 하는 말인 줄 아느냐?"

"천주교나 유교나 다 진리를 따르고자 하는 점에는 일반인 줄 아오나, 유교는 세상 만물의 근원이신 천주를 공경치 않고 그 중간이 되고 결과가 되는, 조물에 불과한 예전 성현과 조상만 숭배하라 하므로 이단의 교라 아니할 수 없나이다."

"너 이 놈, 여러 말할 것 없이 양인 있는 곳이나 말하여라. 아직도 조선에 양인이 셋이나 있다던데 그중 한 놈은 네가 숨겨 두었다지?"

"예, 지난 가을에 한 양반이 소인의 집에 다녀가셨는데 지금은 어떻게 되셨는지 모릅니다."

"너 이놈, 모르긴 무얼 몰라. 네 집에 다녀갔으면 지금도 어디 있는

138 은화

지 알겠지."

관장은 자기 짐작이 반이라도 들어맞는 데서 힘을 얻은 듯 좌우를 향하여

"네 그놈을 형틀에 잡아매라!"

하며 의기양양한 소리를 질렀다.

형역들은 날마다 해온 일이라 손빠르게 덤벼들어 비리버를 형틀 위에 올려 놓고 쇠사슬로 감았다.

"네 그 놈의 주리를 틀어라."

하는 호령이 채 떨어지기도 전에 형역들의 손에 들린 장대는 비리버의 두 정강이 사이로 어금막하게 꼽힌다.

형역들은 장대의 끝을 각각 누르기 시작한다.

비리버의 얼굴에는 다만 양미간이 잔뜩 찌푸러질 뿐….

"네 이놈, 그래도 바른 대로 말하지 못하겠느냐?"

뜰 위에서는 추상같은 호령이 내려지고 좌우에서는

"똑똑히 아뢰어라!"

하는 독촉이 길게 연달아 나오는 중 여기저기서 내미는 주장대는 비리버의 가슴과 옆구리를 닿는 대로 내지른다.

"나는 모릅니다…"

비리버는 한 마디를 던지고는 눈을 감고 축 늘어져 버린다.

"야, 이놈 보아라. 숭물 떤다!"

하며 형역들은 여럿이 덤벼들어 이를 악물고 장대를 더욱 힘있게 내리누른다.

비리버는 입만 딱딱 벌리며 끝내 아무 말도 않고 있는 중 그 앞정강

이 가죽이 벗겨지며 붉은 피가 주르르 흘러내려 땅에 흥건히 고인다.

"이래도 네가 바른 대로 못 아뢰겠느냐?"

뜰 위에는 천둥 같은 호령이 또 내리치나 비리버는 눈도 떠 보는 일없이 다만 고개만 가로 흔든다.

그럴수록 주장대는 비리버의 몸에 닥치는 대로 내리친다.

데레사의 가슴은 난도질을 당하는 듯 아프다.

혹시 장부가 얼떨결에라도 지금 신부 한 분이 삼박골에 숨어 계신 것을 토설하면 어쩌나 하는 아슬아슬한 염려가 좀 쑤시기도 하고 피를 흘리며 축 늘어진 자기 남편의 몸 위에 아직도 연거푸 떨어지는 주장대를 볼 때 그것이 바로 자기의 염통을 으스러뜨리는 것 같다.

관장은 뭇매질에 녹아나는 비리버를 물끄러미 내려다보다가 하도 징그럽던지

"야, 그 놈 참 지독한 놈이로구나."

하며 형역들에게 형벌을 그치라고 명하고 나서 한참 쉰 다음 비리버를 향하여

"네 이놈, 양인 있는 곳을 대지 못하겠거든, 그러면 배교를 하여라. 살려줄 터이니…"

하고 적이 은근히 타이르듯 한다.

지금까지 죽은 송장처럼 굴신도 못하고 축 늘어져 있던 비리버는 관장의 이 배교하라는 말에 눈을 번쩍 뜨고 머리를 들어 관장을 올려다보며

"그래, 사또께서는 관장으로서 임금을 배반하라 하면 배반하겠습니까? 역적질을 시켜도 분수가 있지 않소?"

하고 바로 들이댄다.

관장은 이 뜻밖의 항변에 탱자같이 골이 나서 앉았다 일어섰다 하며 발을 꽝꽝 구르고 호령이 추상같다.

"너 이놈, 그러면 너는 어찌하여 나라에서 금하는 도를 한단 말이냐? 그것은 역적이 아니냐?"

비리버는 무서워하는 빛도 없이, 그렇다고 더 흥분된 빛도 없이 여전한 어조로 변론한다.

"신하의 말이 어찌 임금의 말씀보다 더 중하며 임금의 말씀이 어찌 상제의 말씀보다 더 중할 수 있겠습니까? 신하의 말을 들어 임금을 배반함이 만만 불가한 것처럼…"

관장은 이쯤 들어도 그 아래 나올 말을 능히 알아듣고, 또 자기의 입이 막힐 것도 아는고로 그만 소리를 질러

"원, 저런 발칙한 놈! 네 저 놈의 주둥이를 바스러뜨려라!"

하고 호령하여 말을 끊게 하였다.

주장대는 다시 빗발치듯 비리버의 면상에 내리쳐 입인지 코인지 분간하기 어려울 정도로 피투성이를 만들어 놓았다.

좌우에는 주릿대에 두 사람씩이나 덤벼들어 눌러 결국 주릿대가 딱하고 부러져 버린다.

시뻘겋게 물들은 초석이 보기에도 끔찍하다.

관장은 비리버가 혼수 상태에 빠진 것을 보고 좌우를 향하여 분부하였다.

"네 그 놈, 이제 곤장 이십 도만 쳐서 하옥하여라!"

형역들은 덤벼들어 쇠사슬을 풀고 송장처럼 척척 늘어지는 비리버

를 엎어놓고 철썩철썩 곤장으로 한참 내리치더니 피투성이가 된 그를 질질 끌고 나간다.

데레사의 몸에는 진땀이 쭉 흐른다.

관장은 비리버를 내보낸 다음에 데레사를 향하여 정면하고 앉아 묻는다.

"그래, 너도 천주학을 하느냐?"

"네, 저도 천주 성교를 합니다."

관장은 데레사의 대답하는 말을 들은 체도 아니하고 몸을 좀 돌이켜 앉으며

"아이고, 그 놈의 천주학꾼들 문초하기 참 진저리가 난다!"

하고 혼잣말로 중얼거리더니 옆에 있는 청지기에게 담배 한 대 피워 올리라고 하고 나서 입맛을 쩍쩍 다시며 한참 동안 먼 산만 바라보고 있다.

그는 담배 태워 올리는 바람에 다시 자리를 정제히 하고 장죽을 물고 퍽퍽 피우다가 그대로 재떨이에 놓아 밀어 젖혀 놓고는 책상다리를 되게 하고 나서 한 번 수염을 길게 내리 쓰다듬으며 큰기침을 하더니 데레사를 향하여 문초를 시작한다.

"그래, 너는 성명이 무엇이냐?"

"서금순이올시다."

"금순이! 그럼 내 딸의 이름인 걸!"

하고 좌우를 쳐다보며 싱거운 웃음을 웃고는

"그래, 나이는 스물여덟이라지?"

"그렇습니다."

"허, 한참 청춘인 걸. 네 어디 얼굴 좀 들어 보아라."

데레사의 숙인 머리가 더 움츠르드는 것을 포졸 한 사람이 덤벼들어 고개를 쳐들어 뵈었다. 관장은 한참 내려다보더니

"아이고! 꽤 얌전한 새댁이로구먼! 왜 저렇게 똑똑한 여자들이 그 더러운 오랑캐교를 한다는 말이냐!"

하고 혀를 끌끌 찬다.

데레사는 부끄러워 어찌 할 바를 모르던 차에 관장의 이 말에 골이 펄쩍 났다.

"사또께서는 어찌해서 남의 도를 더럽다고 하십니까? 관장이 되어 법정에 나와 공사를 하게 되면 점잖게 물을 말이나 물어 보시지 않고 공연히 우스갯소리만 하시니 어찌 되겠습니까?"

"그래, 내가 너를 보고 더러운 교를 한다는 것이 무엇이 잘못이냐? 말을 들으니 천주학쟁이들은 밤낮 양국 오랑캐와 남녀가 한 방에서 군다는구나."

"사또께서는 그래, 남들이 지껄이는 소리는 다 믿습니까? 소인도 들으니 청주 병사 도청에서는 관장들이 밤낮 기생들을 데리고 놀기만하고 정사를 아니한다 하니 관연 참말 그렇습니까? 공연히 남의 도의 진가를 알아보지도 않고 더러운 교니 오랑캐교니 떠드는 사람들이 참말로…"

"그래, 너는 천주학이 무엇인지 알고나 하느냐? 공연히 남의 꾀에 빠져서 하는 게 아니냐?"

"알다 뿐이오니까. 천주 성교는 천지 만물을 내신 조물주를 공경하고, 또 사람은 육신뿐 아니라 영혼이 있어 그 행한 대로 사후에 각각

옥형 143

상이나 벌을 받게 되는 고로 천주 성교는 우리에게 사후에 끝없는 복락을 받게 하는 교입니다."

"너 그래, 천주나 보고서 그따위로 지껄이느냐? 허! 참 우몽한 무리들 같으니!"

"사또께서는 꼭 보시는 것만 믿습니까? 촌 백성이 꼭 상감님을 제 눈으로 보고서야만 상감님이 계신 줄을 믿습니까? 보이는 것도 이치에 합당치 않으면 믿지 말아야 하고 못 보는 것이라도 이치에 합한 것이면 믿어야 옳습니다. 사또님, 지금 거기 앉아 계시니 저기 보이는 앞산을 손가락으로 가리켜 보십시오. 손가락이 저 산보다 더 높아 보일겝니다. 그렇다고 손가락이 더 높다고 말할 수야 있겠습니까? 사또님이 지금 앉아 계신 관사는 그것을 지은 목수 없이 저절로 지어졌다고 할 수 있겠습니까? 사또님이 목수를 못 보셨을지라도 전에 목수가 있어 관사를 지었음은 알 수 있지 않습니까? 이와 마찬가지로 우리가 비록 눈으로 천주를 못 볼지라도 세상 만물을 보면 그 주인이 되는 대주재가 계심을 알게 됩니다. 사람들이 위급한 경우에는 저절로 하느님을 찾지 않습니까!"

데레사는 이제 무서운 것도 없고 부끄러운 것도 없어 아주 태연자약한 태도로 이렇게 변론하였다.

관장은 일개 촌부에 불과한 젊은 여자의 입에서 어떻게 저처럼 조리있고 꼭꼭맞는 언변이 거침없이 흘러나오는지 기특하고 신통한 듯 병병하게 앉았다가 그래도 체면상 그대로 앉아 있을 수가 없어 다시 한마디 내던진다.

"사람이 죽으면 없어지고 마는 것이지. 너희들은 죽은 다음에 천당을 가느니 지옥을 가느니 하지만 사후의 일을 글쎄 누가 안단 말이냐!"

"아이고, 사또님! 참 딱한 말씀도 하십니다. 사람이 죽어 아주 없어지고 말 것 같으면 왜 사또님은 죽은 조상의 제사를 지냅니까? 제사를 지내는 것은 죽은 조상의 영혼이 남아 있음을 믿기 때문에 지내는 것이 아니겠습니까? 육신은 죽으면 썩어 분토가 되어 버리나 영혼은 신령하여 없어지지 않습니다. 죽은 이들의 영혼은 다 각각 자기 생전에 행한 대로 천당에 가기도 하고 지옥에 가기도 합니다."

"허, 너도 참 아는 체는 꽤 하는구나. 글쎄, 누가 천당 지옥을 가 보고 왔단 말이냐. 그런 허무맹랑한 소리만 지껄이고 앉았으니…"

"어찌 가서 본 다음에만 알 수 있다 하오리까? 사또님이 제주도 귀향소를 아니 가보셨을지라도, 이것은 황송한 말이오나 사또님이 만일 나라에 죄를 지으면 귀향소로 가게 될 것은 뻔한 일이며, 사또님이 아직 큰 벼슬에 오르지는 않으셨으나 만일 나라에 크게 득공하면 나라에서 벼슬을 더 높일 것은 불을 봄과 같이 밝은 일이 아니오니까. 이 세상 작은 나라에도 이처럼 상과 벌이 뚜렷하거든 하물며 세상 만물을 내신 천주 대군이 아니십니까!"

"천주학이 바른 도라면 어찌 죽은 부모께 제사 지냄을 금한단 말이냐?"

"우리 성교회법에 제사는 천주께만 드리고 다른 조물에게는 지내지 못하는 것입니다. 나라에도 신하에게 드리는 공경이 따로 있어 임금께만 드릴 공경을 신하에게 드리면 단번에 역적으로 몰리지 않습니까. 그만 못한 예삿일에도 두리기둥은 나랏집에만 쓴다 하여 민가에는 금하고, 장례지내는 데도 나라에서만 하는 것이라 하여 백성의 장례에는 금하는 것이 있지 않습니까? 우리는 비록 죽은 부모에게 제사는 못 지낼지라도 죽은 부모를 위하여 아침 저녁으로 생각하고, 또 천주께 복락 주시기를 빌고 있습니다. 이를 보면 어찌 부모 공경을 아니한다 말하오리까!"

좌우의 형역들은 젊은 촌부인의 이러한 언변에 정신을 잃고 허수아비처럼 멀거니 서 있었다.

관장은 데레사의 얌전한 태도와 조리 있는 언변을 보고

'여중군자란 과연 이런 인물을 가리킴이라!'

속으로 감탄하며 그를 아끼어 문초도 그만두고 그대로 방면하여 보내고 싶은 마음도 없지 않으나 나라에 매인 몸이요, 또 여러 사람의 이목이 무서워 어떻게 달리 처리할 방도가 없으므로

"그래, 네 말도 옳기는 옳다마는…"

하여 놓고는 잠깐 동안 말을 끊었다 다시 위엄을 돋우어

"그러나 나라에서 금하는 도이니 할 수 없다!"

하고 소리를 버럭 질러 곧 형벌을 명하려는 무서운 태도를 짓는다. 그리고는 또 잠깐 무엇을 생각하는 듯이 하고 나더니 다시 기운을 가라앉혀 유순한 얼굴을 회복한 후, 동정하는 어조로 부른다.

"이 애, 서금순아!"

"왜 그러십니까?"

"너 그러지 말고 내 말대로만 하여라."

"무슨 말씀이오니까?"

"다른 게 아니라 오늘 너를 보니 참 매우 얌전하고 유식하고 똑똑

한 부인이요, 아무리 나라의 법령이 중하지마는 어찌 너 같은 여중군자에게 손을 대겠느냐! 너 같은 사람을 죽이기는 참말 너무 아까워. 그래서 나도 너를 특별히 생각하고 네게 이르는 말이니 부디 한 말만, 천주학을 않겠다는 말만 가만히 얼른 하여 버려라. 그러면 우리가 이 자리에서 너를 놓아 보낼 터이니…"

데레사는 관장이 인정 있게 부르는 말에 아직까지 숙이고만 있던 고개를 들어 관장의 얼굴을 쳐다보며 무슨 좋은 말이나 들을까 하던 차에 그의 입에서 배교하라는, 구렁이보다 더 징그러운 말이 떨어짐을 보고는 그만 얼굴빛이 변한다.

"사또님, 그런 말은 두 번도 말아 주십시오. 어쩌면 그런 무서운 말씀을 하십니까? 천주는 우리를 생양 보존하시고 우리를 위하여 영원한 복락을 마련하시고 우리를 기다리시는 대군 대부이시온데, 어떻게 그를 배반하여 배은망덕하고 불충불효한 대죄인이 되라고 하시나이까! 이는 충신에게 임금을 배반하라고 효자에게 부모를 배반하라는 말과 일반입니다. 아무리 불량한 부모일지라도 자녀를 가르칠 때는 반드시 착한 사람이 되어라 하는 것이 떳떳한 법이온데, 사또님은 백성의 부모가 되어 가지고 자녀 되는 백성에게 어찌 저런 악을 명하시나이까! 죄녀는 골백번 죽어 몸이 천 조각이 날지라도 조물주 천주는 결단코 배반치 못하겠사오니 사또님께서는 속히 나라의 법대로 처리하여 주시기를 기다릴 뿐입니다. 사람이 세상에 한 번 나가지고는 조만간 한 번은 죽어야 하고 썩어야 하는 것은 정한 이치 아니오니까? 그리고 몇 십 년 더 살거나 몇 십 년 덜 살거나 하는 것이 오십보 백보의 분별보다 어찌 더할 바 있사오리까. 아무 때라도 한 번은 당하여야만 할 그 죽음을 무서워하여 대의를 거스리고 대은을 배반하면 누가 그 사람을 착한 사람이라, 옳은 사람이라 하오리까! 사또께서 지금 나라의 은혜를 태산같이 입사와 나라의 녹을 잡수시고 계시온데 이건 참 황송한 말씀이오나 만일 지금 적병이 쳐들어와 사또님을 붙들고서 임금을 배반하고 항복하여 살아가라 하면 어찌 그대로 순종하실 수 있사오리까! 다행히 임금을 배반치 않고 순절하신다면 충신이 되실 것이요, 잠시 생명을 아끼어 나라를 배반하고 항복하신다면 역적이 되시지 않겠나이까. 죄녀에게는 지금 효성을 다할 기회가 되었고 이 세상 질고를 벗어나 영원한 천당으로 들어갈 때가 되었습니다. 이런 기회를 한번 놓치면 다시 얻기 어렵습니다. 옛 성현이 말씀하시기를 덕이란 것은 몸이 괴로울 때 저축되는 것이요, 충성이란 것은 나라가 어지러울 때 나타난다 하지 않았나이까 참, 오늘은 사또님과 여러 포졸 어른들은 제게 대하여 큰 은인이 되겠습니다. 속히 법대로 형벌하여 주시고, 죽여주시기를 오직 고대하고 있겠나이다. 죄녀, 이 더러운 목숨을 아끼지 않나이다!"

데레사는 마치 숨 떨어지기 직전을 당하여 마지막 유언이나 남기는 듯 또박또박 비장한 소리로 이렇게 아뢰고는 몸을 숙여 절을 하고 그대로 머리를 숙인 채 땅만 내려보고 있다.

데레사의 진심에서 우러나오는 이 처량한 듯한 진중하고 거룩한 말은 듣는 자들의 가슴에 이상한 격동을 주었다.

어떤 자는 이 부인이 필연 귀신을 접하였는가 보다고 말하고, 어떤 사람은 이 부인의 사리에 꼭꼭 들어맞는 옳은 말을 유심히 들어보고 혼자 머리를 끄덕이기도 하며, 비록 위에서 하는 일이나 무죄한 인간을 이처럼 형벌하는 것을 내심으로 못마땅하게 여기는 모양이다.

관장은 다시 배교하기를 독촉할 용기는 없던지 이제는 문제를 돌려

"네, 정 그렇다면 양인 있는 곳이라도 대어라. 그러면 너를 놓아줄 터이니…"

하고 측은히 여기는 듯한 눈으로 데레사의 숙인 이마를 내려다보며 말하였다.

"사또님, 그것도 못하겠습니다. 어찌 나만 유익하려고 다른 사람에게 해를 끼치오리까 양편이 다 유익한 것은 좋은 일이요, 한편은 유익하나 다른 편을 해롭게 하는 것은 한갓 더러운 사욕에 지나지 않습니다. 나의 농사를 잘 되게 하려고 어찌 남의 밭에 해를 끼치겠사오며, 자기의 배만 불리려고 어찌 남의 재물을 토색질할 수야 있사오리까. 남의 자식 된 자 어찌 자기 생명을 구구히 보존하려고 제 부모를 죽음에 부칠 수 있으며, 남의 제자 된 자 어찌 자기의 편익을 생각하고 제 선생께 해를 끼칠 수 있사오며 그런 권고의 말인들 차마 할 수 있사오리까! 양인도 저의 선생입니다. 군사부 일체라 하지 않습니까. 그러면 제 선생이요 부모 되는 자를 이 자리에 고발하여 크게 의리를 거스리는 죄악을 어찌 범하오리까. 우리 성교 법칙은 차라리 죽을지언정 남을 거스려 범죄하지 못할 것을 가르치고 있나이다."

관장은 눈도 깜짝이지 않고 데레사의 말을 듣고 앉았더니

"오냐, 알아들었다. 네가 양인 있는 곳을 알고 있기는 하지마는 네 선생이라 하여 댈 수 없단 말이지?"

약간 노기를 품고 말한다.

데레사는 숙인 고개를 더 숙일 뿐 아무 말도 없다.

관장은 이미 문제가 이쯤 진전된 만큼 이를 밝히지 않고 그대로 지나칠 수도 없고, 또 나라에서는 양인을 잡아 바치는 자에게는 큰 상을 내린다 한즉 이제 다시 쓸데없는 인정을 쓰고 앉았을 것도 없어 기어코 양인을 잡아내고야 말겠다는 단호한 결심을 하게 되었다.

그래서 홀연 노기등등한 얼굴로 추상같은 호령을 시작한다.

"네 이 년, 죽일 년! 네가 양국 놈을 어디 숨겨 두고 말하지 않느냐?"

"……"

"너 이 년! 필연코 네가 양국 놈의 씨를 받아 우리나라에 퍼뜨리려고 함이 아니냐?"

이 말에 데레사는 참을 수 없다는 듯이 위엄스러운 어조로

"그런 상스러운 말씀은 사또님의 체면을 보아서도 입 밖에도 내지 못할 말이 아니오니까."

하고 다시 머리를 숙인다.

"저런, 죽일 년! 네 저년을 냉큼 형틀에 올려 매어라!"

하는 관장의 호령 소리가 동헌 마당을 압도한다. 포졸들 앞에서 데레사의 조리 있는 말에 몰리기만 하고 무안을 당한 분풀이가 일시에 폭발한 것이다.

형역들은 덤벼들어 데레사를 번쩍 들어 형틀에 올려 놓고 홍사로 칭칭 감아 놓고 주장대를 들려 할 때 그중 하나가 손짓을 하여 잠깐 만류하면서 뜰 위를 바라보며

"아마 홀몸이 아닌가 보옵니다."

하고 아뢴다.

"자세히 알아보아라."

하는 관장의 분부를 따라 포졸들이 데레사에게 덤벼 배도 주물러 보고 젖도 짜보고 하는 등 별짓을 다하더니 결국 잉태한 몸으로 결론이 일치되었다.

그래서 관장은 국법에 의하여 잉부를 형벌할 수는 없으므로 데레사를 풀어놓으라 분부한 후 옥사장을 가까이 오라 하여 옆 사람도 알아듣기 힘들 만큼 작은 소리로 무슨 지시를 한다.

데레사가 옥사장에게 끌려가서 어떤 방에 갇히게 되었는데, 그 방은 옥도 아닌 한 칸쯤 되는 깨끗한 장판방으로서 제법 큼직한 금침까지 갖추어 있었다.

방에 들어서니 자기 장부가 어디에 있는지 비로소 궁금하다.

# 음모

"경춘이 집에 있나?"

"거 누군가, 들어오게."

"이 사람 아재비가 와서 찾는데 문도 안 열어 본단 말인가."

그제서야 문이 펄쩍 열리며

"아, 난 누구라고. 조카가 왔네그려. 추운데 웬일인가. 어서 들어오게."

하는 경춘이의 얼굴이 나타난다.

경춘이는 성은 한 가요, 자는 경춘인데 본래 청주 아전의 자손으로 이곳에서 생장하여 살아오던 중, 자기 부친이 생존해 있을 때는 그리 궁색하지 않더니, 부친이 작고한 뒤로는 점점 살림이 꼬이기 시작하였다.

몇 해 동안 관노로 뽑혀서 객사에 출입도 있더니, 지난 가을부터는 그것도 떨어져 더욱 말 못될 처지에 있던 중 설상가상으로 세전에 상처까지 하고는 어린것들을 데리고 홀아비 생활을 하여 가느라고 몸뺄 때가 별로 없이 지낸다.

이날도 어떤 친구가 술 먹으러 오라는 것도 못 가고 방안에 틀어박혀 짚신을 삼고 있었다.

찾아온 사람은 김화실이라는 젊은 사람으로서 포도청에 다니며 사령 노릇을 하고 지내는데 한경춘과는 죽마고우의 친분으로 교의가 두터워 며칠만 서로 못 만나도 일부러 찾아다니고 있었다.

화실이는 포도청에서 매품을 팔아먹고 사는 고로 어느 죄수든지 자기 손을 거쳐서만 나가게 된다.

그는 들어서며 경춘이가 짚신을 차고 앉은 것을 보고는 그것을 빼앗아 윗목으로 내동댕이친다.

"이 사람, 그까짓 꺼칠한 짚세기만 삼고 앉았으면 무얼 하나? 어여쁜 마누라 하나 얻어다 놓고 앉았지."

"이 사람이 왜 이래. 지금 집안에 신발이 한 켤레도 없어 큰일 났네."

"큰일 났으면 떡 해먹지."

화실이 이렇게 놀자고 덤비므로 경춘이도 무료하던 중 그렇게 하자는 태도로 짚단을 밀어 윗목으로 치워 놓으면서

"그래, 요새 우리 큰애도 잘 있나?"

"예끼 놈! 고약한 놈 같으니라구…"

화실은 이렇게 얼른 대꾸를 하고 나서 다정한 어조로 경춘이를 건너다보며

"여보게, 자네 오늘 수 났네."

"수는 무슨 수란 말인가?"

"어서 밖에 나가 떡살 담가 놓고 술 사오게."

"허허, 그 사람. 무언지 알아야 떡살을 담그던지 술을 사오든지 할 게 아닌가."

"사람은 참 썩 얌전하게 생겼대."

"자네 어머니 말인가?"

"에잇, 그 사람 주둥이가 험해서…"

"그럼 누구란 말인가?"

"자네 마누라감 말일세."

"에잇, 미친 소리 말게."

"아니여, 참말 내가 지금 선보고 왔네."

경춘이는 이렇게 농담을 주고받고 하는 중에도 이런 소리를 들을 때는 자기의 고독한 홀아비 신세를 아니 생각할 수 없었다.

"참말 요새같이 밥해 먹기 어려우면 얌전한 것은 고사하고 어디 흔 털방이 마누라라도 하나 있으면 데려다가 놓을 마음도 생기대."

얼굴 어느 구석에 떠도는 쓸쓸한 기색을 감추지 못하며 말한다.

"아, 이 사람. 내가 자네에게 거짓말하겠나."

화실의 얼굴에도 농담의 기분 대신 친구를 동정하는 진지한 기색이 감돈다.

"그럼, 어디 그렇게 합당한 자리가 있나?"

경춘이는 약간 구미가 동하는 모양이다.

"자, 그러면 들어보게. 내 자초지종을 이야기 함세."

화실은 괴춤에서 곰방대를 꺼내어 담배 한 대를 담아가지고 화로에 박고서 쭉쭉 빨아 불을 붙여 물고 나더니

"아, 요새는 웬 천주학쟁이가 그렇게 많은지 연일 잡혀 들어온단 말이여. 그래서 내가 어떻게 바쁜지 도무지 헤어날 틈이 없네그려."

"글쎄, 천주학쟁이들을 어디서 그렇게 잡아온다지. 아, 일전에도 남자 여자 한 두름 푸짐하게 엮어 가지고 오는 걸 나도 보기는 하였네마는."

"아, 그러기에 요새는 날마다 그 놈의 매질하기 아주 참 지긋지긋하이."

"아따, 이 사람. 자네에게는 좋지 뭐. 술 잘 생기겠다…"

"조치고 아침에 잡은 꿩이고 간에 그 놈의 천주학쟁이들한테서는 먹을 것도 아니 생기대. 참, 놈들 독종이거든…"

"그런데, 어서 이야기를 해보게."

"아, 그런데 오늘 아침에도 어떤 천주학꾼 젊은 내외를 압령하여 왔는데, 그 여자는 서금순이라는데 인물도 참 훌륭하고 얌전하게 잘 생겼대. 그래, 내 첫눈에도 들대나그려. 그래서 속으로 저런 여자를 죽이기는 참 아깝다고 생각하였더니 웬 걸, 그 여자는 태중이라고 살려 내보낸다고 하지 않겠나. 그래, 선뜻 자네 생각이 나대그려…"

"내외가 잡혀 왔다니 어디 일이 그렇게 쉽사리 될 것 같은가?"

"글쎄, 이 사람 들어보게. 그 장부는 무어, 이성칠이라 그러데. 참 놈이 독종이거든. 그렇게 내리패서 앞정강이가 홍당무 벗겨 놓은 것처럼 되었어도 끝까지 두 눈 딱 감고 항복을 안 하거든. 그래서 그 놈은 필경 죽이도록 될 모양일세. 그러니 임자 없는 젊은 부인이 제가 간다면 어딜 갈 텐가. 그 따위쯤 하나 후려내기야 여반장이지, 무얼. 그런데 말일세, 아닌 게 아니라 참 조금 있더니 대장소에서 누구든지 그 여자를 배교시키면 데리고 살아도 좋다는 허락까지 내리데그려. 그래서 내가 자네를 생각하고 찾아온 것일세. 자네 마음은 그래, 어떤가? 공연히 또 너무 좋아하지 말게. 나중에 또 낙심하리."

"그래, 내가 가서 그 여자를 꾀어 보면 말을 잘 들을까?"

"허, 그거야 자네 수단에 달렸고 자네 농간에 있는 것이지. 만일 성사만 된다면야 자네는 꿩 먹고 알 먹는 셈이지. 마누라 잘 얻고 자식 하나 더 얻고…"

"그래, 자네 마음에는 잘 드나?"

"들다 뿐이겠나. 일색이고 말 잘하고… 정말 자네 따위는 거기 대면 아무것도 아닐세."

"이 사람, 그렇게 도저하면 내 차례 오겠나. 다른 이가 들고 채겠지. 시작만 하고서 성사 못하면 공연히 부끄럽기만 하네."

"아따, 이 사람! 무슨 일을 시작도 안 하고 겁부터 낸단 말인가. 옛말에도 모사(謀事)는 재인하고 성사(成事)는 재천이라 하니 그 여자가 천주학을 한즉 또 하늘이 도와줄지 알 수 있나. 걱정 말고 저녁 먹고서 나한테로 오게. 어디 우리 둘이 가서 거사하여 보세."

화실이 이런 말을 하고 돌아간 후 경춘이는 공연히 마음이 들떠서 안절부절을 못하고 있다가 일찌감치 저녁을 시작하였다.

손과 마음이 따로 떨어져 논다.

되는 둥 마는 둥 저녁이라고 지어먹고 나서 한걸음에 화실의 집으로 뛰어갔다.

안마당에서 곰방대를 물고 있던 화실은 경춘의 헤벌어진 입을 바라보며 씩 웃는다.

"이 사람 다리가 거뜬거뜬하지?"

"글쎄, 오늘은 고달픈 줄도 모르겠네."

"또 너무 입 벌리지 말게. 공연히 또 댓자나 빠져나오리."

"대관절 그 여자가 어디 있나?"

"동헌 마당에서 서쪽으로 좀 올라가자면 거의 다 무너져가는 담이 있지 않은가. 바로 그 담 모퉁이에서 바로 보이는 맞은편 방일세."

두 사람은 앞서거니 뒤서거니 어둠침침한 골목을 둘러 나간다.

한낮에 녹던 땅은 다시 얼어붙어 대그덕거린다.

바로 그 방으로 갈까 하다가 그래도 순서가 그렇지 않나 하여 먼저 옥사장을 찾아갔다.

"자네들 왜 왔나?"

"당신 좀 만나 볼 일이 있어 왔소."

"무슨 볼일?"

"우리가 나중에 생각하여 줄 터이니 그 천주학하는 서금순이 좀 보게 하여 주시구려."

"아따, 또 중매드는 모양이로구먼. 그 여자는 달라는 사람도 참 많거든. 그러나 안 될 것일세. 아까 내가 순리로 꾀어 보았지만 도무지 안 듣던 걸. 아따 그러나 저러나 또 가보기나 하세. 포도대장이 한 번 우리 손에 맡긴 이상에야…"

옥사장이 열쇠를 절렁거리며 앞을 서고 두 사람이 그 뒤를 따라섰다.

옥사장이 동헌 마당을 지나 담 모퉁이를 돌더니 그 방의 앞에 가서 기침을 한 번 하며 문고리를 물고 있는 자물쇠를 붙잡으며 열쇠를 내어 든다.

경춘이는 공연히 가슴이 울렁거린다.

데레사는 이 방으로 온 후 자기 장부를 만나지 못하게 된 것이 섭섭하고 또 중형을 받은 몸이 지금 어디서 어떻게 지내는지 소식을 알 길이 없어 퍽 궁금하다.

방도 깨끗하고 제법 금침까지 준비되어 있으나 이로써 마음이 조금이라도 풀리지 못하고, 도리어 이런 방에 홀로 있다가 무슨 창피한 꼴을 당하지 않을까 하는 불안을 금할 수 없다.

저녁상을 받아 놓고 상 위에 벌려 있는 여러 가지 맛있는 음식을 둘러보니 그것은 꼭 낚시를 감춘 미끼와 같이 마음이 꺼림칙하다.

그러나 지금 이 자리에서 날고 기고 하는 재주가 없는 바에야 달리 하는 도리가 없어 저녁 밥술을 대강 뜬 후에 앉아 있자니 전날 밤을 꼬박 새우고 나서 종일 긴장한 가운데 지낸 몸이라 적이 긴장이 풀리면서 뼈 속까지 피곤이 스며든다.

일찍 누워나 보려고 만과를 드리며 앉아 있자니까 밖에서 인기척이 나면서 문의 자물쇠가 덜컥하더니 펄쩍 문이 열리며 옥사장을 따라 포졸 두 사람이 들어온다.

데레사는 이런 일쯤이야 미리 각오한 바인 만큼 별로 놀라지도 않고 그렇다고 아는 체도 하는 일 없이 그 자리에 앉아 염하던 경문을 속으로 계속한다.

포졸들 역시 데레사를 한 번 힐끔 쳐다볼 뿐, 그에게 말을 걸려고도 않고 그대로 주저앉아 제각각 담배를 피워 물고 저희끼리 눈을 끔벅끔벅한 후 이야기를 시작한다.

"아, 요새는 천주학쟁이들 잡혀 오는 바람에 술잔이나 생기고 해서 세월이 좋은 폭이었는데 인제는 다 틀렸는걸…"

"아, 왜 그러나?"

"이 사람, 자넨 아직도 모르나?"

"난 몰라. 그래, 무슨 일이 생겼나?"

"흥, 오늘 나라에서 전교가 내려왔는데 이제부터는 천주학꾼을 잡지도 말고 잡아 놓은 사람들은 이 달 안으로 다 방면하여 보내라고 한다네, 제에기!"

데레사는 여전히 못 들은 체하며 그대로 앉아 있고 포졸들은 연신 곁눈질로 데레사의 안색을 훑는다.

"그게 참말인가? 나는 듣느니 처음일세. 그렇지마는 이 사람아, 인생이 하나라도 살아야 좋지, 죽어야 좋겠나!"

"딴은 나도 그렇게 생각은 하지, 사실 그 천주학꾼들이 나이 새파란 아낙네들까지 무고히 잡혀와 고생하는 것을 보면 참 딱하여 죽겠네."

"에, 그럼 시원하게 잘 되었네. 오늘부터는 천주학꾼들이 마음놓고 살겠네."

"이 사람, 자네는 천주학 아니하여 보겠나?"

"그 교가 좋기는 참 좋은 가봐. 여기서 일을 보고 있는 지가 오래지마는 천주학꾼들은 다 착하고 좋은 사람들이데. 우선 저기 앉은 저 부인을 볼지라도…"

"나 역시 나라에서 그 교를 금하시지만 않는다면 꼭 그 교를 해볼 마음은 벌써부터 있었네."

"그럼, 자네는 오늘부터라도 입도해야 되지 않겠나? 이제는 나라에서 금하지도 않는다니."

"글쎄…"

이 포졸은 몸을 데레사에게로 돌이키며 제법 그럴 듯한 어조로

"참, 부인께서 그동안 공연히 그 몹쓸 고생을 하시게 되어 대단히 미안하게 되었습니다. 그러나 이제는 마음을 놓으십시오. 들으신 바와 같이 이제부터 나라에서 서학을 금하시지 않게 되었습니다. 그리고 나 역시 그 서학을 해볼 터이니 좀 그 법을 말씀하여 주십시오." 데레사는 기색이 달라지는 일도 없이 머리 한 번 돌려보지도 않고 바윗돌처럼 그대로 묵묵히 앉았다.

포졸들은 서로 씽긋 쳐다보며 다시 무슨 말을 붙여보려 할 때, 밖에서 기침 소리가 나며 문이 덜컥 열린다.

"아, 이 사람들아. 여기서 무엇하고 있나? 남녀가 유별한데, 글쎄 여자 혼자 있는 방에 무엇들 하러 왔단 말인가?"

방안의 사람들은 그를 쳐다보더니

"응, 춘서인가? 이 사람, 잔말 말고 어서 들어나 오게. 방 다 식겠네."

그는 성큼 들어서 문을 꽉 닫고 아랫목편으로 다가앉으며

"어, 날이 도로 쌀쌀해지는 걸."

이렇게 혼자 중얼거리면서 다른 포졸들의 얼굴을 다시 한 번 훑어보고 나서

"이 사람들 조심하게. 공연히 속도 모르고 덤벙대다가 공연히 큰코 다치리!"

제법 점잖게 말을 꺼낸다.

"왜, 뭐가 어떻단 말인가?"
"지금 나라에서 천주학꾼을 올려 세운다네."
"천주학꾼들을?"
"그럼, 아따 이 사람들, 아까 나라에서 전교가 내려왔는데…"
"글쎄, 그것은 우리도 알아. 그런데?"
"그런데 나라에서 재상들 중에도 천주학을 배우기 시작한 양반도 많고, 또 나랏님께서도 천주학을 하시겠다는데 선생이 없어서 야단이라거든. 선생을 찾을래야 찾을 도리가 없어…"
"선생이 누구인데?"
"아, 양인 선생이지 누구여. 그래, 지금 나라에서는 누구든지 양인을 찾아 모시면 큰 상을 내리시겠다고 하교까지 계셨다네그려."
"허! 그럼 이제 천주학꾼들이 도리어 수 났네그려. 이럴 줄 알았더라면 우리도 진작 서학을 하였더라면 한 번 잘 써먹을 것을…"
"그럼, 양인이 불원간 이런 소식을 들으면 뛰어나오겠지."
"그러나 양인은 혹시 잡혀 죽을까 하여 꼭 숨어 있으니 이런 소식을 쉽게 들을 수 없을 게고, 또 나라에서는 더군다나 그들을 찾아낼 수도 없으니 난처하지 않은가. 기회는 참 좋지마는 세상 일이 이렇게 뒤집힐 줄이야 어디 꿈에나 생각했나. 자네들 양인 구경 못했나?"
"우리처럼 시골 구석에 박혀 있는 사람이 어떻게 양인 구경을 하겠나? 들리는 말에 양인은 코가 크고 눈이 우묵하다던데."

나중에 들어온 포졸이 머리를 돌이켜 데레사를 한 번 쳐다보더니
"여보, 부인. 당신은 이제 참 수 났소. 나라에서 서학을 금하시더니 이제 별안간 그 금령을 걷어치우고 서학을 크게 펴기로 하셨다는데

양인을 만날 수 없어 의논을 못하시다니 참 이런 좋은 기회에 당신이 양인 있는 곳을 말하면 당신은 나라의 큰 상급을 받으실 것이오. 그러니 공연히 남에게 상급을 빼앗길 것 있소. 알거든 먼저 말하고 나서는 것이 제일 아니겠소."

이 나중 들어온 자는 박춘서라고 하는 사람으로서 정삼이골에서 서금순 내외를 잡을 때 부엌 아궁이 앞에서 닭털을 뜯으며 두목에게 청을 놓던 홀아비 포졸이다.

이날 데레사를 하옥시킬 때, 포장이 그 여자를 꾀어가지고 내어보내라는 바람에 흥이 나서 먼저 옥사장에게 뇌물을 먹이고 나서는 마치 데레사가 벌써 제 물건이나 된 것처럼 이 집에 오게 하였고, 또 금침도 갖다 놓고 음식도 제가 차려 보내었다.

그리고 날만 어두워지면 조용히 데레사에게 가서 갖은 수단을 다 부려 보려고 속으로 이리 궁리 저리 궁리하며 해지기만을 기다리다가 날이 어두워진 다음 먼저 옥사장을 찾아갔더니 밖에 나갔다 하므로 무슨 뜻밖에 일이 벌어지지 않았나 하는 궁금한 마음으로 한걸음에 여자 있는 방으로 뛰어와 보니, 아니나 다를까, 그 방에서 남자들의 두런거리는 소리가 새어나온다.

문 옆으로 착 붙어서서 방안의 오고가는 말을 엿듣고 보니 그들 역시 여자를 꾀어내려 갖은 수단을 다 쓰는 모양이므로 가슴속에서 심술이 치받쳐 올라오나 그렇다고 표면에 드러낼 수는 없으므로 다시 신중히 생각한 끝에 이왕 일이 이렇게 벌어진 바에야 자기도 천연스럽게 들어가 이제 나라에서 천주학꾼을 올려 세운다고 말을 내놓으면 이는 동간들의 지금까지 쓰고 있는 얄미운 계교를 도리어 좋은 기회로 이용하여 그들을 앞지르는 것도 되고, 또 이렇게 해보아서 여자가 다행히 양인이 있는 곳을 바치기만 한다면야 다른 경쟁자들을 다 물리치고 자기가 여자를 차지하게 될 것은 틀림없으리라고 생각하였다.

그래서 춘서는 갑갑한 듯이 데레사를 향하여 다시 재촉한다.

"그러니, 어서 아시는 대로 말씀하시죠. 아, 그러면 나라에서도 지금 선생을 찾는 판이니 크게 즐겨 하실 터요, 또 양인도 큰 벼슬에 오를 것이고, 또 부인께서는 큰 상급을 받으실 테니까요…."

"그렇게 된다면야 오죽이나 좋겠소만은 나는 선생님을 뵈온 지도 오래 되어 참말, 지금은 모르겠소."

춘서와 데레사의 얼굴을 번갈아 살피던 화실이가 생각하니 이대로 두었다가는 춘서의 꾀에 여자를 빼앗길지도 모르므로 겉으로는 춘서의 편을 드는 듯 그를 쳐다보고 눈을 끔쩍이면서

"그도 그럴 테지. 아까 그 곤경을 치르시고 지금 무슨 경황이 있겠나. 그러니 그만 편히 주무시게 하고 내일 와서 의논하여 보세. 여하간 나라에서 그렇게 하시는 것은 참 잘된 일이거든…"

하며 좌중을 바라보고 나가자는 눈짓을 하였다. 이에 따라 경춘과 옥사장도 일어서므로 춘서 역시 혼자 여기서 고집하면 일이 부자연스러워 도로 탈이 날까 하는 생각으로 마지못하여 이어서 그들의 뒤를 따랐다.

그들이 나가고 보니 데레사는 앓던 이를 뺀 것보다 더 시원하다.

윗목에는 희미한 등잔불이 졸고 있고 밖에서는 이따금씩 창문을 스치고 지나가는 바람 소리나 들릴 뿐 사방은 죽은 듯 고요하다.

데레사는 너무 피곤하여 잠을 이루어 볼까 하나 어쩐지 마음의 불

안이 가라앉지를 않아 옆에 있는 이부자리를 펴지도 않고 불도 끄지 않고 그대로 아랫목에 누웠다.

갈피를 잡을 수 없는 뒤숭숭한 생각만 머리를 파고들 뿐 올 듯 올 듯 하던 잠은 천 리 만 리 쫓겨간다.

'피투성이가 되어 끌려 나간 장부는 과연 어찌 되었나? 아까 포졸들의 말처럼 군난이 그치고 태평성시를 만나 다시 가정을 이루고 재미있는 살림을 또 하게 된다면 오죽이나 좋을까마는! 태산처럼 믿고 지내던 장부가 만일 먼저 세상을 떠난다면 그는 먼저 치명자가 되어 천당에 들어갈 터이니 그런 영광이 또 어디 있으랴만 나 혼자 쳐진다면 세상에 살아 있을 수 없음은 물론이요, 비록 놓여 나간다 할지라도 대체 망망 대해 같은 이 세상에 누구에게 의지하고 살아간단 말인가! 차라리 이 밤으로 칼을 맞아 죽는다면 만사는 끝나련마는…'

가슴이 꺼지는 듯 한숨만 나오고 앞이 막막하다.

이런 생각 저런 생각 중에 얼마가 지났는지 밤도 어지간히 깊어진 듯한데 어디서 개짖는 소리가 들린다.

가슴이 공연히 섬뜩하다.

아니나 다를까, 조금 있더니 또 밖에서 인기척 소리가 나므로 귀를 기울이는 중 벌써 자물쇠가 덜거덕거린다.

이런 일 쯤이야 처음부터 각오한 바이므로 별로 크게 놀랄 것은 없으나 잠시 당황한 끝에, 일어나서 대할까 하다가 그대로 자는 체하는 것이 더 나을 것 같아서 아랫목 벽을 향하고 누워 잠든 숨소리를 내고 있었다.

문이 열리면서 두어 사람이 들어선다.

그럴싸해서 그런지, 밖으로부터 밀려드는 찬 공기에 술 냄새까지 풍겨 온다.

"흥, 잠들었군."

"곤하기도 하겠지. 여러 날 동안 그 곤경을 치렀으니…"

이렇게 중얼거리며 내려와 앉는다.

화실과 경춘이 아까 춘서에게 여자를 빼앗기게 될 염려가 있을 때 책모를 써서 춘서를 돌려보내 놓고 멀리서 얼마 동안 망을 보면서 다시 의논한 결과, 이런 경우에는 다시 춘서를 앞질러 계책을 써야 한다고 의견이 일치되어 날을 기다리지 않고 그 밤으로 다시 습격하여 온 것이다.

잠이 깨기를 언제까지나 기다리고 앉아 있을 수도 없으므로 경춘은 데레사의 숨쉬는 대로 움직이는 어깨를 한참 바라보다가 손을 대어 흔들어 깨운다.

"여보, 여보시오. 좀 일어나시오."

데레사는 짐짓 놀라는 체 벌떡 일어나 앉으며

"글쎄, 아닌 밤중에 왜들 이러세요!"

하며 양미간을 찌푸리고 외면한다.

"여보, 아닌 밤중이고 깨묵성이고 우리말이나 먼저 들어보시우. 다른게 아니라 당신은 잉태 중이라고 사또께서 오래잖아 내어보내라 하시는구려!"

하며 화실은 데레사의 얼굴을 살핀다. 데레사는 이 말을 들었는지 못 들었는지 아무런 표정도 없이 괴로운 입맛만 다시며 앉았으므로 화실은 다시 말을 계속한다.

"나가시게 된 것은 다행이오마는 여기서 나가는 길로 어떻게 살아 나갈까 하는 것이 생각해야 될 일이겠기에 의논하러 온 것이오. 당신이 곧 나간대야 누구하고 살 사람도 없고 집안 살림은 벌써 지난번에 다 적몰되어 있고, 또 여기서 십 리도 가기 전에 남들한테 잡힐테니 이왕이면 여기 앉은 이 양반이 내 친구인데 홀아비요, 세간도 넉넉하고 사람도 마땅하니 이 양반하고 아주 이 읍에서 살림을 차리시는 것이 어떻소? 이 세상에 뭐 어디 가면 별수 있겠소."

"참, 별소리 다들 하시오. 그런 말들 하려면 얼른 나가시오. 글쎄, 장부 있는 사람이 누구하고 산단 말이오."

데레사의 얼굴에 서릿발이 선다.

"흥! 아직 캄캄하군!"

하는 경춘의 말이 떨어지기도 전에, 화실은

"아따 제기, 과부된 유세가 이렇게도 큰가! 여보 그래, 당신 장부가 아직도 살아 있을 성싶소? 그렇게 몹시 매를 맞은 것만 해도 죽을 목숨이지만 그때 끌려나가서도 끝내 굴복치 않아 그냥 자리개질해서 죽였답니다."

하며 도도한 태도를 보인다.

데레사는 정신이 아찔해지며 앞이 캄캄하다. 잠시 호흡을 끊고 얼빠진 사람처럼 앉았다가

"아니, 그게 참말이오?"

하고 겨우 입을 열어 풀죽은 태도로 묻는다.

"허, 천주학하다가 죽은 게 어디 장부뿐이오. 한참 동안 조선 팔도에 어디 그런 소식밖에 다른 소식 또 있는 줄 아시우. 아, 그런데 죽

이고 나서 담배 두 대도 못 태워서 나라의 전교가 내려오더랍니다. 참, 일은 분하게 되긴 했지. 조금만 더 기다렸더라면 사는 것을… 그러니, 일이 지낸 다음에야 어찌할 수 있소. 아까 여기서 나가서 우리도 그를 죽였다는 소문을 듣고 좌우간 알아보기나 한다고 가보았소. 그의 시체를 우리 눈으로 보고 온 길이오."

화실은 여기서 말을 딱 끊고 한숨을 내쉬며 벽에 기대앉는다.

방안은 납덩이처럼 무거운 침묵에 잠긴다.

데레사는 온몸에 맥이 탁 풀리며 그대로 땅속에 가라앉는 듯하다.

'끝내 굴복치 않더니 죽였다. 그도 그럴 테지. 그 굳센 성격에, 아니 그보다도 그 타는 듯한 열심에… 나를 버려두고 먼저 위주치명 천당에 들어갔구나!'

혹형의 상처 가득한 몸으로 축 늘어져 있는 장부의 싸늘한 시체가 눈앞에 보이는 듯하다.

'치명자 장부께 대한 최후의 의무는 이제 그 거룩한 시체를 잘 거두어 줌이라.'

이렇게 생각한 데레사는 그들을 향하여 염려 가득한 어조로
"그럼, 그 시체는 어찌 되었소?"
하고 한참만에야 입을 열었다.

"그대로 지금 옥중에 있지요. 이제 내일 아침이면 필연 거적에 싸서 저 북망산 아래 숲정이께 갖다 내버리리다."

"아따, 내 참 그 놈의 데 지나려면 그 천주학쟁이들 송장 썩는 냄새 때문에 먹은 것이 다 올라오니!"

"흥! 어둠침침한데 그 근처로 지나다가 역장한테 놀라자빠진 사람

은 얼마인데…"

"아, 그래두 자손이나 있는 송장은 그 자손들이 밤중에 몰래 와서 찾아간다 하지 않아."

"그러게 천주학쟁이들이 독종이라는 거지. 천주학 않겠다는 말 한마디만 하면 그만일 텐데 끝까지 굴복 않고서 죽어나가고, 그런 송장 훔쳐가다가 들키면 잡혀 와 생 경칠 뿐 아니라 같은 죽음을 당하지만 그래도 그런 짓들을 하니…"

"그렇지만 임자 없는 송장이야 뭐 거기서 갈가마귀에게 뜯기고 여우한테 뜯기고 하다가 장마 때면 떠내려가고 말지, 별수 있나."

"여보들, 어려우시겠지만 그이의 시체를 좀 장사지내 주시지 못하겠소?"

이번에는 데레사가 먼저 말을 붙였다. 그들은 아무 대답도 없이 서로 얼굴만 쳐다보고 있더니 화실이 경춘에게 말을 건넨다.

"자네 저 부인의 소청을 못 들어주겠나?"

"내가 그 사람하고 무슨 관계가 있다고 아무런 소망 없이 그 흉하고 위험한 일을 하겠나."

경춘의 태도는 냉정하다.

"아따, 그 사람. 저 부인만 마음이 있어 한다면 같이 살아도 좋다고 하고서 그런 것 못해 줄 것 무어란 말인가."

화실은 이렇게 말을 하고 다시 데레사를 향하여

"참, 아까 하던 말이지만 사정이 이렇게 되었으니 부인의 형편도 얼마나 딱하게 되었소! 그리고 달리는 별수가 없는 바에야 내 친구하고 같이 사는 것이 서로 좋지 않소. 지금 이 친구의 말이 그 말이오.

당신이 이왕 과부가 되었으니 자기와 함께 살겠다면 당신 소청도 들어 주겠다는 말이외다. 알아듣겠소?"

"예. 알아듣겠습니다."

하는 말이 겨우 데레사의 입 밖에 기어나왔다.

데레사는 한참이나 생각한 것과는 달리 변통할 도리가 없고 이대로 밤을 새우기도 싫고 하여 만사를 천주의 안배하심에 맡기고 나서 입을 열었다.

"그러나 장부의 발을 뻗쳐 놓고 있는 지금, 몸을 허락하는 말을 낸 데서야 어찌 사람의 도리가 되겠소. 먼저 그이 장사를 잘 지내고 오면 낸들 무슨 수가 있다고 더 버티고 있겠소."

데레사의 머리는 더 숙여지고 그들의 얼굴엔 성공의 희망이 빛난다.

아침 해는 아무런 일도 없다는 듯 다시 떠올라 들창에 한 가닥 빛을 던진다.

데레사는 풍성한 조반상을 앞에 놓고서도 모든 식욕을 잃은 병자처럼 한두 숟갈 뜨는 체하다가 물려 놓고 아랫목에 피곤한 몸을 기대었다.

간밤에 경춘과 화실이 닭이 두어 홰나 운 후 나간 다음 데레사는 여러 가지 생각과 걱정으로 가슴을 태우느라고 한잠도 이루지 못하여 입안이 깔깔할 뿐 아니라 이렇게 잘 차린 음식일수록 그것을 보면 꼭 무슨 독약이 든 것 같아 목구멍에 넘어가지를 않는다.

'아침 햇살이 이제 어지간히 퍼졌으니 지금쯤은 옥중의 시체들을 처치할 터인데. 그러면 성칠의 시체는 과연 어찌될 것인가!'

거적 속에 덮여 그대로 밤을 지낸 자기 장부의 싸늘한 시체를 앞에

음모 169

보는 듯 뜨거운 눈물이 방울방울 맺힌다.
 '어제 사람들이 장사를 지내 준다고 말은 했지만 아무렇게나 무덤 하나를 만들어 놓고 그것이 성칠의 무덤이라고 말하면 그대로 속았지, 별수 있나…'
 이렇게 생각하면 무거운 가슴이 더욱 불안하다가도
 '그 경춘이란 사람이 무식은 하여 보이지만, 순직하고 진실한 듯하니 장가들 욕심에 그런 일쯤이야 어김없이 하여줄 듯 하기도 하고…'
 이렇게 생각하면 마음이 약간 가벼워지기도 한다.
 그렇지만 데레사는 이런 근심이라도 조용히 계속할 형편이 못된다. 건너편 행길에서 남자들의 떠드는 소리가 들리기 시작한다. 그 소리는 점점 가까이 들리며 자기의 방을 향하고 오는 것이 분명하다.
 "천주학쟁이 여편네가 여기 있다지."
 "이 자식 점잖게 굴어라. 그래도 양반의 부인이란다."
 "양반이고 소반이고 제가 이렇게 된 바에야…"
 이런 소리가 바로 토방에서 들리고 남자들의 그림자가 문에 어른거려 데레사의 가슴이 섬뜩할 때는 벌써 방문이 열리고 젊은 사람 대여섯 명이 척척 들어서고 있다.
 데레사는 본능적으로 얼른 구석을 향하여 외면하고 앉았다.
 "야! 참, 듣던 말과 같구나!"
 "거 참, 얌전하게 생겼는걸…"
 제각기 한마디씩 내던지며 쭉 둘러앉는다.
 데레사는 숨이 막힐 듯 답답하다.

이들은 먼저 드나들던 포졸과는 아주 딴 패이다. 날마다 하는 일 없이 서로 몰려다니며 술이나 먹고 노름이나 하고 만만한 계집을 후려내는 것으로 재미를 삼는, 읍내의 유명한 난봉패로서, 데레사의 사정을 듣고 아침 일찍이 옥사장에게 후한 뇌물을 주고서 모여들었다.

난봉패인 만큼 언어 행동이 모두 건방지기 짝이 없을 뿐 아니라 이들이 모인 목적은 데레사를 배교시켜 보거나 양인의 숨은 곳을 알아낸다는 것은 다만 이름뿐이요, 실상인즉 제 버릇대로 한 번 놀아보자 함에 있는 것이다.

그중 좌장으로 차린 텁석부리의 눈짓이 떨어지자 한 사람이 바싹 나앉으며 묻는다.

"성명 삼자는 무엇이라 하노?"

"……"

"나이는 몇 살?"

"……"

"그래, 지금도 여전히 천주학을 하고 있는가?"

"……"

"야, 이 년아! 별안간 꿀 먹은 벙어리가 되었나. 왜 우리가 들어오니까 이렇게 숭물을 떨어."

하며 한 번 따귀를 붙이려는 것을 텁석부리가 손짓하여 말리며

"여보게, 그만두게. 뭐 처음부터 그렇게 거북스럽게 굴 것 있나. 한 번 잘 놀아나 보면 그만이지."

하고 껄껄 웃더니 옆에 있는 노랑 수건을 동인 자에게

"일찍 시작해도 좋지!"

음모 171

하며 턱으로 밖을 가리킨다.

노랑 수건이 일어나 나가더니 조금 있다가 술상을 들고 들어왔다.

"자, 입을 놀릴 줄 모르면 손은 놀릴 수 있겠지. 이리 와 술이나 부으라고 하게…"

하며 텁석부리가 또 너털웃음을 내놓는다.

데레사가 곰곰이 생각하니 이들이 처음부터 서두르는 품을 보면 여간 내기가 아니라, 까딱하면 크게 봉변을 당하게 되겠으므로 그저 고분고분하게 굴어 시간을 보냄이 득책이라고 생각하여, 저편에서 손목을 끌려고 하는 것을 먼저 상 앞에 가서 술을 부었다.

"야, 거 술 붓는 폼이 제법인걸…"

"아무렴, 양반의 집안이라니 범연한 게 있겠나."

술을 붓기가 무섭게 그들은 번쩍 들어 쑥쑥 들이키며 이런 소리를 하고는 술잔을 데레사 앞으로 턱 내놓는다. 데레사는 아침 몇 술 뜬 것이 다시 올라올 것처럼 속이 아니꼽다.

"거, 천주학 그만두고 나가서 술장사하였으면 돈벼락 맞겠는 걸."

"내 한 살림 잘 차려 줄게, 천주학 않는다는 말 한마디만 하고 오늘 아주 나하고 나가세."

이따위 소리는 그래도 예사요, 이외에 별별 상스러운 말이 서로 꼬리를 물고 나옴에는 온몸이 바늘로 찔리는 듯 진땀이 솟는다.

이렇게 얼마를 지난 다음 얼큰하게 취한 텁석부리로부터

"네 그럼, 말 나올 줄 모르는 그 아가리에 술이나 퍼부어라."

하는 명령이 떨어지자 두서너 사람이 덤벼든다. 처음에는 데레사의 꼭 다문 입에 부딪힌 술잔이 쏟아져 저고리 자락을 적실 뿐이었으나, 그 다음 강제로 입을 벌리고 퍼 넣음에는 어찌할 길없이 정신없이 몇 모금을 들이켰고, 마지막에는 사레까지 들려 캑캑 하는 기침을 연거푸 토하며 엎어졌다.

좌중은 박장대소한다.

데레사는 하늘이 무너지는지 땅이 꺼지는지 정신이 아찔한 중 언제부터인지 눈물은 펑펑 쏟아져 얼굴이 흠뻑 젖었다.

이제는 가슴에 치받치는 통분을 누를 길이 없어 일어나 한마디 쏘려던 차에 톱석부리로부터

"네 여봐라. 네가 살고 죽는 것이 우리 손에 달렸다. 그러니 천주학을 않겠다고 하든지 양인 있는 곳을 냉큼 대든지 둘 중에 하나는 하렸다."

하며 주제넘은 위엄을 내세운다.

데레사가 벌떡 일어나 앉으며

"배교이고 양인이고 간에 이것은 다 관장의 할 바인데 당신들은 대체 무슨 관계 있다고 이 방에 들어와 이처럼 무법하게 구는 게요?"

말하기가 무섭게 철썩 하는 소리와 함께 뺨에서 불이 번쩍 나며

"네 저 년 주리를 틀어라."

하는 말이 들리자마자 두 팔이 억센 손에 잡혀 부러질 듯 뒤틀린다.

해쓱 질린 데레사의 찡그린 얼굴에는 입만 커다랗게 벌려져 있다.

이때 옥사장이 들어오면서 이 광경을 보고 깜짝 놀라

"글쎄, 이사람들, 취하여도 분수가 있지. 이게 무슨 짓인가. 태중이라고 사또께서도 형벌을 아니한 부인을 글쎄, 자네들이 어쩌잔 말인가."

하며 소리치는 바람에 비로소 그들은 정신이 나는 듯 서로 열없게 쳐다보다가 하나씩 둘씩 일어나 나갔다.

데레사는 그날 해질 때까지 혼자 방바닥에 쓰러져 울고 또 울었다. 데레사가 이렇게 울어보기는 일생을 통하여 처음이요 마지막이었을 것이다.

그날 밤 삼경이 지나도록 고요하므로 무사히 지날까 하였으나 그 것은 데레사의 과망(過望)이었다.

얼마 안 되어서 경춘이 패와 춘서 패가 번갈아 드나든다. 이들은 데레사의 마음을 사려고 달래는 자들이므로 난봉패들처럼 우악스럽 지는 않고 여전히 갖은 수단을 다하여 꼬여 넘기기로 애를 쓴다.

첫 닭이 올 때쯤은 두 패가 같이 모여 서로 떠들더니 좌중의 공론 은 데레사는 경춘에게로 넘어가도록 경우가 되었다고 일치하여 춘서 는 마침내

"이런 제기! 그래, 나는 닭 쫓던 개 지붕 쳐다보기로 되었담!"

하고 난망하는 것을 정삼이골 습격할 때 갔던 포졸 두목이 나서며

"여보게, 흔한 게 계집인데 무얼 그러나. 내 또 다른 곳에 살펴봄 세. 저 경춘이한테서 밥값이나 톡톡히 찾게."

이렇게 말하여 위로하고 경춘에게는 이 자리에서 한턱을 크게 내 야 한다고 말하여 일반의 찬성을 얻었다.

이렇게 되어 비위를 뒤집는 술판이 또 벌어지더니 먼동이 틀 때쯤 경춘은 곤드레만드레 정신 없이 아랫목에 쓰러지고 다른 사람들은 다 비틀거리며 제 집으로 돌아갔다. 데레사는 윗목 벽에 기대어 깊은 생각에 잠긴 채 날새기를 기다릴 수밖에 없다.

날이 새면 또 그 난봉패들의 행패를 어떻게 당해낼까 생각하니 먼저 칼을 받고 넘어져 죽은 교우들의 신세가 끝없이 부럽다.

날이 훤하게 밝았다.

그때까지 윗목에 옹송그리고 앉아 눈만 깜박거릴 뿐, 깊은 생각에 잠겨 있던 데레사는 마침내 경춘의 어깨를 흔들며

"여보시오, 여보시오!"

하고 다정한 듯한 소리로 깨워 본다.

그는 한참만에 기지개를 켜면서 몽롱한 눈으로 사방을 두리번거리더니 그제야 정신이 나는 듯

"어, 이거 참! 내가 여기서 잤던가!"

하며 벌떡 일어나 앉아 데레사를 바라보고는 입을 헤벌려 싱거운 웃음을 흘린다.

데레사는 여전히 다정한 어조로 말문을 연다.

"이렇게 아주 조용한 때 의논할 일이 있어 곤히 주무시는 것을 깨웠소."

"······"

"그래, 당신이 정말 나하고 살고 싶소?"

"허 참, 지금에 와서 이게 무슨 새삼스런 말이오. 내가 당신 때문에 돈을 얼마를 썼는데! 그리고 동무들도 모두 그렇게 알고 헤어지지 않았소?"

"글쎄, 나도 여기 있기가 하도 진절머리가 나서 하루바삐 나가서 살림을 차리든지 어떻게 하든지 좌우간 결정을 지으려고 하는 말이오."

음모 175

"아, 거 두 번 다시 이를 말이겠소!"
경춘의 얼굴에는 생기가 돈다.
"그런데, 여기서 하루라도 더 지낸다면 그 불량배들 때문에 일이 또 어떻게 틀어질는지 알 수 있소. 그러니 당신이 정 나하고 살고 싶거든 나 하라는 대로만 꼭 하여주시오."
"아! 하다 뿐이겠소."
"그러면 지금 얼른 집에 가서 종이 한 장하고 먹하고 붓하고 좀 가져오시오. 내가 하는 수가 있으니. 그런데 아주 남몰래 가져와야 하오. 공연히 남들이 알았다가는 또 훼방을 놓아 죽도 밥도 안 될 터이니…"

그렇지 않아도 다른 경쟁자들이 있어 꼭 성공하리란 확신을 아직 못 갖고 있던 경춘은 이렇게 자기 품으로 기어드는 여자의 태도를 볼 때 마음이 턱 놓이며 은근히 가슴속에 샘솟는 성공 직전의 기쁨을 느낀다.

그는 두 손으로 머리를 쓸어 올려 상투를 매만지더니 선뜻 일어나 나간다.

얼마 후 그는 과연 지필묵을 품에 감추어 가지고 돌아왔다.

데레사는 경춘에게 먹을 갈게 해놓고 앞에 종이를 펴 놓고서 무엇을 잠깐 생각하더니 곧 붓을 들어 붓끝을 풀어가지고는 먹을 찍어 글을 쓰기 시작한다.

경춘은 본시 무식하여 낫 놓고 기역자도 모르는 위인인지라 백지 위에 달리는 붓끝을 바라보기만 할 뿐, 그것이 대체 무슨 말인지 알 턱이 없었다.

다만 지금까지 일의 경위로 보든지 이 여자의 태도로 보든지 자기의 계획한 바가 예상 외로 순조롭게 되어가는 것만은 틀림없는 성싶었다.

그는 데레사의 글쓰는 모양을 신기한 듯 멍하니 바라보면서 이런 생각을 하여본다.

'참, 이제 내 팔자가 늘어지는구나! 인물 잘나, 태도 얌전해, 말 잘해, 글 잘 써. 나 같은 놈에겐 이런 여자가 과만하지 않은가!'

여자는 어느 사이에 벌써 붓을 벼루집에 던져 버리고 글씨 쓴 먹이 마르기를 기다리며 묻는다.

"그런데 여보. 살림은 이 읍내서 그대로 주저앉아 하시려우? 혹 다른 곳으로 멀리 떠나서 하시려우?"

경춘이는 그제서야 제 생각에서 깨어나

"예, 그건… 그건 참 여기서 살든지 다른 데로 가서 살든지, 그건 참 당신이 하자는 대로 하겠소…"

어리둥절한 중에 대답을 해놓고

'참, 이제부터는 마음을 단단히 먹고 돈을 벌어야겠구나!'

하는 결심을 속으로 지어본다.

여자는 글쓴 종이를 정방형으로 반듯하게 채곡채곡 접어서는 경춘이 손에 쥐어 주면서

"자, 이것을 꼭 사또님께 드리기만 하면 이제 일은 펴지는 거요. 그런데 아무도 모르게 드려야 하오. 공연히 다른 사람이 눈치라도 챘다가는 참말 헛물키게 될 터이니. 이건 참 당신 수단에 꼭 달린 게요."

하며 약간 긴장한 얼굴에 눈웃음까지 보여 준다.

경춘이는 덥석 받아 얼른 품속에 감추고는 선뜻 일어나 문을 나섰다. 혹시 누가 보지나 않는지 한 번 사방을 둘러보고는 토방에서 내려섰다.

'이건 필연 양인 있는 곳을 말씀 드리는 것이겠지. 사또께서도 이건, 이건 내 수단으로 된 줄로 아시렸다. 과연 제가 우리 꾀에 넘어갔지 별수 있나. 조용한 기회를 타서 이걸 내 손으로 드리게 하는 것만 보아도 다른 사람보다 내가 제 맘에 드는 것은 확실하지. 아무렴, 다른 놈이 이것을 가로채서야 될 수 있나.'

그는 관사로 들어가 조용히 이를 바치고 나서 집으로 돌아오는 길에 땅을 밟는지 구름을 밟는지 알기 어렵다.

하늘도, 산도, 나무도, 모두 자기를 치하하는 것 같다. 자기의 활짝 펴진 신세를 부러워하는 친구들이 앞에 떠오른다.

집에 와서도 아침 지어 먹을 생각을 않는다. 일생에 아무것도 안 먹어도 살 듯싶다.

늦은 아침때 조반상을 물린 사또는 청지기가 피워 올린 장죽을 물고 아까 경춘이 비밀리 바쳤다는 종이를 쫙 펴 놓았다.

미닫이에 함빡 쏠린 아침 햇볕에 온 방안은 초롱 속처럼 환하다.

사또의 눈은 푸른 담배 연기 사이로 글줄을 따라 무겁게 오르내린다.

"서학의 죄녀 서금순은 감히 엎디어 사또님께 원정서를 올리나이다. 천주학 죄인으로 말씀하오면 나라의 죄인이옵고 사사백성의 죄인이 아니옴은 이미 사또님께서 밝혀 통촉하옵실 줄로 믿사오며, 죄녀가 잡혀 와 며칠 동안 갇혀 있는 중 포졸들과 무뢰배들이 밤낮을 가리지 않고 몰려들어 온갖 무례한 행동을 감행하오니 이는 남자 죄인들에게도 불가하거든 하물며 젊은 여자에게 이리까. 이런 일은 남녀의 예모를 전부터 극히 숭상하는 나라의 본뜻이 아닐 줄 믿삽고 죄녀 역시 나라의 모든 처단하심은 달게 받겠사오나 이렇게 지내기는 진정 죽기보다 더하온지라, 이러므로 감히 엎디어 아뢰나니, 사또님께서는 널리 내려 살피사 다시는 이런 일이 없도록 분부 내리시기를 바라오며, 만일 그렇게 못되겠거든 하루빨리 이 천한 생명을 없이하사 죄에 묻을 위험 없도록 처단 내리심 간절히 비옵나이다."

정월 십삼 일 서학 죄녀<br>서금순 원정서

읽기를 다한 사또는 양미간이 험상스럽게 찌푸러지며 얼굴이 벌겋게 상기되기까지 한다.

데레사는 경춘을 달래어 내보내고는 한참 동안 멍하니 앉아 있다가 비로소 몹시 피곤함을 느끼어 요 하나만 내려 깔고 누워 보았다.

경춘이 심부름을 제대로 하였는지, 일은 과연 무사히 피어날지 적이 궁금하다. 아침 해가 훨씬 높아졌을 때 뼈 속으로 스며드는 피곤에 잠이 어렴풋이 들려 하다가 멀리 동헌 마당편에서 들려 오는 매질하는 소리에 깜짝 놀라 깨었다.

오늘은 또 어디서 잡혀 온 교우들이 그 악착스러운 형벌을 당하고 있나 생각하니 가슴이 싸늘하게 식는다.

며칠 전에 당하여 본 그 무서운 광경이 하나씩 머리 속에 살아난다.

한나절이 척 길어졌을 때 멀리서 쿵쿵거리는 발자국 소리가 점점 가까이 들려 오다가 문밖에 딱 멈추더니 문이 덜커덕 열리며 처음 보는 포졸 한 사람이 썩 들어선다.

그는 들어서는 길로 우뚝 서서 데레사를 뚫어져라 하고 노려보더니
"대체 당신이 무슨 일을 했소?"
하고 씨근거리며 묻는다.
"왜 그러시오?"
묻는 말이 떨어지기도 전에 그는
"사또께서 이 방에 드나들던 사람은 모조리 잡아다가 볼기를 어떻게 때려 놓았는지 모두 생죽게 되었으니 말이야…"
하며 계속 씨근거리고, 그 뒤를 따라 옥사장이 절뚝거리며 들어와
"어떤 경칠 자식이 꼬아박아 이런 벼락을 맞게 한담…"
중얼거리며 죽을 상을 하고 있다.

데레사는 가슴이 섬뜩하다. 자기 원정서 때문에 그들이 이처럼 혼난 것이 딱하기도 하고, 이 앙갚음을 또 어떻게 받나 생각하니 일이 더욱 난처하게 된 것 같다.

이윽고 그 포졸이 자기를 따라나서라 하므로 데레사는 이제 자기가 또 혼날 차례일 것이라고 마음을 도사려 먹고 따라나섰다. 포졸은 집 몇 채를 돌고 돌아 어떤 방문 앞에 딱 멈추더니 잠근 문을 덜커덕 열어 젖히고 들어가라 한다.

데레사가 잠시 머뭇거리다가 이건 필연 자기를 이수(移囚)시키는 거라 깨닫고 발을 들여 놓으니 구석으로부터

"아이고, 데레사!"
하는 귀에 익고 익은 소리가 들린다.
 선뜻 돌아다보니 그는 벌써 죽었으리라 믿었던 자기 장부가 분명치 않은가!

# 재생

데레사 내외는 서로 손목만 잡고 낙루를 할 뿐, 한참 동안 아무 말도 없이 있다가 데레사가 먼저 흑흑 흐느낀다.

"아이고, 나는 당신이 꼭 죽은 줄만 알았소!"

비리버 역시 감개 무량한 어조로

"글쎄, 나도 이리로 온 후 당신 소식을 알아볼 길 없어 궁금하기 한이 없었소. 아마 이 세상에서는 다시 만나지 못할 게라고 생각하였더니 천주의 안배로 또 이렇게 만나게 되었구려!"

하며 부지중 크게 한숨을 짓는다.

"참, 그런 혹행을 받으신 몸이 오죽이나 괴로웠겠소만 크게 다치신 데는 업소?"

하며 데레사는 자기 장부의 면상으로부터 팔다리를 두루 살핀다. 지난번 형벌받을 때 얼굴이 피투성이가 된 데 비하여 입술과 코의 상처가 의외로 적어서 거진 다 아물었으나 팔이나 다리가 부러지지 않았는지 궁금한 것이었다.

"무어 괜찮소. 얼굴의 상처도 거진 다 아물었고 다리의 상처도 거진 다 나아가는 중이오. 옆구리가 아직도 결리기는 하나 뼈는 성해서 팔 다리를 마음대로 놀릴 수 있고, 또 남들은 매 맞은 상처가 덧나서 장독(杖毒)으로 흔히 고생들 하는데 나는 이처럼 쉽게 나아지니 이게 모두 천주의 은혜요…. 그러나 한번 생사를 천주께 바친 몸이니 이런들 어떻고 저런들 어떻겠소!"

비리버의 눈은 굳은 결심이 잠깐 번쩍하다가 다시 데레사를 쳐다보며

"참, 홀몸 아닌 당신이 그 혹형을 당하면 즉각에 생명의 위험을 당할 게라고 마음을 못 놓았는데, 그래, 얼마나 고생을 하였소?"

이렇게 묻는 동시에 염려 가득한 눈으로 데레사의 몸을 살핀다.

"무어 나는 형벌은 안 받았소. 당신이 끌려간 다음 나보고 배교를 하라느니, 양인 있는 곳을 말하라느니 한참 야단하다가 나중에는 형틀에 붙잡아 매놓으나 홀몸이 아니라고 풀어놓습디다."

데레사는 말을 끊고 잠시 무엇을 생각하는 듯하더니 다시 말을 연이어

"그러나 차라리 형벌 받는 게 낫지, 그 무도한 포졸들의 불칙스러운 짓이란 참 당해내기 어려웠소."

하며 그동안 포졸들이 자기를 속이려 한 것과, 여러 패가 자기를 농락하려고 갖은 수단을 다 쓰던 것과 자기 방에 밤낮없이 드나들며 하던 짓을 모두 이야기하였다.

비리버는 비록 침침한 감방이지마는 이 며칠 동안에 데레사의 얼굴이 중병이나 거듭 치르고 난 것처럼 초췌하여진 것을 알아본다.

이야기하는 얼굴에는 눈물 글썽한 두 눈이 이따금씩 반짝거린다.

데레사가 자기 장부에게 하소연 겸, 보고 겸 한참 정신 놓고 이야기하다 보니 윗목에서 인기척이 나는 듯하므로 고개를 돌려 컴컴한 구석을 바라보니 거기는 힘상궂은 남자 하나가 이 아래를 내려다보며 앉았다.

데레사가 깜짝 놀라 쓰러질 듯 장부 편으로 다가앉으며 장부의 얼굴을 살피니 의외로 평정하다. 아무 염려 없으니 그대로 마음놓고 이야기를 계속하여도 좋다는 표정이다.

아마 처음부터 둘이 이 감방에 갇혔고, 또 그 동안에라도 둘이 꽤 가까워진 듯하다.

이 죄수는 기골이 장대하고 얼굴에는 흉터가 듬성듬성한, 마흔 대여섯 살 되어 보이는 장한이다.

본시 화적의 두목으로 신출귀몰하게 부하들을 몰고 다녀 사또들을 울렸다.

화적 생활 중에도 무슨 의협심이 있어 부잣집의 재물을 많이 뺏게 되면 얼마는 가난한 집 담 너머로 선사하기가 일쑤였다.

그는 얼마 전에 청천 장에 혼자 들어왔다가, 이를 염탐한 관채들에게 잡혀 이 옥에 갇히게 되었다.

비리버가 중형을 당하고 이리로 끌려온 다음 어딘지 모르게 비리버의 범상치 않은 태도를 보고서는 힘 자라는 대로 간호도 하고 자기 밥을 남겨 가지고 비리버에게 권하기가 한두 번이 아니었다.

그는 데레사가 다시 이야기를 계속하는 동안 여전히 움찍거리지 않고 앉아서 이따금씩 숨소리만 씨근거리고 있다.

비리버도 묵묵히 앉아 읊조리는 가슴으로 데레사의 이야기를 끝까지 듣고 나더니 깊은 한숨을 내쉰다.

이것은 아마 데레사가 그동안 받은 고통을 동정하거나 한탄함에서 보다 안심함에서 나오는 편이 많을 것이다. 군난 때 포졸의 손에 옭혀 들어온 교우로서 무사하기를 바랄 수는 없는 일이요. 오히려 그보다 더 큰 봉변을 당하지도 않고 다른 형벌도 받지 않음이 불행 중 다행이라 할 것이다.

그러나 문제는 이것으로서 해결된 것도 아니요, 더구나 앞길이 무사하리라고는 꿈에도 생각할 수 없다. 앞으로 이보다 몇 배로 더 위험하고 더 어렵고 더 무서운 일을 몇 번이고 당해야만 한다. 시퍼런 칼날 아래 목이 떨어져 땅에 구를 때까지는⋯.

그러므로 비리버는 결국

"사람은 누구나 조만간 한 번은 다 죽고야 말 몸일진대 어서 치명의 은혜나 우리께 내리시기를 구하고 바랍시다."

하는 결론을 묵직하게 내려놓고는 벽에 기대면서 윗목을 바라본다.

윗목의 장한은 내외간의 이야기가 다 끝나기를 기다리기나 한 듯 몇 걸음 다가앉으며 말참견을 한다.

"거 참, 젊으신 부인의 지혜가 장하기두 하시우. 어쩌면 그런 묘책을 써서 그 놈들의 손에서 빠져 나오셨으니⋯ 그 모두 당신들이 위하는 하느님이 지시하신 것이겠지요. 그러나 아무리 배워먹지 못한 포졸들이기로 원. 그렇게 무법하게 굴 수가 있담! 그런 자식들은 허리가 끊어지도록 매를 맞아야 싸지⋯"

그는 자기가 금방 그런 통분한 일을 당하고 나기나 한 듯 씨근거리

재생 185

는 숨소리가 더 높아지며

"이제 여기서는 내외분이 잘 조리하십시오. 만일 이 방에도 그 따위 놈들이 들어와 그런 무법한 행동을 하려 덤빈다면 내가 죽는 한이 있을지라도 그 놈의 다리 정강이를 분질러 놓고 말테니…"

하며 주먹을 한 번 불끈 쥐어 본다.

내외는 이 사람의 말이 고맙기는 하나 무어라고 대답할 말은 없다.

장한은 다시 제 말을 계속한다.

"난 천주학이라 하면 참 아주 나쁜 오랑캐도로만 알았더니 여기 들어와 며칠 동안 저 양반의 말을 들어보니 원 그렇게 옳은 도가 또 어디 있담… 이런 도를 몰라보고 무죄한 백성들이나 잡아다 죽이고… 유교 같은 도나 숭상해서 촌민들의 등골이나 빼먹는 탐관오리(貪官汚吏)나 길러내고… 음, 나라가 다 망할 징조이지…"

달 그림자가 옥창에 반이나 길어졌을 때쯤 세 사람은 자리에 누웠다. 데레사가 불은 아니 땐 냉방일망정 아랫목에 눕고, 그 다음에 성칠 비리버가 눕고, 맨 윗목에는 장한이 누웠다.

데레사는 차디찬 바닥에 그대로 누웠지만 옆에 장부가 있는 것을 생각하면 태산처럼 든든하다. 내일 또 무슨 곤경을 치를지라도 여하간 지금은 마음이 턱 놓이는 것이 기쁘다.

그 후 며칠이 지난 어느 날 밤,

윗목에서 바드득 바드득 무엇을 긁는 소리가 나므로 비리버가 일어나 살폈으나 아무 이상도 없다. 다시 자리에 누워 잠이 어렴풋하게 들려 할 때 그 이상스런 소리가 또 들리기 시작한다.

비리버가 벌떡 일어나 윗목으로 가서 보니 장한이 앉아서 무엇을

하다가

"아무 걱정 마시고 어서 잠이나 주무시오. 나는 잠깐 무엇을 하는 게 있어서…"

하며 어서 자리에 눕기를 재촉하므로 비리버 내외는 무슨 일이 생겼나 하고 벌떡 일어나 앉았다. 비리버가 윗목으로 올라간 즉 장한은 벽에서 물러앉으며 말한다.

"자, 어서들 나갑시다!"

하며 가쁜 숨소리로 재촉이 심하다.

비리버 내외는 잠시 멍하니 서로 쳐다보다가 마침내 내빼기로 결정을 지었다. 그러나 내외 중 누가 먼저 나가야 할까?

비리버 생각에는 여자를 먼저 내보내기가 안 되었고, 그렇다고 자기가 먼저 나가면 혹시 장한이 구멍을 막아버리고 아내를 뺏지나 않을까 하는 생각이 번개처럼 스치므로 잠시 망설이다가 설마 어떠랴 하는 마음으로 자기가 먼저 나가기로 하였다.

그대로 머리를 디밀고 아무리 부벼 보아도 안 되므로 통통한 솜옷을 벗어 아내에게 주고 한참 동안이나 비비적거려 겨우 나갔다.

이제 데레사가 나갈 차례이다. 데레사보다도 먼저 나간 비리버의 가슴이 더욱 초조하다.

데레사가 장부의 옷 뭉치를 먼저 내보내 주고 나서 자기는 할 수 있는 대로 그냥 나가보려 하였으나 데레사는 홀몸이 아닌 데다가 뚫어 놓은 구멍은 너무 작으므로 머리를 디밀고 아무리 애를 써도 되지 않는다.

뒤에 서 있는 장한은 아주 못마땅한 듯 혀를 끌끌 찬다.

"아, 이판에 무어 이것저것 다 가리겠소. 글쎄, 옷 입은 채로는 안 된다니까…"

데레사는 자기 때문에 너무 지체되어 발각되면 너무나 미안한 일이라 하여 드디어 저고리와 치마만 벗어 놓고서 한참 애를 써 겨우 나갔다. 장한은 데레사의 옷을 내밀고 자기 옷도 내민 다음 비교적 손쉽게 나왔다.

비리버가 나오기는 먼저 하였으나 그 다음으로 연이어 자기 아내가 나오려고 신고하므로 그를 부축하느라고 옷도 채 못 입었다.

이제 세 사람이 마악 옷을 입기 시작하는데 뒤에서 인기척이 나며 사람 몇이 그 곳을 향하여 오는 소리가 들린다.

두 내외는 어쩔 줄을 모르고 있는데 장한은 화적 괴수를 지낸 사람답게 당황하는 빛도 없이 사뿐사뿐 뒷골목으로 빠지며 어서 따라오라고 손짓한다.

데레사 내외가 가다가 죽는 한이 있을지라도 달아나보자고 그 뒤를 따라섰다.

데레사는 속옷 바람으로, 두 남자는 적신으로, 모두 옷 뭉치를 손에 들고 뛴다.

금방 포졸의 주먹이 뒷덜미에 내려치게 된 듯, 뒤도 돌아볼 새 없다.

동구 밖으로 나와 흰 눈 쌓인 밭들로 얼마쯤 정신 없이 뛰다보니 어느 산기슭에 이르렀다.

비리버가 정신을 수습하여 사면을 살펴보니 뒤에 추격하는 사람도 없고, 앞서 뛰던 장한은 벌써 어디쯤 갔는지 종적이 묘연하다.

두 내외는 우선 옷을 입어 놓고 볼 게라고 큰 소나무 밑으로 들어가 걸음을 멈추었다. 데레사는 그제서야 숨이 가빠 가슴이 빠개지려는 듯함을 깨닫는다.

두 내외는 이제 옷 뭉치를 내려놓고 하나씩 손에 들어 입으려 할 때 이십여 보 밖에 있는 큰 바윗돌 뒤에서 돌연 인기척이 나며 허연 사람의 그림자가 불쑥 일어나 이편을 바라보는 모양이 보인다.

'아뿔사! 포졸이 앞질러 와서 지키고 있었구나!'

데레사는 깜짝 놀라 손에든 저고리를 땅에 떨어뜨린다. 비리버 역시 옷을 입으려고도 않고 그쪽만 바라보고 있다.

이윽고 흰 그림자는 어슬렁어슬렁 걸어 가까이 오더니

"어서 옷들 입으시지, 또 무얼 지체하시우?"

하는데 보니까 아까 뛰어온 그 장한이다. 그는 먼저 뛰어와 벌써 옷까지 입고 나서 두 내외가 따라오기를 기다리고 있었던 것이다.

이제 두 내외가 옷을 다 입고 나서 잠시 가쁜 숨을 진정하고 있자 하니까 저 아래 편에 무엇이 희끗희끗 보이면서 이리로 올라갔느니, 발자국이 저리로 갔느니 하면 두런거리는 소리까지 들린다.

이것을 본 장한은 비리버의 어깨를 툭 치더니 나는 듯 산으로 치닫는다. 비리버 내외도 허둥지둥 그 뒤를 따른다.

데레사는 그만 기운이 쭉 빠져 맨 뒤에서 허덕이는 것을 비리버가 다시 뛰어내려와 손목을 잡고 끌기 시작하였다. 데레사는 한참 동안 이렇게 장부의 손에 매달려 끌려가자니 손목이 끊어질 듯 아프나 아야 소리 한 번 못 내고 끌려갔다.

장한이 이번에는 너무 동떨어지게 앞서 뛰지 않고 이따금씩 뒤를 돌아보아 비리버 내외가 제 모양을 볼 수 있도록 간격을 두어가며 달아났으므로 얼마 후에는 놀라는 일도 없이 세 사람이 한자리에 멈추었다.

찬바람이 몰아치는 산중에 눈을 헤치며 왔지마는 온몸은 흠뻑 땀에 젖어 섬뜩거린다.

눈 위에 따라온 세 사람의 발자취가 무척 원망스럽다.

비리버는 이 발자취를 보고 혹시 머지않아 포졸이 추격하여 올라올까하여 불안한 마음으로 달아나자고 재촉하나 장한은

"이제 염려하실 것 없소. 포졸이 무작정하고 도적을 따라오지 못하는 법이오. 더구나 이 설산 중에… 공연히 주책없이 따라오다간 저희 목숨이 위태하니까. 내 참, 흰소리가 아니라 여기서는 그 놈들 여남은 놈은 내 한 주먹으로 해내겠소. 우선 내 풀매 하나만 맞으면 세상 없는 장비라도 꺼꾸러지니까…"

이렇게 화적 괴수의 경험을 말하며 태연자약하다. 그러나 사실은 포졸들이 이들을 추격한 것도 아니다. 밤이 이슥하도록 봉로방에서 윷을 놓고 난 읍내 사람들이 제 집으로 돌아가는 길에 사람 달아나는 소리가 들리므로 이게 무슨 일인가 하고 얼마 동안 따라와 보다가 그만둔 것이다.

일행은 거기서 얼마 동안 숨을 돌린 후, 그 산을 넘어 비탈로 내려섰다.

발을 떼어놓을 때마다 얼은 눈이 부서지느라고 버석거릴 뿐 세 사람은 아무 말없이 산비탈을 더듬어 내린다.

장한을 앞세운 비리버 내외는 가슴이 든든하다. 호랑이가 뛰어나와도 무섭지 않을 성싶다. 다만 기운이 탈진한 데레사가 다리가 휘청

거려 몇 번 넘어졌다.
 얼마를 내려오다 보니 나무 사이로 작은 길이 뚫려 나갔으므로 일행은 그 길로 들어서서 한참 가다가 나직한 등성이를 넘어섰다.
 저편 숲 속에 희미한 불빛이 보인다. 인가인 듯하다.
 장한은 가던 걸음을 딱 멈추고
 "자, 여기가 어디쯤 될까?"
 중얼거리면서 사방을 둘러보아 희미한 산들의 윤곽을 살피더니
 "오, 여기가 청주 산성말이라는 데요. 이제 아주 마음을 놓으시오. 여기는 뭐 아주 두메 산촌이니까 아무 염려할 것 없소."
 하며 제 세상을 만난 듯 뽐낸다.
 장한의 이 말만 들어도 이제는 살은 성싶다.
 장한은 비리버 내외를 향하여
 "자, 여기서 잠깐들 쉬십시오. 내 저기 가서 좀 알아보고 오리다."
 하더니 뒤도 안 돌아보고 희미한 불빛 비치는 곳을 향하여 성큼성큼 걸어간다.
 얼마 후, 장한은 같은 모양으로 돌아와
 "자, 저게 아주 외딴집이오. 이제 정말 수 났소. 일이 척척 되어가는구려…"
 하고 의기 양양해 하더니 비리버를 향하여
 "이제 당신은 내가 하라는 대로만 하면 되우. 자, 어서 갑시다."
 하며 따라나서라는 눈치로 앞을 선다.
 비리버는 발을 떼놓을 생각도 없이 우두커니 서서 장한을 바라보고만 있다.

'자, 이 사람이 여기서는 제 버릇을 하여보자는 작정이 아닌가,'
하여 난처하다고 생각할 때, 장한은 비리버의 눈치를 챈 듯 다시 가까이 오더니

"글쎄, 걱정 말아요. 누가 당신하고 강도질하자는 것은 아니니까. 저 놈들은 노름꾼인데…"

하더니 비리버의 귀에 대고 무엇을 속살거린다.

비리버의 내외가 장한을 따라 한참 내려가다가 그 집 가까이 당도하였을 때 장한은 손짓하여 발자국 소리를 조심하라고 당부하면서 저편 언덕 밑 으슥한 곳을 가리킨다.

비리버는 데레사의 손을 끌고 그리로 가 숨었다.

장한은 그 집으로 들어가 뜰 위에 성큼 올라서더니 한 번 휘파람을 힘차게 내불고 나서

"노름꾼들 여기 있다. 붙잡아라!"

하고 크게 외치니 방 뒷문이 떨어지듯 벌컥 열리면서 사오 명의 노름꾼이 후다닥 뛰어나와 뒷산으로 치닫는다.

이를 본 비리버가 일어서면서

"저 놈들 저기 간다. 뒤쫓아라!"

하고 벽력같은 소리를 지른다. 맞은편 산이 찌르렁 울린다.

테레사는 공연히 가슴이 두근거린다.

장한은 기운을 돋구어

"이 놈들 포승을 받아라!"

소리를 지르며 쫓아올라가는 듯 한참 수선을 떨더니 도로 내려온다.

장한이 방문을 열어젖히는데, 보니 방바닥에 흘린 것은 돈이요, 투

전 짝이다.

　장한은 성큼 들어서더니 제가 주인이나 되는 듯 비리버 내외를 향하여 추운데 어서 들어오라고 한다.
　장한은 흩어진 돈을 모두 긁어모아 제 괴춤에 싸고 나서
　"어디, 또 이것뿐일까?"
　하고 윗방을 넘겨다보더니
　"그러면 그렇지, 참 이거 잘되었구나!"
　너털웃음을 내면서 올라가더니 크게 차린 음식상을 번쩍 들고 내려와 아랫목에 놓으면서 통쾌한 얼굴로 비리버 내외의 얼굴을 번갈아 바라본다. 상 위에는 밥, 술, 돼지고기 등이 가득히 놓여 있다.
　장한은 턱으로 아랫목을 가리키며 데레사를 향하여
　"자, 거기 뜨뜻한 데 앉으십시오. 부인네가 참, 고생도 많이 하였으니…"
　하며 자기는 상머리 윗목 쪽에 펄썩 주저앉는다.
　비리버는 대체 이 사람이 어떻게 차릴 판인가 하고 장한의 태도만 바라보다가
　"아, 이 자리에서 이것을 먹고 있으려우? 몇 가지 싸가지고 우리도 어서 달아나는 게 좋지 않소?"
　하며 장한의 동의를 청한다.
　장한은 뜻밖에 껄껄 웃으며
　"참, 이 양반 애숭인 걸. 아, 글쎄 무슨 걱정이란 말이유. 방금 쫓겨 내뺀 놈들이 오기는 어디를 와. 그 놈들은 벌써 십리는 뛰었을 게유."
　하며 어서 앉기를 재촉한다.

비리버는 이런 경우에 화적 괴수의 경력을 가진 장한의 말이 든든하고 믿음직하다. 그래서 그 옆에 주저앉으며 데레사를 쳐다본다.

데레사도 자기 장부가 앉는 것을 보고서야 안심하고 아랫목에 앉았다.

"당신네나 나나 참 이런 건 오래간만이유."

하며 장한은 젓가락으로 돼지고기를 큼직한 놈으로 골라 입에 집어넣고 나서 술을 따라 비리버에게 권한다.

두 사람이 술을 권커니 잣커니 하는 동안 데레사는 밥을 뜨기 시작한다. 음식을 대하고 보니 새삼스럽게 시장기를 느낀다.

세 사람은 한참 동안 정신없이 퍼먹었다.

다 먹고 나서 장한이 상을 번쩍 들어 윗목으로 치우고 다리를 쭉 뻗고 벽에 기대어 앉으며

"어, 참 잘 먹었다!"

하고 한숨을 내쉬더니 아랫목 벽을 바라보다가

"야, 이거 봐라!"

소리를 버럭 지르며 껄껄 웃는다.

비리버 내외는 깜짝 놀라 그 편을 바라본다.

거기에는 명일비슴으로 깨끗이 다듬은 하얀 두루마기가 몇 벌 걸려 있다. 며칠 입기는 한 것이나 동정이 아직도 때 묻지 않은 것이다.

그 옆으로 갓, 망건이 연달아 못꽂이에 걸려 있다.

"입을 것, 쓸 것, 고루고루 있구려. 참, 우리가 이 꼴을 하고 어디로 나서겠수. 이게 모두 당신들이 위하는 하느님이 지시하시는 게유."

하고 다시 너털웃음을 내놓는다.

비리버 내외도 따라 웃었다.

그제서야 탈망된 머리에, 동저고리 바람의 꼴사나운 자기 주제를 알아본다. 장한은

"자, 먹을 것을 주시어, 입을 것을 주시어. 그러면 신을 것까지 아주 주셔야지…"

하며 방문을 열고 토방을 살피더니

"그러면, 그렇지. 여부 있나! 자, 이것 좀 보우."

하며 미투리 몇 켤레를 하나씩 들어보이며 껄껄 웃는다.

미투리를 보니 버선발로 도망해 온 것이 생각난다. 눈에 젖고 황토에 물들고 바닥이 해진 채 발등에 걸려 있는 버선이 그제서야 눈에 뜨인다.

시장하던 차에 음식을 배불리 먹고 뜨뜻한 방안에 들어앉아 있자니 온몸이 나른하여 온다.

장한은 크게 하품을 하고 나서

"자, 인제 눈 좀 붙였다가 갑시다."

하며 비리버를 바라본다.

"아, 여기서 자고 있다가 그 놈들이 돌아오면…"

"아따, 걱정 말라니깐. 그 놈들이 잡힐라고 여기를 또 와요? 못 옵니다. 이렇게 되면 포졸들이 며칠 동안 이 근처를 떠나지 않는 줄을 그 놈들이 모를 리 있겠소. 그리고 설령 온다 해도 내 주먹에 그 놈들 다 녹아날 터이니 걱정 말고, 내외분은 편히 쉬시오."

장한은 아무 염려 없다는 자신 있는 얼굴로 이렇게 말하면서 구석에 몰켜 있는 목침을 끌어다 아랫목 편으로 두 개를 밀어 놓고 자기

는 윗목에 한 개를 베고 누워 버린다.

팔목에서 우두둑 소리가 나도록 한 번 기지개를 켜더니 마음대로 들 하라는 듯이 자기는 눈을 감는다.

비리버 내외는 서로 쳐다보다가 하나씩 눕기 시작하였다. 비리버가 눕고 데레사가 아랫목에 누웠다.

장한은 어느새 세상 모르고 코를 골기 시작한다.

데레사는 목침을 베고 있다가 너무 딱딱하여 밀어내 버리고 자기 팔뚝을 접어 베고서 이 생각 저 생각 하다가 맨 나중에 잠이 들었다.

얼마를 잤던지 데레사는 무슨 두런거리는 소리에 잠이 깨었다.

"그저, 죽여 주십시오. 다른 말은 없습니다… 골백 번 죽어도 배교는 못, 못하옵니다."

옆에 누운 장부의 입에서 나오는 소리다.

데레사가 깜짝 놀라 벌떡 일어나 보니 등잔불 빛에 땀으로 흠뻑 젖은 장부의 얼굴이 번들거린다.

양미간은 부서질 듯 잔뜩 찌푸렸고, 이를 꼭 악물었다. 두 주먹을 꼭 쥐고 있다.

'꿈에도 악형을 치르고 있구나!'

데레사의 눈에는 눈물이 홍건히 고인다. 청주서 당한 일이 현시인 듯 눈앞에 또렷이 보인다. 온몸에 소름이 쪽쪽 돋는다.

'예수, 마리아!'

데레사는 몇 번이고 이렇게 부르짖으며 비리버를 흔들어 깨웠다.

"여보… 여보… 무얼 그러시우. 그만 일어나시지."

비리버의 눈이 가만히 열린다. 그는 멍하니 한참 허공을 바라보더니 충혈된 눈을 이편으로 향하여 데레사의 얼굴을 보고는 벌떡 일어나 앉는다.

손바닥으로 얼굴의 땀을 씻으며 한 번 커다랗게 한숨을 내쉰다. 그러더니 데레사를 바라보며

"왜, 날이 밝아오우?"

"글쎄, 날도 벌써 밝아지는가 보우. 그런데 무슨 잠꼬대를 그처럼…"

비리버는

"응?"

하고 입가에 웃음을 띠더니

"왜, 무어라고 그럽디까?"

하며 대답은 들으려고도 않고 입맛을 두어 번 다시며

"지난번에 깨끗이 우리 생명을 바쳤더면 더 좋았을 걸…"

중얼거리고는 장한을 흔들어 깨운다.

한참 만에 장한이 눈을 뜨더니 일어나려고도 않고

"왜, 벌써 이러시우? 더 자고 가지…"

"아니. 벌써 날이 밝아지는 모양인데 인제 떠나가야 하지 않소."

장한은 머리맡의 문을 쳐다보고, 그 다음 아랫목에 일어나 앉은 데레사를 보고는 마지못하여 일어나 앉는다.

"그럼, 아주 아침을 지어 먹고 떠나지."

자기 집에 들른 것처럼 태연하다.

"이 집에 쌀, 나무 다 있을 게유. 부인께서 수고스럽겠지만…"

하며 머리를 긁적거린다.

데레사는 이 집에서 한시라도 더 지체하기는 싫다. 조금 전에 무서운 잠꼬대에서 깨어난 장부의 얼굴을 쳐다보며 눈짓을 한다.

비리버 역시 비록 화적 괴수의 보증이 있다 할지라도 날이 샐 때까지 이 자리에 눌러 있고 싶지는 않다.

"아, 그러다가 아주 날이 새어 지나가는 사람에게라도 우리 본색이 탄로되면 재미없지 않소? 아주 가뿐하게 이 자리를 뜹시다."

비리버가 데레사 대신 대답하였다.

장한은 아무 말없이 한참 동안 입맛만 다시고 앉았다가

"그렇게 합시다. 아침이야 가다가 사먹을 수도 있고 하니…"

하더니 벌떡 일어나 벽에 걸린 망건을 떼어 하나는 비리버 앞으로 던지고 하나는 자기 손에 들고 만지며

"하느님이 주신 망건이니 쓰고 가야지!"

하며 씽긋 웃는다.

그는 망건을 쓰려고 차리다가 선뜻 무슨 생각이 나는 듯

"제기, 망건만 쓰면 무얼 하나. 여보, 내 얼굴 좀… 원, 세수해 본 지가 얼마나 되는지…"

하며 비리버에게 얼굴을 내민다. 두 사람은 서로 상대편의 얼굴을 살피다가 씩 웃는다. 땟국 꾀죄죄한 꼴이 말이 아니다.

이를 바라보던 데레사가 싱긋 웃으며 일어나 문을 바시시 열고 부엌으로 나가 한참 더듬어 농주발에 물을 떠서 두 그릇 디밀고 자기도 한 그릇 떠가지고 들어왔다.

두 사람이 세수하고 망건 쓰는 동안, 데레사도 얼굴을 대강 문지르고 나서 치마폭에 황토칠 많이 한 곳을 두어 군데 주물러 짰다.

장한이 두루마기를 하나 내려 입어 보니 품이 좁고 두 다리가 껑충하게 드러난다.

"이건 아마 당신 것인가 보오."

훌훌 벗어 비리버에게 던지고 그 다음, 다음 것을 내려 입으니 꼭 맞는다. 그는 빙그레 웃으며

"옳지! 이게 내 거로군."

비리버는 장한이 던져준 두루마기를 입어 보니 아주 안성맞춤이다.

이제 두 남자는 갓까지 골라 쓰고 문 밖으로 나서니 한다 하는 양반 차림이다. 데레사는 흐뭇한 마음으로 그 뒤를 따라섰다.

날은 훤하게 새어온다.

하늘에 닿은 듯한 산들의 웅대한 모양이 점점 뚜렷하게 나타난다. 품으로 스며드는 새벽 찬 기운에 온몸이 으스스하다.

길을 떠난다고 사립짝 밖에 나서기는 하였으나, 어디 일정한 목적지가 있는 것은 아니다. 더구나, 이런 경우에는 온 길을 되밟을 수는 없는 것이므로 반대 방향으로 숲 속에 사라진 희미한 길로 들어섰다.

일행은 고개를 하나 넘어 한참 내려올 때, 장한이 가던 걸음을 멈추고 돌아서더니 비리버에게 돈을 한 움큼 쥐어 주며

"자, 이것으로 노자나 하시우. 나는 나 갈 대로 가겠수. 자, 내외분 평안히들 가시우."

하고는 홱 돌아서서 곁길로 휘적휘적 내려간다. 비리버 내외는 호수 천신이나 잃은 듯 섭섭하다.

애송이 소나무 사이로 희뜻희뜻 사라지는 장한의 뒷모양을 우두커니 서서 바라만 보고 있다.

# 새 살림

비리버 내외는 장한의 뒷모양이 완전히 사라진 다음에도 한참 동안이나 우두커니 서서 그 방향을 바라보다가 걸음을 떼었다.

자기네의 고독한 신세를 새삼스럽게 느낀다.

한참 내려오다가 큰길로 접어들어 한 삼십 리 가량 가다보니 청천상거리라는 주막거리에 이르게 되었다. 아직도 정초 명절에 노는 사람들은 그득히 모여 윷을 놀고, 혹은 돈을 치고 있어 주막거리가 떠들썩하다.

비리버 내외는 서슴지 않고 한 주막에 찾아들어 아침 겸 점심을 사먹었다. 아무도 이들을 수상히 보는 자는 없다.

의관도 그만하면 수수하므로 누구든지 젊은 내외가 명절 때 일가집 찾아가는 줄로 평범하게 생각할 뿐, 파옥하고 도망질하는 '서학 죄인'임을 알아볼 자는 없다.

두 내외는 상을 물리고 나서 갈 길이 바쁜 듯 다시 길에 나섰다. 할 수 있는 대로 멀리 떠나는 것이 안전하기 때문이다.

밤새 얼었던 길은 녹아서 행보하기가 곤란하다. 개울의 얇은 얼음 속에 물 흐르는 소리가 구슬프게 들린다.

가다가 행인 끊어진 호젓한 곳에 들어서면 데레사는 사방을 둘러 보고는 도란도란 이야기를 건다.

"참, 정삼이골 우리 집은 지금 어떻게 되었을까?"

"왜, 그 집이 그렇게 아까우?"

"아니, 글쎄. 하는 말이지, 뭐."

"그 놈들이 다 적몰해 갔겠지. 숟가락 하나 남아 있을 줄 아우?"

"아이, 그럴 줄 알았더라면 윗방 시렁에 남겨둔 떡이랑 항아리에 반도 안 내려간 술이랑 통젓 속에 꼭 찬 쌀이랑 모두 그 아래 선봉이 네 집에 갖다 줄 걸 그랬지. 그 집은 떡도 못해 먹고 과세했는데…"

"지금 그런 걸 생각하면 무얼 하우."

비리버도 대답은 이렇게 하였으나 살던 집과 세간과 등 너무 밭 몇 뙈기와 동네 친구들이 눈앞에 보이는 듯 아무 말없이 시무룩한 얼굴로 길만 걷는다.

데레사 역시 자기 내외가 결박당하여 사립짝 밖에 끌려나올 때 치마로 얼굴을 싸고 돌아서던 선봉이 어머니가 앞에 선연한 듯 눈물이 글썽하여진다.

발 밑에는 진흙이 밟히느라고 철썩거릴 뿐이다.

"먼저 우리 갇혀 있던 방에서 어미를 잃고 혼자 떨어진 그 어린아이는 어떻게 되었는지, 그 보채는 얼굴이 자꾸 눈에 삼삼하구려!"

"……"

"그 교우들은 모두 치명하였는지 원, 지금까지 날마다 그 곡경을 치르고들 있으면 어쩌나!"

"다 천주 안배대로 될 것이고, 또 제 마음먹기에 달렸겠지. 천주를 만유 위에 사랑하는 철석 같은 마음으로 오주 예수의 뒤를 따라 만고 만난 가운데 티끌 세상을 하직하는 것이 무얼 그렇게 불쌍하우. 부럽지… 아무렴, 부럽구 말구, 세상에 그보다 더 위대하고 더 거룩하고 더 복된 자가 누구겠소! 우리도 사실 말하자면…"

돌연 길 밑의 덤불 옆에서 후당탕 하는 소리에 둘은 깜짝 놀라 말을 끊었다.

까투리 한 놈이 사람 소리에 놀라 높이 날아 건너편 산허리에 숨는다. 데레사는

"아이구, 어머나!"

부르짖으며 한숨을 짓는다. 몹시 놀랐던 것이다.

길에서는 아무리 조용한 곳에서라도 다시는 이런 이야기를 아니하리라 하였다.

서산과 해의 거리는 점점 가까워진다. 두 사람의 그림자도 점점 길어진다. 가다가 두 갈래 진 길을 당하면 그들의 걸음은 저절로 멈추어진다. 정처 없이 떠난 몸이니 어떤 길로 갈까 하고 잠깐 망설이게 되는 것이다.

비리버는 전에 아버지 살았을 때, 군난 만난 교우들이 영남으로 많이 내려갔다는 말을 들은 기억이 떠오른다. 그래서 영남 어느 산골에 가서 은신하기로 하고 문경 쪽으로 방향을 정하였다.

해가 서산 마루턱에 노루 꼬리만큼 남았을 때 용해 솔맹이라는 고개 밑에 이르렀다.

근처에 유숙할 만한 마땅한 주막도 없고, 또 도망하는 몸이니 될 수 있는 대로 첫날 길은 멀리 걸어야 하여 어둡기 전에 고개를 넘어 보려고 산길로 들어섰다.

고개 중턱쯤 올라가니 한 장사치 내외가 두런두런 이야기를 하며 앞서 오르는 것이 눈에 뜨인다.

뒤에 선 남자는 빈 지게에 어린 새끼 몇 묶음을 짊어지고, 앞선 여자는 어린아이를 등에 업은 채 머리에는 곡식 자루를 이고 간다.

비리버 내외는 무인지경에 이런 동행을 얻은 것이 반가워 걸음을 빨리 하여 그 뒤를 따랐다. 가까이 이르러 헛기침을 무어 번 하며 인기척을 내어보나 지게꾼은 뒤도 돌아보지도 않고 길도 비켜 주지 않고 그저 가던 걸음을 그대로 계속한다.

"여보, 어디로들 가시우?"

비리버가 먼저 말을 붙여 보았다.

"예, 우리는 이 고개너머로 가우."

"무슨 장사 다니시우?"

"예, 우리는 옹기 장사 다닌답니다."

"옹기 장사는 오곱이 남는다지요?"

"여보, 오곱은 고사하고 육곱까지 남는다우."

천진한 비리버는 이 말이 곧이들리는 듯이 잠시 무엇을 생각하여 보다가 뒤따라오는 데레사를 돌아보며

"여보, 우리도 옹기 장사나 해봅시다."

하며 동의를 청한다.

데레사는 아무 대답도 못하는데 그제서야 앞서 가던 지게꾼이 흘

낏 돌아보고는

"옹기 장사는 아무나 한답니까? 이것도 다 행습이 있어야 한다우."

"해나가면 행습이 되는 거지. 누구는 무어 별수 있어 시작했겠소."

"그야 그렇지우. 하실라면 못하실 거야 없겠지만, 보아하니 점잖은 분들이신데 이런 천한 업을 무엇하러 하시겠수? 우리는 죽지 못하여 이 노릇을 하고 있소마는 차차 우리도 그만둘 작정이우."

"그런데 당신은 어디 사시우?"

"예 산 너머 쌍룡이라는 곳에 사우."

"거기서 옹기를 만들어 파우?"

"예, 거기서 만들지유."

"그럼 우리도 거기로 갈 터이니 같이 동행합시다."

곡식 자루를 이고 맨 앞에 가던 부인이 무거운 머리를 돌려 뒤따르는 일행을 한 번 돌아다본다.

지게꾼은 비리버가 이처럼 서두르는 것을 보아 정말 옹기 장사를 해보려는 마음이 있는 것이라고 생각하여 되물었다.

"그런데 어디 사시는 분들인데 이런 천한 장사를 해보시려우."

"우리는 충청도에 살다가 도적을 만나 알몸이 되어 정처 없는 길을 떠났소."

"허, 거참 안 됐구려! 우리도 엄동에 화재를 보고 할 수 없이 이 짓을 시작해서 지금까지 하오마는 그런 경우에는 이 옹기 장사가 딴은 제일 어수룩합니다."

그럭저럭 일행은 산마루턱에 올라섰다. 앞뒤로 내려다보이는 어두움 속에 싸인 우중충한 산골짜기가 무시무시하다.

일행은 산마루턱에서 한참 숨을 돌려가지고 다시 고갯길을 더듬어 내려가기 시작하였다.

맨 앞에는 옹기 장수가 서고, 그 뒤에는 그 부인이 따르고 그 다음에는 데레사, 비리버가 따라섰다. 인적 끊어진 무시무시한 산골짜기를 더듬어 내리나 앞뒤로 남정네를 세운 데레사의 마음은 든든하다.

비리버는 속으로 몇 번이나 천주의 은혜를 감사하였다. 혼자 몸도 아니고, 젊은 아내를 데리고 정처 없는 길을 떠났다가 날은 저물고 큰 산은 앞에 닥쳐 한참 난처할 때 이처럼 인심 좋은 옹기 장수 내외를 만난 것은 만리 타향에서 고향 친우나 만난 듯 반가웠다.

수없이 구불거리는 길을 따라 산모롱이를 돌고, 건넌 개울을 또 건너고 하여도 데레사 내외는 조금도 괴로운 줄을 모르고 오직 천은을 감사하는 마음으로 옹기 장수 내외를 따랐다.

얼마쯤 내려가니 앞이 좀 트이고 머리 위에 하늘이 약간 넓어졌다.

옹기 장수는 뒤를 돌아보며

"자, 인제 다 왔수."

하고서도 한참 동안이나 더 내려가다가 어느 초막 앞에서 발걸음을 멈추었다.

그는 주머니 끝에 달린 열쇠로 사립문을 덜커덩 열어 밀어 젖히고는 지게를 한 편에 벗어 놓고 방으로 들어가 등잔에 불을 켜고 방안을 대강 정돈한 후 마치 큰 손님이나 맞이하듯 비리버 내외를 안내하여 들였다.

안주인은 방에 앉아 보지도 않고 벌써 부엌에 나아가 불을 지피고 밥을 짓기 시작하였다. 데레사 역시 주인이 만류하는 것도 못 들은 체 부엌으로 들어가 안주인을 도와주었다.
 얼마 후 소담스런 밥상이 방안에 운반되었다. 김이 무럭무럭 나는 떡까지 그 위에 놓여 있다. 옹기 장수가 길에서 얻어온 것이다.
 두 남자는 겸상을 하여 먹고, 두 여자는 밥그릇을 그대로 방바닥에 놓고 모두들 달게 먹었다.
 아래윗방에 나누어 자고 일어나 비리버가 아침에 밖에 나가 사방을 둘러보니 좌우로는 큰 산이 둘러 있고 가운데는 시냇물이 흐르고 있는 적막한 촌마을이다.
 아래쪽으로는 농가가 드문드문 박혀 있고 위쪽으로는 부실한 헛간 몇 채와 초막 칠팔 호가 되는 대로 놓여 있고 그 곁으로는 그릇 굽는 가마가 길다랗게 누워 있다. 여기가 옹기 굽는 '점말'이다.
 비리버는 조반을 먹은 다음 주인의 안내로 점말 호주집을 찾아가 인사를 하였다.
 "처음 뵙겠습니다."
 "피차 그렇습니다."
 "저는 이성칠이란 사람입니다."
 "예, 나는 김창배라 하우."
 비리버가 힐끗 주인을 쳐다보니 구레나룻이 듬성듬성한 마흔 대여섯 되어 보이는 점잖은 사람이다. 이런 점말에 묻혀 있기는 아까울 것 같다.
 "주인장께 참 어려운 청이 하나 있소이다."
 "예, 어려워 말고 어서 말씀해 보십시오."
 "여기를 지나다 보니 동네도 아늑하고 인심도 좋아 살기 좋을 것 같아서 이 동네서 살아 볼까 하는데 어렵지만 방을 하나 얻어 주시면 고맙겠습니다."

"여기서 살고 말고 하시는 것은 당신 마음대로 하실 것이나 보시는 바와 같이 여기는 옹기나 구워 먹고 사는 점말이니, 저 아랫말에 가서 집을 구해 보시는 것이 좋을 게요."

"그런 게 아니라 나 역시 옹기 장사나 하면서 좀 살아 볼까 합니다."

김창배는 잠깐 아무 말없이 비리버의 얼굴을 유심히 살피더니

"보아하니 옹기 장사나 하면서 사실 양반 같지 않은데 어떻게 이 천한 길로 들어서시겠소?"

하면서 무슨 연유를 찾는 눈치이다.

비리버는 강도를 만나 내외 겨우 몸만 빠져 나와 생활 방도를 찾는 중이라는 사정을 호소하고 옹기 장사 주인이 옆에서 한참 거들고 하니 김창배는

"거 참, 사정이 딱하게 되었소그려!"

하고 나서 또 무엇인가 한참 생각하더니

"게 좀 앉아 계시오."

하고 밖으로 나가 얼마 후 돌아와서

"마침 옹기 장사하던 사람 하나가 며칠 전에 이 동네를 떠나서 집이 한 채 있기는 하니 그럼, 한 동네서 같이 살아 봅시다."

하며 순순히 허락한다.

비리버는 고맙다는 인사를 하고 옹기 장사 주인을 따라 김창배가 지시한 집을 가서 보니 가마 옆에 있어 제철이 되면 번잡할 것 같으

나 지금 이 처지에 쓴 것 단 것 가릴 때가 아니었다.

비리버는 그날로 그 집에 들 준비를 시작하였다.

이 소문은 한나절도 안 되어 동네에 쫙 퍼졌다.

하나씩 둘씩 찾아와 인사를 하고 돌아가서는 혹은 옹기 그릇을 몇 개씩 보내기도 하고, 혹은 쌀·좁쌀·콩·팥 등을 한 되씩 보내기도 하고, 혹은 장물 김치 등을 한 사발씩 보내기도 하고 혹은 나무 몇 단씩을 보내기도 하여 며칠 생활할 준비는 그날로 다 되었다.

동네 여자들은 데레사의 자색을 보고는 저런 여자가 어떻게 이런 점말로 찾아들게 되었느냐고 동정하는 사람도 많고, 혹시는 성칠이란 자가 남의 여자를 빼내 가지고 도망질하여 오지나 않았나 하고 수군거리기도 하였으나 비리버 내외의 어딘지 모르게 품 높은 기상을 보고는 그런 생각은 하지 않게 되었다.

비리버 내외는 그날 밤, 실로 오래간만에 다리를 뻗고 잤다.

이튿날 아침 비리버는 김창배를 찾아가 다시 고맙다는 인사를 하고 나서 화적 괴수에게서 받은 돈 두 냥을 내고 옹기 그릇을 한 짐 샀다.

이로부터 비리버 내외는 본격적으로 옹기 장사꾼이 되었다.

그날은 동네 사람들로부터 옹기 장사하기에 필요한 지식을 몇 가지 들어 두고, 또 근처 지리를 대개 알아 두었다.

그 이튿날부터 데레사는 옹기를 머리에 이고 비리버는 옹기를 지게에 잔뜩 지고서 내외가 함께 행길에 나아가 어설픈 걸음으로 부근 촌락을 더듬기 시작하였다.

첫 번 만나는 동네 어귀에 들어서 비리버는

"옹기 사리어. 옹기 사리어!"

몇 번 서투른 소리를 내어 보고는 얼굴을 붉혔다.

그리고는 옹기 짐을 한 모퉁이에 내려놓고는 데레사보고 집집마다 들어가 보라고 하였다.

데레사가 옹기를 이고 찾아드는 집마다 남녀를 막론하고 으레 수군거린다.

"저런 여자가 무얼 못해 먹어 하필 저런 천한 영업을 한단 말인가."

어떤 남자들은 일부러 데레사에게 말을 걸어 보려고 그릇을 내려놓으라 하여 이런 말 저런 말 수작을 걸다가 나중에는 사기 싫던 그릇까지 후한 값으로 사주는 것이 예사이다.

이리하여 그 동네를 다 돌고 나니 내외가 지고 이고 왔던 그릇이 다 나갔다.

일찍 집에 돌아와 따져 보니 첫 행보에 장사 밑천을 다 **뺐었다**.

비리버는 옹기 장사는 이처럼 많이 남을 뿐 아니라 옹기는 또한 이렇게 쉽게 팔리는 것이 신기하다고 속으로 생각하였다. 데레사의 덕분인 것은 생각지도 못하고….

이렇게 한 달포 동안 옹기 장사를 하고 나니 경험이 생겨 훨씬 수월할 뿐 아니라 두 내외가 한여름 지낼 양식은 넉넉히 장만하게 되었다.

비리버 내외는 천주께 못내 감사하였다.

그동안 살아 보니 동네가 아늑하고 조용할 뿐 아니라 정말이지만 동네 사람들의 입에서 상스러운 소리도 들을 수 없고 푸닥거리를 하느니 성황당을 위하느니 하는 불쾌스런 광경도 눈에 뜨이지 않는다.

다만 한 가지 좀 섭섭한 것은 무엇 때문이라고 집어낼 수는 없지만

새 살림

자기 내외는 동네 사람들 가운데 어딘지 모르게 덜 싸이는 곳이 있는 성싶다. 데레사 내외는 자기들은 교우이므로 외인들에게 자기 마음을 통틀어 주지 않는 이유 때문이라고 믿었다.

어느 날 비리버가 장에 가려고 일찍 일어나 개울에 나가서 세수를 하고 오다가 보니 김창배네 집에서 동네 사람 서넛이 침중한 기분으로 나와 제 집으로 들어가는 것이 눈에 띄었다.

비리버는 이상하다고 생각하다 말았을 뿐이다.

그러나 비리버가 그 후로도 몇 번 이런 일을 보고서는 여기는 암만해도 무슨 곡절이 있을 것이라고 그런 이야기를 데레사에게 하였다.

"아마… 필연코…"

두 내외의 생각은 일치하였다.

데레사의 머리에는 삼박골 이 진사 집이 성큼 떠오른다.

그러나 이런 막중한 일에 섣불리 그들을 건드렸다가 공연히 인심만 잃어 이 동네서 못 살게 될는지 모르고, 그렇다고 희망이 눈앞에 보일 듯 보일 듯한 것을 덮어두고 지내는 것도 심히 안타까운 일이 아닐 수 없다.

두 내외가 몇 번 신중히 의논한 결과 마침내 이번에도 성모 마리아의 도우심을 입기로 결심하였다.

어느 날 저녁 새때쯤 데레사는 소중히 간직하여 둔 성모패를 손에 꼭 쥐고서 김창배네 집을 찾아갔다.

그 집은 마침 조용하다. 김창배는 윗방에서 무엇을 하는 모양이요, 그 아내는 부엌에서 저녁 지을 준비를 하고 있다.

데레사는 부엌으로 들어가 성모패를 내보이면서

"대체 이게 무엇이라우?"

하고 무심한 태도를 지어 물으면서도 그 눈은 창배 부인의 얼굴을 놓치지 않는다.

데레사의 손바닥에 놓은 패를 무심코 들여다보던 창배 부인의 눈이 이윽고 약간 긴장한 빛을 띠더니 그는 물 묻은 손을 행주치마에 썩썩 씻고 나서 그 패를 받아쥐고 쓰다 달다 말없이 윗방 자기 장부에게로 달려간다.

내외가 잠깐 수군거리더니 둘이 다 함께 나온다.

"대체 이것을 어디서 얻었수?"

김창배가 자기 손의 패와 데레사의 얼굴을 번갈아 보며 묻는다.

"장사 다니다가 얻은 것인데 대체 그게 무엇인지요?"

데레사는 할 수 있는 대로 무관심한 태도를 지어 대답한다.

"어디쯤서 얻으셨수?"

"글쎄, 거기가 어디쯤 될까, 원…"

"이걸 내게 주시지요."

"엿장수에게 주면 엿 몇 가락은 얻을 걸요."

"아니, 그럼 내 돈을 얼마든지 드릴게. 이걸 내게 파시우."

창배는 약간 초조해진다.

"아, 성모패도 파나요!"

데레사의 입에서 이 말이 떨어지자 창배 내외는 어안이 벙벙하여 벌린 입을 다물지도 못한다.

이들의 표정을 알아들은 데레사는

"우리도 교우요. 첨례할 때는 우리도 불러 주시오."

하고는 더운 눈물을 뚝뚝 떨어뜨리며 고개를 숙인다.

창배의 아내가 데레사의 손을 덥썩 잡는다.

과연 점말 사람들은 교우였다. 비리버 내외처럼 군난에 쫓기어 문전옥토 가산 집문 다 내버리고 여기로 몰켜 토기 영업으로 연명하면서 오직 사주 구령에 힘쓰던 순진한 무리들이다.

김창배는 회장으로서 동네 사람들의 영혼 육신 사정을 다같이 돌보아 주는 열심한 인물이다.

그 후부터 데레사 내외는 마치 천당에나 들어온 듯 더욱 주모의 은혜를 못내 감사하며 행복에 넘치는 그날그날을 살아갔다.

그러다가 3월 보름께쯤 데레사는 옥동자를 순산하였다. 첫아들이었다.

회장을 청하여 바오로란 본명으로 세를 붙이게 하였다. 두 내외의 즐거움은 더할 나위 없다.

바오로는 무병하게 오이처럼 무럭무럭 자라났다.

데레사는 몇 달 전 청주 옥중에서 배 안에 꼬물거리는 생명을 생각하고 가슴을 조리고 있던 것을 회상할 때마다 눈앞에 토실토실 자라나는 바오로의 볼에 자기 뺨을 갖다대어 본다.

여름철이 가까워짐에 따라 점말은 번잡하여진다.

한편으로 질(옹기 만드는 흙)을 파 날라 들이고 한편으로는 옹기를 만들고 이것을 가마에 구워 내놓으면 사방에서 옹기 그릇을 사러 오는 사람과 그릇을 받아다 팔려는 장사치들이 모여든다.

이들의 입을 통하여 바깥 세상의 소문은 연달아 벽촌 구석까지 퍼진다.

"청주서는 요새 천주학꾼 열다섯 명이 또 잡혔다네."

"서울서는 월전에 천주학꾼 일곱 명을 서소문 사거리라나, 그런 데 끌고 가서는 환도로 목을 베어 죽였다는 걸…"

"빌어먹을 인간들, 그 몹쓸 천주학을, 그래, 왜 하고 있담."

장사치들이 무심코 이런 이야기를 주고받을 때마다 데레사 내외는 겉으로 애써 허심한 태도를 짓고 있으나 말 마디 마디가 가슴속 심장을 파고든다.

비리버는 집이 바로 가마 옆에 있어 너무 번거로우므로 회장에게 누차 당부한 결과 마침 동네에 집 한 채 나는 것이 있어 그리로 옮겼다.

이 집은 동네에서 약간 떨어져 산 밑으로 다가앉은 만큼 아주 조용하여 내외의 성격에도 잘 맞았다.

궂은비 부슬부슬 내리는 어느 날 밤.

비리버는 저녁 먹은 다음 동네로 마을 가고 데레사는 바오로를 재워 놓고 바느질을 하다가 잠깐 변소에 다녀오다 보니 산밑에서 무엇이 부스럭거리는 소리가 나므로 데레사는 걸음을 급히 하여 토방에 들어서 보니 이게 웬일인가!

호랑이 한 놈이 문턱을 가로막고 앉아 방안의 어린애를 들여다보고 있지 않은가.

데레사는 온몸에 소름이 오싹 끼친다. 사지가 떨리기 시작한다.

'절골 호랑이가 여기까지 복수하러 왔느냐.'

그러나 방안에 어린애를 두고 젊은 어머니의 발이 돌아설 리 없다.

"이 놈 날 잡아먹어라!"

데레사가 소리를 버럭 지르며 덤벼드니 이 소리에 깜짝 놀란 호랑이는 엉뚱하게도 방안으로 화닥닥 뛰어들어간다.

"이 놈! 우, 우, 우리 애기…"

악을 쓰며 데레사가 고꾸라지듯 방안으로 뛰어드니 앞이 캄캄한 중 발 밑에서 으앙 하고 어린애 자지러지는 소리가 난다.

데레사는 허겁지겁 어린애를 들쳐안았다. 이 바람에 희미하던 등잔불마저 탁 꺼진다.

데레사가 약빠르게 빠져나오면서 생각하니 뒷문은 잠긴 그대로 있고, 앞문으로는 호랑이가 나올 새는 없다. 그러면 이 놈이 두 번째 놀라 윗방으로 뛰어넘은 것이 틀림없다.

데레사는 곧 나온 문을 닫아 걸고 윗방 문도 밖으로 걸어버렸다.

가슴속은 두 방망이질을 하고 바오로는 악을 쓰며 울어댄다.

데레사는 우는 아기를 품에 안고 동네로 내려가 자기 장부 있는 집을 찾아가서 그런 이야기를 하였다.

사랑에 한 방 가득히 놀던 남정들은 이 말을 듣고 모두 뭉치를 들고 나섰다.

한걸음에 뛰어 그 집 마당에까지는 갔으나 누구 하나 방문을 열려는 자는 없다.

모두들 마당 가운데 모여서서 의논만 분분하다. 혹은 불을 때어 연기를 들여보내자는 자도 있고, 혹은 창문을 뜯고 자루를 커다랗게 만들어 대고서 몰아내자는 자도 있으나 일치되는 의견은 하나도 없다.

이때 데레사는 아기를 달래어 그 집에 뉘어 놓고는 집 일이 궁금하여 올라와 보니 아직도 공론만 분분할 뿐 아니라 남정들이 하고 싶은 대로 하게 되면 집이 상하든지 방안 세간이 부서지든지 하겠으므로 자기 장부를 불러서 이불을 쓰고 들어가 호랑이를 덮어 눌러 잡든지 몰아 쫓든지 하라고 일렀다.

비리버가 이 의견을 다시 좌중에 내놓으니 모두들 그것이 상책이라고 일치하는 동시 부인의 지혜에 탄복하였다.

동네 이불을 걷어들이고 맷방석을 걷어들인 다음 횃불을 밝히게 했다.

비리버가 이불을 쓰고 앞장서고 그 다음 다른 사람들이 역시 이불을 쓰고 대어섰다. 방문을 가만히 열면서 살피나 호랑이는 없다. 윗방에 들어가서 휘둘러 보아도 아무것도 안 보이므로 아랫방으로 내려가 보나 역시 호랑이는 없다.

필연 호랑이가 어느 틈에 날쌔게 빼쳐나간 것을 데레사가 깨닫지 못하여 이렇게 되었을 게라고 생각하며 밖으로 나오려 할 때 홀연 천장에서 으르렁 대는 무서운 소리가 나므로 흘깃 쳐다보니 호랑이가 시렁가래 위에 올라앉아 푸른 불똥이 뚝뚝 듣는 성난 눈으로 아래를 노리고 있다.

일동은 깜짝 놀라서 서로 뒷걸음질을 쳐 몰려나오는 판에 호랑이는 성큼 내려와서 윗방으로 넘어간다.

이를 본 비리버가 다시 이불을 앞에 펴들고 윗방으로 넘겨다보니 호랑이란 놈이 윗목에 도사리고 앉아 입을 딱 벌리고 호령을 한다.

비리버가 윗방으로 넘어서자 호랑이가 앞으로 닥치는 것을 이불로 확 덮어씌우며 연하여 뒤에 대어선 사람들이 이불, 맷방석 등으로 덮어씌우고는 내려누르고 밟고 하였다.

비리버가 밖에 나가 절구공이를 들고 들어와 한참 내리질렀다.

얼마쯤 이렇게 하니 호랑이는 아주 죽어 아무 반항도 없이 축 늘어진 모양이다.

일동은 땀을 씻으며 이불을 하나씩 거두어내고 보니 그것은 호랑이가 아니고 커다란 살쾡이란 놈이 참살을 당하였던 것이다.

동네 사람들은 어이없는 웃음을 웃고 흩어졌다.

비리버는 그 이튿날 살쾡이 가죽을 벗기고 고기는 삶아 양념하여 놓은 후 술을 한 동이 받아 놓고 동네 사람들을 초대하였다.

모두들 간밤의 이야기를 다시금 되풀이하여 재미있게 먹고 마시고 하는 중 비리버는 전에 자기 아내가 정말 호랑이에게 물려가다가 살아온 이야기까지 하였다.

이로부터 데레사의 평판은 더욱 높아졌다. 비리버의 집은 '호랑이댁'이라는 별호까지 자연히 생겨나 '호랑이댁'이라면 근동에 모를 사람이 없게 되었다.

호랑이댁이 유명하여짐에 따라 호랑이댁의 그릇은 날개 돋친 듯 잘 팔려 나갔다. 이렇게 한여름 지내고 보니 적수공권으로 이 동네에 들어온 비리버의 살림도 제법 늘었다.

울타리 가에 늘어선 아주까리대가 빨갛게 물들었다. 그 위로는 고추 잠자리가 어지럽게 날고 있다. 어느덧 이 점말에도 가을은 찾아오는 것이다.

바오로도 이제는 고사리 주먹을 내어 흔들며 벙긋벙긋 웃기도 하고 사람을 알아보고는 네 활갯짓을 쳐 반겨할 줄 안다.

이를 들여다보는 데레사는 자리 뜨기를 잊어버려 저녁을 늦게 하는 때도 종종 있다.

집에 오는 사람마다 한 번씩은 바오로를 안아 주고 얼러 주곤 한다.

어느 날 데레사가 토방에 멍석을 깔고 바오로를 눕혀놓고서 그 옆에 앉아 바느질을 하고 있을 때 지나가는 방물 장수 노인이 들어오더니

"가을도 되고 하니 옷감이나 미리 바꾸어 두시지요."

하며 방물 보퉁이를 토방에 내려놓는다.

노인을 흘낏 쳐다본 데레사는 바오로를 들여다보며

"우리 애기나 크면 꼬까옷이나 해줄까, 지금은 소용없수. 아가, 그렇지…"

하며 바오로를 얼러준다.

"아이구, 원 애기가 어쩌면 저렇게 탐스러울까!"

노인은 바오로를 번쩍 안아 어르다가 내려놓고서 아기의 얼굴과 데레사의 얼굴을 번갈아 보더니 반색을 하며

"아이구, 아씨! 어쩌면 여기 와 살으셔. 벌써 저런 애기까지 낳구…"

신기한 듯 데레사를 바라본다.

데레사의 얼굴에는 잠깐 불안한 빛이 돌다 말고 냉정한 표정으로 변하더니 그를 쳐다보지도 않고

"노인이 나를 어디서 보았다고 그러시우."

하면서 실밥을 입으로 뜯는다.

"아이구, 원, 젊은 아씨가 눈이 저렇게두 어두운가!"

"젊은 사람이거나 말거나, 글쎄 노인이 어디서 나를 보았다고 아는 체 하시우."

"아, 몇 해 전에 내가 충청도로 장사 나갔을 때 당신 댁에서 하룻밤

신세 진 일까지 있는데 그렇게두 나를 몰라보시우. 아이구, 얄궂어라!"

"아마 노인이 나를 잘못 보시구 그러시지…"

"잘못 보다니. 그래, 진천. 아따 거기가 어디더라. 옳아, 정삼이골서 생원 댁 아니시우? 말소리도 벌써 영남 말은 아닌데, 무어…"

"이 집은 서 생원 댁이 아니라 호 생원 댁이라 부른다우."

데레사가 시치미를 떼고 말대답을 받아넘기면서 가만히 생각하니 작년 팔월에 면주 팔러다니다가 자기 집에서 하룻밤 자고 간 노파인 것이 기억에 떠오른다.

영남 지방에는 삼베와 면주의 길쌈이 성행된다. 가을철이 되면 방물 장수들이 영남 면주를 받아 가지고 충청도로 장삿길을 떠난다.

이 방물 장수 노파도 작년에 충청도에서 재미를 보았으므로 금년에도 충청도로 향하는 도중 우연히 들른 것이 데레사의 집이었다.

작년 가을에 그처럼 후대하던 부인을 뜻밖에 여기서 만나게 되니 신기하기도 하고 반갑기도 했던 것이다.

그러나 데레사는 파옥하고 도망하여 이곳에 숨어 사는 신세인 만큼 혹시 전에 알던 사람을 만날까 조심하던 차에 이 노파를 만나고 보니 여간 꺼림칙한 일이 아니다.

방물 장수가 데레사의 이런 속을 알 리가 없다.

이런 때는 저편에서 몰라볼수록 이편에서는 으레 아는 체하게 되는 것이다.

"그래, 이사는 언제 오셨는가요? 충청도보다 여기가 살기 좋은가요?"

"……"

"아씨 동생 진천 읍내 조 판서 댁도 안녕하신가요?"

"나는 동생도 없는 사람이라오. 글쎄, 노인이 나를 누구로 알고 그러시는지…"

방물 장수는 데레사의 이처럼 끝까지 냉정한 태도에 무안한 듯 데레사의 얼굴을 물끄러미 바라보다가 그만 일어나 길을 떠나려 한다.

"왜 벌써 가시렵니까? 좀 더 쉬시지. 노인이 다리 아프실 걸. 그런데 이 근동까지 오셨나요, 더 멀리 가시는 길인가요?"

데레사는 노인이 그럴지라도 충청도로만 안 가면 당분간 마음을 놓을 수 있다고 생각하여 넌지시 이렇게 물어 보았다.

"작년처럼 충청도로 올라가는 길이오. 아이구, 이 놈의 노릇을 언제나 아니할는지…"

노인은 이렇게 말하면서 무거운 방물 봇짐을 머리에 인다.

충청도란 말에 데레사의 가슴은 섬뜩한다. 청주 감영 진천 읍내 절골 등이 눈앞에 확 떠오른다.

데레사는 노인을 다시 불러 앉히고 전후 사정을 다 말하고서 비밀을 지켜주기를 부탁하고 싶었으나 누군지 자세히 알지도 못하는 노인에게 모르는 일까지 말하였다가 더 낭패를 볼는지 몰라 잘 다녀오라는 인사의 말만 겨우 하고서 사립짝 밖을 나서는 방물 장수의 뒷모양을 멍하니 바라만 보고 있다.

데레사는 그날 종일 우울하게 지냈다.

노인이 진천 땅에 들어서면 으레 그전에 다닌 동리를 찾아들 것이요, 자기를 여기서 만났다는 이야기를 또 할 것은 틀림없다.

이런 말이 한 입 건너고 두 입 건너 포졸들의 귀에 들어갈 것이요, 따라서 관가에서도 다 알게 될 것이다.
청주 옥에 갇혔을 때 몹시도 무례하게 굴던 포졸들의 얼굴이 하나씩 눈앞에 나타난다.
일이 손에 잡히지 않는다.
이런 줄 저런 줄 모르고 어미를 보고서 벙긋벙긋 웃는 바오로나 안아주면서 그날 해를 보냈다.
비리버는 땅거미 질 무렵에야 돌아왔다.
데레사는 저녁상을 비리버 앞에 얌전히 갖다 놓으면서
"오늘은 어째 이렇게 늦으셨어요."
하며 기색을 살핀다. 언제나 한결같이 평화스런 장부의 얼굴이다.
"오늘도 저녁이 늦을 줄 알고 그랬지…"
"왜, 저녁은 항상 늦나요?"
"저 놈이 생겨난 후부터 가끔 저녁이 늦잖우."
하며 옆에 누운 바오로를 본다. 등잔불을 보고 좋아라고 네 활개짓을 하는 바오로의 탐스런 모양 앞에 비리버의 얼굴에는 사랑의 미소가 가득 피어오른다.
데레사는 차마 지금 방물 장수의 이야기를 내놓아 장부의 모양을 흐려주고 싶지 않다.
저녁 설거지를 다한 후 비리버가 동리 마을 갔다가 돌아오기를 기다렸다.
어둠 속에 싸인 마을은 더 한층 고요하다. 뒷산에서 선선한 바람이 풍겨 나온다.

바오로는 벌써 잠든 지 오래다. 어린애의 자는 얼굴은 평화, 바로 그것이다. 그 옆에 앉은 데레사의 눈은 이 평화스런 천사의 얼굴에서 떨어질 줄 모른다.

비리버가 돌아온 후 날마다 하는 것처럼 사립짝 문을 걸어 닫고 두 내외는 속으로 만과 통경을 하였다.

그리고 나서 데레사는 말문을 열었다.

"작년 가을에 우리 집에서 하룻밤 자고 간 방물 장수 노인이 아까 왔습니다."

"그런데 나를 알아보고 아주 반겨하겠지요. 나는 시치미를 떼고 아주 모르는 것처럼 해도 그이는 내 동생이 진천 읍내 조 참판서 댁인 것까지 다 알아냅디다."

"그 이가 누군인데…"

"생각 안 나시겠지. 이 영남 사는 인데 해마다 충청도로 가서 장사 하는 이라오. 지금도 충청도로 가는 길이라는구려. 그럼 으레 진천 땅에 또 들어갈 것 아니겠어요…"

잠시 두 사람의 입은 무겁게 닫혔다.

비리버는 입맛만 쩍쩍 다시며 눈만 껌벅거리고 있더니

"그럼 여기서 더 살 수 없소. 하루바삐 이곳을 떠나야겠소. 여기 더 있으면 우리뿐 아니라 이곳 교우들까지 위험하겠으니…"

하고 끊어 말한다.

데레사는 반 년 동안이나 정 붙이고 살던 교우촌을 떠날 것이 섭섭하기도 하고 번거로운 토기 장사를 그만두는 것이 시원하기도 하다. 그러나 이제 겨우 자리잡은 살림을 뒤엎고 또 어디로 가서 무엇을 하며 살아나갈까 생각하면 앞이 어둡다.

"방물 장수가 진천 땅에 갈지라도 놓은 걸음으로 여기저기 들러 갈 터이니 그리 급할 것은 없겠소. 그러니 당신이 삼박골 근처에 가서 그 곳 교중 소문이나 탐문하고, 그리고 목천으로 넘어가 고모 댁이나 찾아보시고 내포로 나아가 이사할 곳을 보고 오시지요. 그래도 무슨 준비가 있어야지, 그냥 홀몸으로 떠날 수야 있소."

비리버도 데레사의 이 의견이 옳게 여겨졌다.

이튿날 비리버는 며칠 살림할 것을 보살피고 노자도 장만하여 두고 데레사는 장부가 입고 갈 옷가지를 손질한다.

그 이튿날 아침 비리버는 조반을 먹고 나서 가뜬한 행장으로 길을 떠난다. 데레사는 바오로를 안고 사립짝 밖에 나와서 저편 산모롱이 속으로 장부의 뒷모양이 사라질 때까지 바라보고 있다.

# 강 신부

1858년 무오년 이른 봄,

강 신부는 합창, 새터말 공소를 치르고 나서 문경으로 넘어가고자 미사 짐을 싸고 있을 때 한 교우가 들어오더니

"신부님, 지금 큰일이 났는가 봅니다. 지금 대원군이 군난을 일으켜 서울서는 장 주교님과 신부네들이 다 잡혀 치명하시고, 안 주교님*과 두 위 신부도 내포서 잡혀 서울로 압령되었다는 말이 있사옵니다."

하며 걱정스러운 얼굴로 떠도는 소식 한 편을 전한다.

신부는 뜻밖에 이런 말을 들으니 가슴이 섬뜩하나 사실의 진가도 알기도 전에 교우들을 놀래는 것도 안 되었으므로 한참 동안 무표정한 태도로 앉았다가 회장을 불러 읍내로 사람을 보내어 그 동안의 소문을 탐지하여 보라고 분부하였다.

읍내로 소식을 탐문하러 갔던 사람이 그 후에 돌아와 전하기를 특

---

* 다블뤼(M.N.A. Daveluy, 安敦伊, 1845년 10월 조선에 입국) 주교.

별한 소식은 듣지 못하였고, 다만 읍내 거리를 지날 때 사람 몇이 모여 서서 지금 조선에 양인이 있느니 없느니 하며 수군거리는 것을 보았을 뿐이라 하였다.

신부는 그러면 큰일이 돌발하지는 않은 듯하므로 길을 떠나도 별반 위험은 없을 듯하고, 또 한곳에 오래 머물러 있는 것도 좋지 않을 뿐 아니라 그 곳 교우들에게도 폐를 끼치는 것이 되므로 바깥 소문을 분명히 알 때까지 근처 산골 공소를 역방함이 어떨까 하여 회장과 복사를 불러 앉히고 의논하던 차에 누가 밖에서 찾는다 하여 회장이 일어서서 나간다.

얼마 후 회장은 공주서 왔다는 처음 보는 교우와 함께 들어온다. 공주 교우는 신부 앞에 공손히 절을 한 후 이 신부의 편지를 가져왔다 하면서 저고리 앞섶을 뜯더니 거기서 조그만 봉함 하나를 꺼내어 신부께 드린다.

신부는 얼른 봉함을 뜯는다. 그의 눈은 바쁜 듯 글줄 위로 달린다.

"나의 경애하올 제형 강 신부님! 당신이 먼저 소식을 알고 계신지 모르오나 혹시나 아직도 모르실까 하여 두어 자 적나이다. 천주 안배에 복종하사이다. 지금 서울서 군난이 일어나 주교 신부들이 다 잡혀 치명하시고 우리 둘만 남았나이다. 나라에서는 우리들을 잡으러 경포를 각처로 흩어 보내어 사방을 수색하는 중이오니 경애하올 신부는 전교를 중지하고 산협으로 피신하심 바라나이다. 총망 중 틈을 내어 겨우 이만 적나이다. 이 신부 상서"

회장과 복사의 눈은 종이 위에 구불렁거린 이상스런 글줄에는 당초에 가지도 않고 신부의 얼굴에서 편지 내용을 캐어 보려는 듯 그의 기색만 살피고 있다.

신부는 이들이 너무 놀랄까 하여 아무 말도 없이 진중한 기색으로 한참 있더니 이윽고

"조선은 참 복된 나라이구나!"

하며 좌우를 둘러본다.

회장과 복사가 이 말씀의 뜻을 알 리 없다. 그들은 똑같이 궁금한 표정으로 신부의 얼굴을 쳐다보며 다른 말씀이 더 떨어지기를 기다린다.

"조선에 또 성인들이 나셨구나! 치명 성인들이 나셨어…."

하며 신부는 아랫목 벽에 기댄다.

회장과 복사는 조선이 복되다는 말씀의 뜻을 가슴이 섬뜩하는 중에 비로소 알아듣는다.

신부는 편지의 간단한 내용을 그대로 발표하였다.

조선 성교회의 기둥이 부러지고 서까래가 부러진 소식을 들은 교우들마다 얼굴빛을 잃는다. 장차 자기들도 어떤 참담한 일을 당할까 생각하면 앞이 캄캄하고 온몸의 맥이 풀린다.

그날 저녁 공소 교우들이 모인 가운데 강 신부는 간단하게 마지막 권고의 강론을 하였다. 마지막인지는 나중에 보아야만 알 것이지마는 더구나 시퍼런 칼이 여기저기 숨어 있는 군난 때는 그날그날의 일을 모두 마지막으로 알 수밖에 없는 것이다.

"군난이 일어났다는 소식을 듣고서 너무 놀라거나 낙담해서는 못쓴다. 군난이 있을 것은 오주 예수께서 벌써 예언하신 것이고, 또 우리 조선 교우들도 여러 차례 군난을 겪은 끝에 지금도 기를 펴지 못하고 살아오던 중이 아니냐. 너희 부모 친척 중에 치명의 영광을 받은 성인 성녀는 얼마나 많이 났느냐! 우리는 다 같이 천주의 안배하심에 우리 영혼 육신을 온전히 맡겨 버리고 안심하면서 얼마 남지 아니한 우리의 앞날을 살아나가자. 무공무덕한 우리에게 치명의 상급을 주시거든 진심으로 흘연히 일어나 받아들일 준비만은 항상 하고 있어야 한다. 우리가 세상에서 우리 명까지 산다 한들 몇 해나 더 살겠으며 그 몇 해를 더 산다 한들 무슨 신통한 수가 있겠느냐. 치명보다 더 좋은 게 다시 없다. 천주를 만유 위에 사랑함을 우리 생명을 버림으로 증거하는 치명보다 더 좋은 게 다시 없다. 이 세상은 지나간다. 세상 안에 사람도 지나간다. 세상 안에 즐거움도 괴로움도 빨리 빨리 지나간다. 그러나 치명 영광은 끝없다. 영원하다. 주모께 의탁하고 지내다가 천당 가서 다 만나자…."

이런 의미로 마지막 강론을 하였다. 서투른 발음으로 생각나는 말마디를 연락도 없이 주워섬기는 것을 복사가 다 알아듣고 다시 일동에게 번역하여 풀어 준 것이다.

방안의 교우들은 마치 이 세상 경계선을 넘어 영원에 들어서기 직전 같은 경건한 마음으로 마지막 강론을 들어 마디마디 가슴속에 간직한다.

천신 아닌 사람들인지라 처음 군난 소식을 듣게 되면 먼저 육신이 떨고, 그 다음에는 영혼이 거룩한 용맹을 떨쳐 일어선다. 신덕 깊고 열심인 교우들은 다 이러하다. 방안에 있는 몇몇 교우들의 얼굴에는 태연자약한 기분 속에 강철이라도 녹일만한 결심이 숨어 있다.

이튿날 아침,

강 신부는 공소 주인을 데리고 복사와 함께 오실이라는 공소로 떠나게 되었다.

이번 작별을 마지막으로 아는 공소 교우들은 부모의 초상을 당한 이상으로 슬퍼들 한다. 다른 주교 신부는 거의 다 세상을 떠나고 없음을 생각하면 그들의 아픔은 더욱 깊어진다.

한 분 모시고 있던 목자가 이제 길을 떠나고 보면 생전에 성사 한 번 받을 가망은 아주 사라지는 동시에 자기들은 시랑(豺狼, 승냥이와 이리)의 습격을 받아 사방으로 흩어지게 된다. 바람 부는 대로 떠날릴 가련한 신세가 될 것을 생각하면 천애(天涯)에 홀로 버림을 받은 고아처럼 고독함을 느낀다.

모인 교우들은 모두 다 눈이 퉁퉁 붓도록 울었다. 신부 역시 글썽한 눈물이 마를 새가 없다.

이윽고 신부 일행은 길을 떠났다.

얼마쯤 가다가 신부는 비교적 위험이 덜한 소로길로 들어서 가게 하고 두 교우는 바깥 소문을 탐지할 겸 큰길로 나섰다.

과연 이 땅에도 양인을 잡아들이라는 나라의 명령이 떨어져 어지간히 소란하다. 큰길 거리마다 포졸들이 늘어서서 지나가는 사람들을 힐문한다.

두 교우는 한참 가다가 저편에서 오는 포졸 두 사람과 마주쳤다. 포졸들은 그냥 지나치려다가 그중 한 사람이 무슨 생각을 하였던지 두 교우들에게 묻는다.

"여보, 양인 지나가는 것 보았소?"

"예, 지금 여기 지나가오."

공소 주인이 태연스럽게 대답한다.

포졸은 눈이 번쩍 뜨이며

"아, 어디 지나간단 말이오?"

"우리 둘이 가니까 우리만 하더라도 양인 아니오."

"아따, 여보. 그런 양인 말고…"

"그럼 무슨 양인이 있단 말요."

"코 크고 눈이 쑥 들어가고 한…"

다른 포졸의 손을 잡아끌며

"이 사람, 여러 말 말고 얼른 가세. 그 양반들 말을 들으니 양인은 고사하고 양인이란 말도 처음 듣는 모양일세."

하며 지나가고 만다. 두 교우는 웃음을 참느라고 한참 애써야만 되었다.

얼마 후 다시 신부를 만났다. 신부는 공소 주인까지 데리고 갈 필요가 없으므로 그를 돌려보내고 복사만 데리고 산골 길로 들어섰다.

좌우로 높직높직 솟은 산들이 바깥 세상의 요란한 풍파를 막는 듯 조용한 느낌을 준다.

앞에 교우촌을 한 이십 리쯤 남겨 놓고 복사는 먼저 가서 동네의 동정을 살필 겸 신부 오신다는 소식을 전하여 영접하여 들일 준비를 시킬 겸 앞서서 급히 가고 신부는 천천히 그 뒤를 따랐다.

어느덧 해는 서산 위에 기울고 있으므로 천천히 걷는다는 신부는 설마 그 동네야 지금 어떠랴 하여 안심하고서 복사의 뒤를 따른다. 그리하여 침침하기 시작할 때쯤 교우가 마중을 나올 새도 없이 신부는 동네 어귀에 이르렀다.

돌연 한 모퉁이에서 포졸 두 사람이 나타나더니

"어쩐 사람이오?"

하고 앞을 막아선다.

신부는 서투른 말로 대답하다가는 일이 더 글러질까 하여 더 침침한 지붕 처마 밑으로 다가설 뿐 아무 말도 하지 못한다.

"여보, 이 양반 어떤 사람이시오?"

다른 포졸 한 사람이 뒤로 다가서며 묻는다.

"……."

"이 양반이 누구이길래 대답을 안 해…."

"말이 말 같지 않은가?"

포졸들의 기세는 더욱 올라간다.

그러나 신부의 입에서는 여전히 아무런 말도 나오지 못한다.

"원, 어두워 얼굴이나 볼 수 있어야지."

"거 양인이나 아닐까?"

이 말에 다른 포졸은 정신이 펄쩍 나서

"정 그렇다면 우리 수 나게."

하며 신부의 팔을 덥석 움켜잡고 이웃집 불 비치는 들창 밑으로 끌고 가고 한 놈은 신부의 보따리를 잡아챈다.

이때, 저편 골목에서 젊은 부인이 쑥 나서더니 신부 앞에 와
"아버님, 왜 이렇게 늦으셨어…."
하고 절을 하고 나더니 포졸들을 꾸짖는다.
"이 양반들이 왜 이 야단이야. 지나가시는 어른을 붙들고. 참 별일 다 보겠네!"
"아, 이 양반이 누군인데 그러슈?"
"우리 친정 아버지셔유."
"그럼, 왜, 말이 말 같지 않은가? 아무 대답도 아니하우."
"벙어리란 말씀이유."
"그렇수."
이러는 동안 포졸 한 놈은 신부 등뒤로 와서 가만히 귀에 대고
"자네 정말 벙어린가?"
하고 물어 보고는 쓴웃음을 웃으며
"참말 벙어리일세. 귀가 아주 절벽이구먼…."
하며 물러선다. 부인은 다시 이 포졸 앞에 다가서면서
"아무리 우리 아버지가 말을 못하시기루 그렇게 놀리는 일이 어디 있수!"
하며 발끈 성을 낸다.
"여보, 우리가 모르고 그랬수."
"모르기로서 그 따위 행실이 어디 있수!"
부인은 한 번 더 쏘아붙이고는
"자 어서 가십시다. 아이, 참 갑갑해…"
하며 신부의 등을 민다. 나무토막처럼 우두커니 서 있던 신부는 떠

미는 방향으로 천천히 걸음을 뗀다.

"아이 참. 우리 아버지 보따리…"

부인은 홱 돌아서더니 멍하니 서 있는 포졸의 손에서 신부의 보따리를 채어 가지고 다시 신부의 등을 밀며

"어서 가십시다. 원, 길 한 사십 리를 종일 걸으시구. 이따금 이런 봉변도 당하시구. 글쎄, 돌아가시기나 해야 아버지 팔자가 펼까."

수선을 떨면서 다른 골목으로 접어든다. 포졸들은 우두커니 서서

"허, 참. 우리가 실수했는 걸."

하고 한참 생각하다가 혹시나 동네 점잖은 양반이 나와서 다시 이 문제를 끄집어 낼까 하여 슬슬 동구 밖으로 나와 그만 줄행랑을 쳤다.

부인은 공소 집 옆에 사는 교우로서 그날 뜻밖에 신부 오신다는 소식을 듣고서 아랫말 사는 자기 동생에게 비밀히 이 소식을 알려주어 성사 볼 준비를 하게 하고 집에 돌아오는 길에 이 광경을 보고서 비상 수단을 써 신부를 구해 냈던 것이다.

신부는 여교우의 이런 기지(機智)로 위기일발의 위험에서 구원을 받았다. 신부는 얼마 동안 여기 숨어 편히 쉬면서 하나씩 하나씩 찾아드는 교우들의 영신상의 기갈을 풀어 주었다.

그러나 이미 포졸에게 놀란 경험도 있고, 또 소문을 들으면 미구에 포졸이 이 동네로 또 들어올 위험도 있다 하므로 이곳에 오래 머무르는 것은 위태하다 하여 드디어 자리를 뜨기로 결정하였다.

신부를 작별하게 된 교우들의 가슴은 반이나 떨어져 나가는 듯 아프기 그지 없으나 어찌할 방도는 없다. 어떤 노인들은 이따금씩 한숨만 푸푸 내쉬며 밥도 안 먹는다.

신부들은 연풍 땅 산협을 찾아들기로 작정을 하고 유 도마란 교우를 앞세우고 유리재를 넘어 연풍읍에 당도하니 큰 주막마다 포졸들이 있어 주정을 무쌍히 하며 행인들의 기찰(譏察)이 심하다.
그런 대로 지나자면 겉으로는 아무렇지도 않은 태연자약한 모양으로 휘적휘적 걸음을 걸어 지나나 속으로는 여간 긴장되지 않는다.
읍을 지나서 조그마한 등성이 하나를 넘어서니 시냇물이 곱게 흐르고 있고 그 옆으로 주막 두어 집이 나란히 붙어 있는 것이 보인다.
신부는 방금 시장기가 들기도 하고, 또 이 주막을 비키고 나서 다시 다른 주막이 없다면 요기할 일이 난처할 것 같아 뒤따르는 도마를 돌아보고
"시장하지, 나는 저 주막을 바로 지날 테니 너 거기 들어가 떡 있거든 사 가지고 오너라. 가다가 조용한 곳에서 먹고 가자."
하며 허리에 찬 돈꿰미를 끌러 엽전 두 푼을 내주었다.
도마는 무시무시한 마음으로 읍을 지나 오느라고 술 한 잔 못 받아 먹은 것이 섭섭하던 차라 신부의 이런 말씀이 반갑지 않을 리 없다. 저런 주막에는 포졸들이 들어 있을 것 같지 않으므로 떡 사는 김에 아주 술 몇 잔 마음놓고 들이킬 생각을 하니 다리가 가뿐해진다.
이윽고 주막에 다다랐다.
방갓을 쓴 신부는 길이 바쁜 상제인 듯 휘적휘적 그대로 지나친다.
도마는 아는 집이나 찾아들 듯 선뜻 마당으로 발길을 돌이키면서 안을 바라보니 거기는 그 지겨운 포졸이 서너 명이나 있지 않은가!
목욕하러 물에 들어가려다가 뱀이나 만난 듯, 마음이 께름칙하여 잠깐 머뭇거리다가 이 다음 주막 참을 대자 하고 다시 돌아서 길을

강 신부 233

걷는다. 신부는 벌써 꽤 멀리 앞서 걷는다.

　도마의 머뭇거리는 모양을 바라보던 포졸들이 수상하다고 생각하였는지 뛰어나와

　"여보, 게 좀 섰소!"

　하고 도마를 향해 외친다.

　도마는 전후에 다른 행객이 없음을 보아 분명히 자기에게 하는 말인 줄 모를 리 없으나 짐짓 모르는 체하여 뒤도 안 돌아보고 그대로 걷는다. 뒤에서는 여전히 외친다. 도마는 걸음만 빨리 할 뿐이다.

　포졸들은 더욱 의심을 품고 고함을 지르며 추격하여 도마를 붙들었다.

　"왜 그리 모르는 체 하고 내빼기만 하오?"

　우락부락하게 생긴 포졸 한 사람이 숨을 씨근거리며 도마에게 달려든다.

　"아, 나는 몰랐소."

　"모르다니, 그렇게 소리를 질러도 몰라…. 성이 무어야?"

　"내 성은 유가요."

　"어디로 가는 길이야?"

　"괴산으로 가오."

　다른 포졸 두 사람은 앞서가는 신부를 바라보며

　"여보, 여보!"

　소리를 지른다.

　신부 역시 뒤도 안 돌아다보고 걸음만 빨리 한다.

　"대체 오늘은 귀머거리만 길을 걷는 게냐?"

포졸들은 눈을 부라리며 신부를 붙들러 뛰기 시작한다.

"저기, 저 상제님은 누구요?"

도마를 붙들은 포졸이 도마에게 묻는다.

"모르겠소."

"괴산은 무엇하러 가오?"

"거 누구 좀 만나보러 가는 길이오."

이렇게 도마는 말대답을 하면서 손목을 잡힌 채 신부 있는 데까지 끌려왔다. 먼저 온 포졸들은 묵묵부답하는 신부를 붙잡고 실랑이를 한다. 도마가 차마 보다 못해

"이 양반은 말이 너무 서투르니 무슨 말할 것이 있거든 내게 하시오."

하니 손목을 붙들고 있던 포졸이 별안간 도마의 따귀를 올려 붙이며

"이 자식! 상제님을 모른다더니 이게 무슨 서투른 수작이여!"

하며 얼러댄다. 도마는 따귀 한 대만 얻어맞고 멀쑥하니 서 있다.

"그래, 상제님 어디 가는 길이오?"

"괴산"

오래간만에 신부의 입에서 한마디 대답이 떨어졌다.

"괴산은 무엇하러…."

그러자 도마가 또 나서면서

"이 양반은 본시 문경 양산 절에서 여태 공부만 하시다가 인간에 나오신 지 얼마 안 되어 말이 아주 서투르시지요. 우리 선생님이신데 지금 괴산 홍 판서 댁까지 가시는 길이오."

"홍 판서 댁엔 무엇하러 가? 말도 못하는 등신이. 절에서 공부나

하였길래 그렇지, 공부도 못했다면 큰 멍텅구리 될 뻔했군!"
"암만해도 수상해…"
옆에 섰던 포졸이 덤벼들어 신부의 방갓을 후다닥 벗겨 버린다.
포졸들은 신부의 방갓을 벗겨 놓고서도 이 사람이 과연 양인인지 아닌지 좀처럼 판단을 못한다.
"어허, 대체 이게 어떻게 생긴 사람이여. 이상하긴 이상한데… 글쎄, 원, 양인이 아닐까…"
"양인을 누가 한 번이나 보았어야 말이지."
"이 사람들, 양인은, 말을 들으니, 코가 크고 눈이 쑥 들어가고 머리털이 고슬고슬하다던데…"
"어디, 그럼 볼까."
포졸 한 사람이 덤벼들어 신부 머리의 건을 뒤로 젖히고 머리털을 만져보더니
"글쎄, 머리털이 고슬고슬한지는 모르겠으나 빛이 왜 노란가. 이상하기는 해."
"여보게, 그 사람 눈이 정말 쑥 들어가지 않았나. 코는 크고…."
다른 포졸 하나가 신부의 손을 만져보고 얼굴빛을 유심히 살펴보다가 신부의 옷깃을 헤치고 가슴을 들여다보더니
"이 사람들, 이 양반이 백사인 걸세. 아주 살결이 하얀 걸 보게."
"백사는 약에 쓴다는 걸…."
"이 사람, 뱀을 약에 쓰지, 사람도 약에 쓰나!"
"어허, 이 사람 보게. 왜 예전 이야기에 하얀 백사가 사람 모양을 하고 인간에 나와 다녔다는 말이 있잖아…."

이때 주막에서 다른 포졸 두 명이 올라와 이에 참석하였으나 역시 적확한 판단을 내리지는 못하였다. 그러다가 그중 나이 지긋하여 보이는 포졸이 나서면서

"이 사람들, 여기 이러다가 오늘 해 다 보내겠네. 우리끼리 여기서 암만 떠들어야 그 말이 그 말일 테니 모두 읍으로 끌고 들어가세. 김화선이 서울서 온 동간이니 그 사람한테 물어보면 알 것 아닌가. 그 사람은 서울서 양인도 잡아 보았고, 양인 구경도 많이 했다니…."

일이 이렇게 되어 신부와 신부의 보따리를 걸머진 유 도마는 포졸들에게 포위되어 오던 길을 되밟게 되었다.

포졸들의 흥미는 길을 걸으면서도 역시 양인 문제에서 떨어지지 않는다.

"김화선이는 양국 술까지 얻어먹었다는 걸. 맛이 아주 썩 좋다던데."

"양인도 마누라가 있대나?"

"이 사람, 마누라가 없으면 양국 술은 누가 만들었겠나."

"그래도 양인 마누라 잡았다는 말은 못 들어 보았네."

"그럼, 필연 못 잡은 게지. 이 사람, 글쎄, 마누라 없이 어떻게 살겠나. 누가 밥 해주고 누가 옷 해주고…."

"없기는 왜 없어. 인물도 썩 얌전하다는 걸."

"아따, 이런 때 양국 마누라 하나 잡았으면…, 임자 없는 것 한 번 데리고 살아 보게."

"이 사람, 그 따위 소리 말게. 잡으면 그런 게 자네 차지 될 줄 아나."

"그런데, 양인이 뭐하러 우리 조선 땅에 나올까?"
"필연 양국에는 먹을 게 없는 모양이지."
"양인들이 조선 애들 눈알 빼다가 약을 만든다데."
 신부는 잡혀 가는 중에도 이들의 주고받고 하는 이야기를 들을 때, 웃음을 참느라고 애써야만 되었다.
 한참 내려오다가 포졸 한 사람이 유 도마가 지고 가는 보따리를 보더니
"저것도 필경 이 사람의 보따리일 게야. 만일 이 사람이 양인이고 보면 저 속에도 무슨 신기한 것이 있을 게야."
 하며 성큼성큼 다가서더니 보따리를 홱 잡아 뺏는다.
 도마는 본시 힘도 세고 담력이 비범한 교우이다.
 그렇지 않아도 아무 핑계 못 대고 힘 한 번 못 써보고 그대로 잡혀 가는 것이 분하기도 하여 기회만 있으면 주먹으로 몇 놈 때려눕히고 신부를 빼앗아 도망할 마음으로 머리를 푹 숙이고 이리 궁리 저리 궁리하던 차에 포졸이 보따리를 잡아 뺏는 바람에 정신이 펄쩍 났다.
 도마는 가던 걸음을 딱 멈추고 돌아서서 험상스런 눈으로 포졸을 노려본다. 보따리는 좀체로 도마의 어깨에서 벗겨지질 않는다. 보따리를 잡아 뺏으려는 포졸은 아까 도마의 뺨을 때린 그 사람이다. 도마의 뻣뻣한 태도가 같잖다는 듯이
"이 자식, 냉큼 보따리 벗어 놔라!"
 하며 을러댄다.
 숨소리만 씨근거리던 도마의 가슴은 드디어 폭발한다.
"이 놈들, 난 너희들이 도적 잡으러 다니는 포졸들인 줄 알았더니,

이제 보니 너희들이 멀쩡한 도적놈들이구나. 이 놈, 왜 대낮에 가로상에서 남의 보따리를 뺏는 게냐? 이 멀쩡한 불한당 놈들!"

천둥 같은 호령과 함께 도마의 억센 손은 벼락치듯 그 놈의 따귀를 후려갈긴다. 그리고는 재빠르게 그 놈의 상투를 붙잡고 휘휘 둘러 길가 개울창에 틀어박는다.

옆에 있던 포졸이

"이 놈, 사람 친다!"

하고 덤비다가 도마의 발길 한 번에 그 자리에 푹 고꾸라진다.

조금 뒤떨어져 신부를 붙잡고 오던 포졸들이 이 광경을 보고 신부를 놓아 버리고 고함을 지르며 덤비는 것을 도마는

"오냐! 이 놈들, 너희도 다 같은 불한당 놈들 아니냐!"

소리를 치며 손에 잡히는 대로 메어박는다. 그러면서도 신부에게는

"어서 이런 기회에 내빼시오."

하는 눈짓을 번개처럼 하였다.

신부는 곧 알아듣고 줄달음질을 하여 도망가기 시작한다.

한 놈을 때려눕히면 먼저 쓰러진 놈이 일어나 덤비고, 이 놈을 메어박고 나면 다른 놈이 또 뒤에서 덤벼 한참 싸움이 부푸는 동안 신부는 팔매 두어 바탕쯤이나 달아났다.

그러나 조금 뒤에 이를 발견한 포졸 한 사람이

"저 양인 달아난다!"

외치는 바람에 모두들 정신이 펄쩍 난다. 그중 담력 센 두 놈만 도마와 드잡이를 계속하고 다른 세 놈은 곧 신부를 추격하기로 한다.

신부는 방갓도 못 쓴 건 바람으로 논틀밭틀 할 것 없이 앞만 보고

내뛴다. 포졸들은 비호처럼 그 뒤를 쫓는다.

선비의 몸으로, 게다가 움막 속에 숨어 바람 한 번 시원하게 쏘여 보지 못하고 지내온 신부의 걸음은 놓아먹인 망아지처럼 제멋대로 자라난 야인(野人)들의 걸음을 당할 리 없다.

신부와 포졸들의 사이는 점점 줄어든다.

뒤쫓는 포졸들의 쿵쿵거리는 발자국 소리가 점점 크게 들린다. 그들의 헐떡거리는 숨소리까지 뒷덜미에 들린다.

신부는 더 달아날 용기도 없어 이제는 잡혔구나 하는 생각이 들 때, 뒤에서 떨그렁 하는 쇳소리가 나는 듯하더니 포졸들의 숨소리도 발자국 소리도 어느덧 들리지 않는다.

그러나 차마 돌아볼 수 없어 기운 닿는 데까지는 뛰어보자 하고 죽을 힘을 내어 얼마를 더 뛰다가 뒤에 따라오는 기색이 전연 없으므로 돌아다보니 추격하여 오던 포졸들은 멀리 떨어져 허리를 굽히고 제가끔 풀섶에서 무엇을 찾고 있는 모양이다.

신부는 이상하다 생각하면서 허리를 더듬어 보니 돈꿰미가 없어졌다.

'분명히 내가 차고 왔는데 웬일일까?'

하고 다시 살피니 돈을 꿰었던 끈만 끊어진 채 남아 있고 돈은 다 빠져나갔다.

'옳지. 저자들이 돈을 줍느라고 저러는구나!'

그제서야 포졸들이 추격을 중지한 이유를 깨달았다.

신부는 달음질을 그대로 계속하여 산으로 올랐다. 솔포기를 끼고 앉아 숨을 돌려가며 아래를 내려다보니 포졸들은 쫓아올 생각도 아니하고 풀섶에 흩어진 돈을 찾기에 골몰하여 땅만 들여다보며 왔다 갔다 하고 있다.

얼마 후에는 다 주웠는지 한군데로 모여 무엇을 의논하던 모양이더니 무슨 잘못된 일이 있던지 말다툼이 시작되고, 뒤이어 싸움이 벌어진 모양이다. 이것은 물론 주운 돈 때문일 것이다. 한 놈씩 번갈아 가며 이리 자빠지고 저리 자빠지는 것이 솔포기 사이로 역연히 내다보인다. 얼마 후 그중 한 사람이 화목을 시킨 모양이어서 싸움이 그치더니 세 사람은 산을 쳐다보지도 않고 자기 동간들 있는 데로 일제히 내려간다.

멀리 도마와 두 포졸들 역시 웬일인지 싸움을 그치고 길가 언덕에 앉아 있는 것이 아마득하게 보인다.

세 포졸들이 그 곳까지 이르더니 다 같이 도마를 붙잡고 주막으로 내려간다. 읍내로 들어가는 길일 것이다.

신부는 얼마쯤 산속으로 더 올라갔다.

소나무 아래 바윗돌 위에 누워서 곰곰이 생각해 보니 포졸들에게 붙들려간 도마의 사정이 크게 염려되고 자기의 앞길을 생각하면 역시 난감하다.

방갓은 **뺏겼으니** 건만 쓰고 길에 나설 수도 없고 몇 번 고꾸라져 두루마기는 황토칠 투성이가 되었고, 얼굴이 이 지방 사람과 다른데 말도 서투르고 여러 갈래로 찢어나간 행길은 어디로 가는 길인지 알 수도 없고…

호수 천신처럼 믿고 있던 도마를 잃은 신부의 마음은 산 그림자가 길어짐을 따라 고독하고 난처하고 슬픈 감개에 눌리기 시작한다.

신부는 주위를 둘러보아 편편한 반석을 발견하고 그 위에 올라앉았다. 가슴속에는 여러 가지 생각이 스며든다.

무슨 희망이 보일 듯 보일 듯하던 조선 성교회가 다시금 큰 박해 밑에 자지러짐을 생각하면 앞이 캄캄하고 가슴이 탁 막히다가도 오주 예수의 말씀하신 바 반석 위에 당신 교회를 세우리라 하신 것을 생각하면 어딘지 든든한 믿음이 느껴진다.

신도들이 모두 피를 흘려 치명한 결과로 성교회가 그 위에 엄연히 서 있게 되고 각 지방에 처음 들어간 주교 신부들은 거의 다 그 지방에 자기 피를 흘려 위주 치명함으로써 그 지방 교회의 주춧돌이 되었음을 생각하니 자기도 조선 성교회 주춧돌 한 개로 뽑히는 영광을 얻었음을 다시금 깨닫는다.

천주께서 자기를 조성하신 것은 이 조선 땅에 나와서 조선 성교회를 위하여 피를 흘리라는 거룩한 뜻으로 조성하셨음이 명백한 듯하다.

이제 자기가 할 것은 칼을 받고 넘어져 죽는 것 하나밖에 없는 성싶다. 이렇게만 되면 자기가 세상에 태어난 보람은 다 이루어지는 것이다.

이쯤 생각하니 몸이 홀가분하고 마음이 턱 놓인다. 아까의 처량하고 한심하던 회포도 어느덧 사라지고 그 대신 피곤이 온몸을 싸고돈다.

그는 반석 위에 누웠다. 살포시 잠이 찾아든다.

얼마 후 아래 편에서 인기척이 나므로 깜짝 놀라 일어나 보니 두런거리는 소리가 차차 가까이 들린다. 남자의 소리는 아니고 여자의 소리다.

솔포기 사이로 내어다보니 부인네들이 바구니를 끼고 나물을 뜯으며 올라오고 있다.

"아, 여보! 그만 갑시다. 아까 관채한테 쫓긴 노름꾼이 이리로 올라가지 않았수?"

"아따, 도망한 놈이 여태 여기 있을라구."

"그래도 누가 알우. 여기 어디 숨었는지…."

"하기는, 해두 얼마 안 남았으니 그만두지."

그들은 이렇게 두런거리며 오던 길을 되밟아 내려간다. 신부는 노름꾼 대우를 다 받아 보는구나 생각하며 씩 웃는다. 솔포기를 스치는 바람 소리와 산밑 행길로 지나가는 말방울 소리나 이따금씩 들려올 뿐, 산중은 다시 적막하다.

그는 혹시 도마가 무슨 수단으로 빠져 나와 자기를 찾고 있지나 않을까 하여 두루 살폈으나 이는 한갓 자기의 공상임을 다시금 깨닫고 깨닫고 할 뿐이다.

목도 마르고 시장도 하나 기갈을 풀어볼 도리는 없다. 돈이 있다 할 지라도 음식을 사 먹기는 곤란할 터인데 돈은 아까 다 빠져나가고 한 푼도 안 남았다.

산 실과를 잠깐 생각하였으나 때는 삼월이라 풀도 많이 나지 아니하였고 나뭇잎도 피지 아니하였으니 산 실과가 있을 리 만무하다.

그는 마른 입맛만 다시며 사방을 두리번거리니 건너편 바위 밑에 진달래꽃이 포기포기 곱게 피어, 지는 석양을 흠뻑 받고 있다. 그는 반가운 마음으로 얼른 달려가 이것이 천주께서 주시는 만나라고 생각하며 얼마쯤 뜯어먹고 나니 적이 해갈은 되는 성싶다.

서천에 걸음을 재촉하던 해는 이윽고 산중에 홀로 헤매이는 신부의 사정은 나 모른다는 듯이 두어 조각 구름장을 곱게 물들여 놓고는 서산 마루터기 너머로 쑥 들어가고 말았다.

　나무 밑이 침침해지고 산골짜기가 우중충해지고 멀리 보이던 논과 밭이 황혼 속에 숨어 버리고 하늘에는 반짝이는 별들이 하나씩 둘씩 나타난다.

　신부는 아직도 어찌 할 바를 모르고 얼마 동안 앉아 있다가 마침내 산 아래로 내려오기 시작하였다.

　얼마쯤 내려오다 보니 앞에 무엇이 희끄무레하게 가로놓였는데 자세히 보니 그것이 행길이다.

　그는 아무려나 이리로 가보자 하고 길을 잡아들어 옆에 흐르는 개울물을 동무하여 걷기 시작하였다.

　어두운 길을 혼자 걷고 있으나 방갓도 없이 탈망 바람으로 히죽이죽 걸어가는 자기 행색이 거북하기 짝이 없다.

　얼마를 가다가 산모롱이를 돌아서려 하니 그 너머서 갑자기 소 모는 소리가 들린다. 신부는 사람 만나는 것이 제일 싫다.

　그대로 마주 지나치기도 무엇하고 어디 숨기는 너무 촉박하고 하여 길가 밭으로 얼른 내려가 뒤보는 시늉을 하고 쭈그리고 앉았다.

　이윽고 서너 사람이 소를 몰고 산모롱이를 돌아 나타난다. 서로 떠드는 품이 건하게 취한 모양이다.

　그중 맨 앞선 사람이 신부를 보고
　"게 누구요?"
　하고 말을 건네본다.
　신부는 서투른 말로 대답하기보다 한 번 에헴! 하고 기침을 하여 사람이니 놀랄 것 없다는 표시를 하였다.
그 다음 사람이
"거 누군지 남의 밭에 거름해 주느라고 애쓰는군!"
하고 침을 퇴퇴 뱉는다.
맨 뒤에 사람 역시 자기도 빠지기 싫다는 듯
"어떤 상제님이 꽤 급한 겔세. 건도 벗지 못하고 뒤를 보게!"
하며 낄낄 웃고 지나간다.
신부는 그제야 머리를 만져 보니 참말 건이 그대로 머리에 얹혀 있다.
'아차, 또 잊었구나!'
그는 혼자 씩 웃고 일어섰다.
거기서 같은 방향으로 한 십 리쯤이나 더 내려가니 밤은 이슥해지고 산은 점점 더 깊어진다. 더듬어 오던 행길이 개울로 들어갔다.
'또 버선을 벗어야만 이 개울을 건느게 되나…….'
하고 살피니 큼직한 돌멩이를 여기저기 던진 징검다리가 드러난다.
개울 속에도 별들이 찬란하다. 흐르는 물을 따라 엉켰다 떨어졌다 반짝이고 있다.
신부는 개울을 건느려고 자욱을 옮겨들 제 돌멩이를 조심스러이 골라 디디고 나니 건너편 산응달에서 돌 굴리는 소리가 우르르 들린다.
신부는 깜짝 놀라 그 편을 바라보았으나 충충한 산골짜기는 죽은 듯이 고요하다.
아까 그 포졸들이 여기 와서 목을 지키고 있는 것이 아닌가 하는 의심이 펄쩍 난다. 그래서 건널까 말까 하고 망설이고 있다가

'예라! 잡히면 죽기밖에 더 하랴. 내게 남은 것은 다만 죽음뿐인 것을!'

마음을 도사려 가지고 징검다리를 다 건넌다.

그때까지도 다시 아무 소리도 없다가 앞에 언덕을 올라가려 하니 갑자기 무엇이 머리 위로 우수수 쏟아진다.

신부는 비가 오지 않나 하고 하늘을 쳐다보니 여전히 별만 초롱초롱하다.

신부는 이상하다 생각하고 얼굴을 돌이키려 하니 또 무엇이 우수수 쏟아진다. 그는 본능적으로 손을 들어 머리와 어깨를 더듬어 보니 굵다란 모래와 흙이 손에 만져진다.

두리번거리는 신부는 마침내 맞은편 언덕 위에 시퍼런 불이 쌍으로 켜 있는 것이 보인다.

'호랑이란 놈의 장난이구나….'

깨달을 때 가슴이 섬뜩함은 어찌할 수 없다. 이왕 한 번 주께 바친 목숨이니 아무렇게나 죽은들 어떠리!

이런 마음으로 두근거리는 가슴을 눌러가며 길이 뚫린 그리로 걷기를 계속하였다.

몇 걸음 떼어놓다 보니 어느덧 푸른 불은 없어졌다. 불이 안 보이고 나니 그 놈이 곧 뒷덜미를 내리누르는 듯 다시 가슴이 섬뜩하다.

진땀이 나서 속옷이 함빡 젖은 것을 거기서 얼마 더 내려가다가 비로소 깨닫는다.

바쁜 일도 없고 갈 곳도 없지만 밤중 산골길을 걷는 신부의 걸음은 자연히 빨라진다.

산모롱이를 돌고 언덕을 오르내리고 개울을 건너고 하여 얼마쯤 더 내려가니 길 아래 편으로 집 몇 채가 희끗희끗 보인다.

'사람 사는 동네구나!'

생각하며 더 자세히 살피니 그 아래로 십여 호가 더 연달아 있다.

위험하고 외로운 밤길을 걷는 신부는 인가라도 만난 것이 반가웠다. 우선 이 인가 근처에서 잠깐 눈을 붙이고 쉬어 가리라 하였다.

동네로 들어가는 좁은 길로 들어서 몇 발자국을 떼어놓으니 높직한 무엇이 앞으로 길게 가로놓인 것이 보인다. 가까이 가 살피니 옹기 굽는 가마가 분명하다.

이 가마굴 속에서 잠깐 자보려고 들어가니 축축하고 흙 냄새가 나므로 그대로 나왔다. 근처에 무슨 거적때기나 없나 하고 찾아다니다 생각하니 이런 점촌에는 흔히 교우들이 산다 하나 꼭 교우만 살라는 법도 없어 어떻게 알아볼 수 없을까 생각하면서 우두커니 섰다가 이왕 조용한 김에 동네 구석을 둘러보리라 하고 발자국을 조심스러이 옮기었다.

집마다 죽은 듯 고요하다. 맨 끝 집까지 살피고 도로 돌아서려다 혹시나 하는 생각으로 좀더 나가보니 약간 새떨어지게 또 한 집이 남았다. 가까이 가보니 희미한 불빛이 들창에 은은히 비친다. 숨을 죽이고 섰자니 한참 동안 아무 소리도 없다가 이윽고 누가 앓는 소리가 새어 나온다. 병자는 한참 동안 신음하던 끝에 가는 소리로

"아이구, 예수 마리아!"

하는 듯하다. 신부는 이게 착각이 아닐까 하고 자기 귀를 의심한다. 좀더 무슨 소리를 똑똑히 들으려 한 걸음 더 바짝 다가섰다.

이윽고 병자는 또 신음하는 소리를 내더니
"아이구, 그래, 성사도 못 받구 이대로 죽나!"
하고 부르짖는다.
초조하던 신부의 가슴은 확 풀린다. 그는 가벼운 걸음으로 집 앞으로 돌아가 얕은 목소리로 주인을 찾았다. 얼마 동안은 아무 소리 없더니 이윽고 문에 불빛이 어리고 뒤이어 관솔불을 든 여자가 문을 열며
"게 누구요?"
하며 나온다.
"나는 지나가는 사람이오. 하룻밤 이 집에서 좀⋯."
말도 끊어지기 전에 여자는 가로막으며
"안 돼요. 이 집에는 방도 없고 병자가 있어 지금 기사지경이오."
"예, 그런 줄 알고 왔소. 나는 병자를 찾아다니는 사람이오."
"그럼 의원이란 말씀이오?"
"예, 나는 영혼의 병을 고치는 의원이오."
여자는 잠깐 어리둥절하더니 관솔불을 더 가까이 들이대고 손님의 얼굴을 유심히 살피다가
"아이구, 신부님!"
하고 흐느끼며 신부를 방안으로 안내한다.
아랫목에 누워서 물끄러미 신부를 바라보던 부인의 얼굴도 찡그려지며 울기를 시작한다.
자기 머리맡에 앉아서 위로하는 신부의 말씀을 얼마 듣다가 병자 부인은 흐느껴가며
"죄인은 일평생 주 성모께 기구하기를 '그저 임종 때에만은 성사

를 받고서 세상을 떠나게 해주십시오' 하고 기구하지 않았겠어요. 그런데 군난은 나고 신부의 종적은 묘연한 중 이렇게 죽게 되어 어찌할 줄을 모르고 있는 판에 참 이렇게 신부님을 만나게 될 줄이야…. 참, 성모님의 자비심도…."

여기쯤 말하고는 끝을 맺지도 못하고 또 울기를 계속한다.

얼마 후 신부는 병자 부인에게 고해성사를 주고 아주 임종 전대사까지 주었다. 그리고 나서 거룩한 위로의 말씀을 들려주는 동안 그 부인의 고요한 운명까지도 보았다.

그리고 날 새기 전에, 간호하던 여자의 안내로 그 동네 회장의 집으로 안내함을 받아 자리를 옮겼다.

이 공소는 괴산 쌍계 태자성(槐山 雙溪 太子城)이라 부르는 점촌이다. 뒤에는 조령(鳥嶺)으로 연한 고산 준령이 첩첩 둘러 있고, 앞으로는 연풍읍에서 내려오는 맑은 시내가 고요히 흐르고 있다.

한 오십여 명 교우들이 모여 사나 점촌인 만큼 번잡함을 피하기 어렵고 게다가 외인 몇 집이 섞여 있어 항상 조심이 되며 동네 뒤로는 괴산읍에서 연풍읍으로 연한 큰길이 있어 매일 포졸들이 왕래하고, 더구나 이즈음에는 양인을 수소문한다는 포졸들이 연일 앞 주막에 묵고 있는 형편이다.

뜻밖에 신부를 모시게 된 회장과 교우들의 반가움과 즐거움은 비할 데 없었다. 회장과 모모한 열심 교우들은 이런 동네가 오히려 깊은 산골 동네보다 신부를 오래 숨겨 두기에 어수룩한 점도 있다 하여 군난이 어지간히 평정될 때까지 조심을 극히 하여 신부를 숨겨 두기로 의논하였다.

신부는 문경으로 사람을 보내어 이삿짐을 가져오게 하고 이곳에 숨어 편히 쉬면서 동네 교우들에게 모두 성사를 주었다.

그러나 얼마를 지나지 못하여 신부가 이곳에 오래 은신할 눈치를 챈 교우들은 차차로 은근히 걱정하기 시작하였다. 만일 일이 탄로만 되면 신부도 잡히실 것은 물론이요, 동네도 쑥대밭이 될 것이라 하여 염려하는 빛이 얼굴에 드러나고 어떤 이는 은근히 자기만 이사 갈까 하고 생각하는 자도 있게 되었다.

신부는 비록 회장과 모모한 교우들이 만류할지라도 한편으로 다른 교우들의 이런 기색을 살핀 다음부터는 하루라도 이곳에 더 머물기는 민괴스러워 몇몇 교우만 데리고 사람의 발자취가 끊어진 어느 산중에 깊이 들어가 당분간 피신하기로 결정을 지었다.

그리하여 회장에게 양식과 마른 반찬거리를 준비하여 달라고 명령을 내렸다.

회장도 어찌할 수 없이 신부 명대로 대강 준비를 해놓고 방에 들어가 신부와 함께 장차 어느 산골로 피신함이 제일 안전한지 의논하던 중에 누가 밖에서 찾는다 하므로 나갔더니 이윽고 희색이 만면하여 들어오는데 그 뒤에는 뜻밖에 지금까지 신부가 염려하고 있는 유 도마가 따라 들어온다.

유 도마는 포졸들과 드잡이를 할 때 신부가 달아난 것만 다행히 생각하여 너무 잔인한 행동은 취하지 않고 포졸들에게 끌리어 주막으로 갔다가 즉시 연풍 관가로 압송되었다가 거기서 보따리 속에 든 신부의 경본이 증거물이 되어 양인의 부하라는 명목으로 원님에게 고발이 되어 즉시 옥에 갇혔다.

원님은 며칠 후 유 도마를 끌어내어 동헌 마당에 꿇리고 국문하기 시작하였다.

"네 이 놈, 전일에 산으로 내뺀 상제가 누구이냐?"

"예, 소인의 선생이올시다."

"성은 누구이며 무엇하는 사람이냐?"

"성은 강씨인데 문경 양산 절에서 공부만 하시는 양반이올시다."

"그러면 대체 중이란 말이냐? 그런데 왜 말은 할 줄 몰라?"

"예, 비승비속(非僧非俗)하신 양반이신데 절간에서 공부만 하고 계셨으므로 인간의 말이 대단히 서투르십니다."

"비승비속이라니, 그러면 그게 대체 신선이냐, 귀신이냐?"

"예, 그래서 당호를 귀신 신자, 아비 부자로 하였답니다."

"신부… 신부…"

원님은 두어 번 입 속으로 불러보더니 한 번 씩 웃고는 자기 위엄이 늦추어진 것이 안 되었다는 듯이 경본을 집어 들고 큰기침을 두어 번 하더니 문지방에 힘차게 꿇어앉고 목소리를 높여

"네 이 놈, 그럼 이 책을 아느냐?"

하고 위엄을 베풀었다.

도마는 한 번 머리를 들어 힐끗 쳐다보고는 고개를 숙이고 역시 태연한 태도로 아뢰었다.

"예, 압니다."

"그러면 이게 무엇하는 책이냐?"

"우리 선생님이 공부하시는 책이올시다."

"네 이 놈, 바로 아뢰었다. 이것이 양서가 아니냐. 이 놈이 암만해

도 양인과 부동하여 다니는 놈이지."

"천만의 말씀을 다하십니다."

하고 도마는 한 번 펄쩍 뛰고 나서 다음 말을 계속한다.

"소인은 양서란 말도 금시 초문이요. 그것은 선생님의 말씀을 들으니 인도국에서 나온 범서(梵書)로 쓴 불도 책이라 합디다."

"그럼 어디서 어디로 가는 길인데 왜 달아나기는 달아나?"

"양산 절에서 괴산 홍 판서 댁으로 가는 길이온데 난데없는 포졸들이 달려들어 봉변을 주고 내 봇짐을 뺏고 그리고 사람을 막 치니 세상 물정에 어두운 그 양반은 허둥지둥 도망하고 소인은 그러잖아도 관가에 고발할 마음이 있는 터이라 여기로 끌려 왔습니다."

도마는 여기서 기운을 얻어 더 말을 계속한다.

"군졸은 나라의 녹을 먹고 백성을 보호함이 직책이거늘 대로상에서 술주정을 하며, 지나가는 사람에게 행악을 하여 돈을 뺏으니 이래서야 백성이 어찌 마음 놓고 살겠습니까. 성주께서는 통촉하사 일을 밝혀 주시기를 바라옵니다."

원은 도마의 말을 듣는지 마는지 경본을 뒤적거리면서

"이게 원, 양서인가, 정말 범서인가…."

혼자 중얼거리는 것을 도마가 고개를 번쩍 쳐들어 원을 쳐다보며

"그렇게 못 미더우시거든 사람을 보내어 양산 절 주지에게 물어 보시면 단번에 알 것 아닙니까."

하고 말을 딱 끊었다. 원은 이 말을 듣고

"범서, 범서?"

하며 고개를 갸우뚱하고 혼자 중얼거리더니 좌우를 돌아보며

"원, 누가 범서 공부를 했어야 알아보지."

하며 싱거운 웃음을 웃고는 경본을 방바닥에 집어 던진다.

그리고는 옆에 사령을 바라보고 과연 포졸들이 이 사람의 돈을 뺏은 일이 있느냐고 물어 본다.

그중 한 사람이

"소인 등은 보지는 못하였으나 지난번에 포졸들이 돌아오며 자기들끼리 횡재를 하였느니, 아무개가 제일 많이 가졌느니 하며 떠드는 소리만 들었습니다."

하고 아뢰었다.

원은 혀를 두어 번 쩍쩍 차더니 아무 말없이 이 사람을 하옥하라고 분부만 내린 후 안으로 사라졌다.

이튿날 아침, 도마가 뒷일을 한창 궁금히 생각할 때 옥사장에게서 경본 든 보따리와 돈 한 냥을 받아 들고 옥문을 나서게 되었다. 신부의 사정이 몹시 궁금하나 어찌할 도리가 없어 곧 태자성 공소로 달려 온 것이 신부를 만나게 되었다. 신부와 도마는 둘이 죽었다가 다시 살아난 것처럼 서로 반갑다.

도마는 그동안 겪은 이야기를 하고 나서 보따리를 끌러 신부의 경본과 돈 한 꿰미를 신부에게 드렸다. 신부는 도마의 지혜와 용력을 칭찬하시며 경본만 받아 친구하시고 돈은

"이것은 네 돈이지, 내 것이 아니다."

하며 도마에게 도로 내주었다.

도마는 그 돈꿰미를 들고 좌중을 향하여 한 번 절렁절렁 흔들어 보이면서

"자, 이 돈이 우리 신부님을 살려낸 돈이오!"
하며 너털웃음을 웃는다.

이튿날 아침 신부는 예정대로 교우 몇 사람과 함께 미리 준비한 물품을 가지고 깊은 산속으로 은신하러 길을 떠나게 되었다.

태자성 점촌에서 시냇물을 따라 꼬불꼬불 얼마를 올라가면 쌍곡리(雙谷里)라는 산골촌이 있다. 앞에는 기암 절벽이 깎아지른 듯 서 있고, 뒤에는 고봉 청산이 등을 누르는 듯하다. 쌍곡리를 비켜 서서 얼마를 더 올라가면 '서당말'이라는 산촌이 있고 이 서당말을 지나쳐 얼마를 더 올라가면 '떡바위'라는 빈터가 있다.

이곳은 예전에 군난에 쫓긴 교우들이 한 촌락을 이루고 모여 살던 곳이라 하며 그때 최 회장이라는 양반은 이곳에서 살다가 호랑이에게 물려갔다 한다.

떡바위에서 산골길을 비켜 놓고 남쪽을 향하여 험악한 산등 둘을 넘어가면 '갈릉'이라는 깊은 두메 산촌이 있고, 이 촌에서도 또 얼마를 올라가면 울창한 수목과 험상스런 바위뿐인 무시무시한 곳이 있다. 강 신부 일행이 한창 부풀어 오른 군난 풍파를 피하여 은신하러 온 곳이 바로 여기이다.

그 아래 갈릉촌만 하여도 지형이 매우 높은데 사면으로 험악한 높은 산이 첩첩이 둘러 있어 바깥 세상으로 통하는 길은 다만 그 동네에서 흐르는 도랑물뿐이다. 이 도랑물은 산골짜기로 흘러내려 와서 남쪽을 향하여 산기슭을 안고 한참 굽이굽이 돌다가 속리산에서 내려오는 큰 개울과 합수하고 말았다.

그러므로 누구든지 이 동네를 어쩌다 찾아가려면 무릉도원을 찾아가느니, 극락 세계를 올라가느니 하고 말을 해오는데 지금도 이 산중에는 멧돼지와 호랑이들이 들썩거려 농사에 폐해가 적지 아니하며, 해만 지면 이웃집 출입을 임의로 할 수 없다. 노인들의 말을 들으면 예전에는 대낮에도 호랑이가 개 끓듯 하였다 하니 강 신부가 그때 본국으로 편지할 때

"나는 호랑이와 동무하여 살았다."

라고 한 말이 과언이 아니다.

피난꾼 일행은 은밀한 나무 속에 어느 바위 굴을 선택하여 처소로 정하였다. 솔가지를 꺾어 지붕을 어리어 놓고 마른 풀을 거두어 땅바닥에 깔았다. 그리고 신부가 거처할 곳에는 초석 한 닢을 특별히 깔아 놓고 한구석에 솥을 걸어 놓고 밥을 지었다.

밀림을 스치는 바람 소리나 들리고 이따금씩 산짐승의 우는 소리가 산골에 반향될 뿐, 사람의 그림자라고는 찾을래야 찾을 수 없다.

신부는 이런 적막한 산중, 바위 굴 속이라도 마음 편한 것이 어디보다도 좋던지 숯내 나는 밥을 집에서보다도 훨씬 더 잡수신다.

낮에는 그럭저럭 지낸다 할지라도 밤이 되면 제일 걱정이다. 밑바닥이 누져서 잠을 편히 잘 수 없음은 물론이요, 호랑이들이 이 뜻밖의 침입자들에게 대하여 반감을 품고 수시로 찾아와 고함을 치며 흙과 돌을 끼얹는다.

지척을 분간할 수 없는 밤이 되면 그러잖아도 무섭무섭한데 뒷덜미에서 호랑이의 포효(咆哮) 소리가 찌르렁 산골짜기를 울리고 솔가지 지붕 사이로 왕모래가 우수수 떨어질 때 아무리 담대한 자라도 거기서 편한 잠을 이룰 수 없다. 이런 때마다 뜬눈으로 서서 날새기를

기다릴 수밖에 없다.

　이렇게 그들은 바깥 세상에 나가면 포졸들의 추격을 받아야 하고 조용하다는 산중을 찾아들면 호랑이의 성화를 받아야 한다.

　화불단행으로 며칠 후에는 일행 중 한 사람이 병들어 눕게 되었다. 산중에 약이 있을 리 만무하나 같은 처지에 있는 만큼 다른 사람들 역시 조만간 이처럼 병 들게 될 염려가 점점 노후하여진다.

　집에서 가지고 온 양식도 거의 다 떨어졌다. 병자는 약도 써 보지 못하였지만 쉽게 나을 성싶지 않다. 일동 가운데는 의논이 분분하다. 그대로 눌러 있자는 자도 있고 일단 내려가서 다른 방책을 생각하자는 자도 있다.

　이왕 산중을 찾아든 바이니 병자는 내려보내고 나서 여기에다가 아주 초가 몇 칸을 세우고 양식은 운반해다 먹고 있으면서 바깥 세상이 평정되기를 기다림이 옳다는 것이 눌러 있자는 자의 주장이요, 그와 반대로 여기는 며칠 동안 은신할 곳은 되나 초가 몇 칸이라도 세우고 지내기에는 부적당하며 양식을 운반하여 옴에도 여러 가지로 거북한 점도 있고, 또 동네서 모모한 인물들만 이렇게 **빠져** 나와 있는 것이 서로 마음이 놓이지 않을 뿐 아니라 수상한 점을 보이게 되는 것이며, 무엇보다도 여기서 며칠만 더 지체하면 일동이 다 병 들어 눕게 될 터이니 이렇게 되면 일이 더욱 맹랑하게 되리라는 것이 내려가자는 자의 주장이다.

　강 신부는 양편의 의견을 들어둘 뿐 얼마 동안 깊은 생각에 잠겨 있다. 마침내 일단 내려가 다른 방도를 강구하기로 결정을 지었다.

　그리하여 일동은 올라온 길을 되밟아 다시 태자성 공소로 돌아왔다. 내려와 들으니 어디서 누가 잡혔느니, 어디서 누구의 집안이 적 몰을 당하였느니 하여 세상은 더 한층 소란하다. 그리고 원방에서 군난을 만나 몸만 겨우 빠져 나와서 정처없는 피난 길에 방황하는 교우도 몇씩 만나게 된다.

이런 가운데 피난 갔던 신부 일행이 다시 들어오고 보니 태자성 공소의 걱정은 더욱 무거워진다. 사람들은 서로 말은 못하지만 얼굴에는 검은 수심을 감추지 못한다.

거기서 하루 동안 쉬고 난 강 신부는 드디어 이 공소를 뜨기로 결정하였다. 교우들도 이를 말릴 생각을 못한다. 이것은 신부가 이런 위험한 동네에 계시다가 혹시나 잡히시면 어떻게 하나 하는 교우들의 걱정과, 신부 편에서는 혹시 자기 때문에 동네 교우들이 해를 받을까 하는 사랑의 염려 때문이다.

소문을 들으면 진천 방면이 그래도 덜 소란하다 하므로 신부는 드디어 진천 어느 산골에 들어가 묻혀 있기로 방향을 정하고서 주 성모의 도우심을 믿고 길을 떠났다. 유 도마가 그 뒤를 따라 섰다.

괴산읍을 지나 밤고개를 넘어서 쇠골〔金谷〕동네 앞으로 소바위라는 산촌으로 들어가 고리타라 부르는 큰 고개 위에 올라섰다. 이 고개는 괴산과 청안 양군 사이에 가로막아 있는 큰 산으로서 진천 땅의 여러 산들을 건너다보고 있다.

신부는 여기서 한참 쉬는 동안 도마에게서 진천 땅의 지형이 어떠함과 자기가 찾아가는 곳이 어느 방향임을 자세히 알아 두었다. 그리고 나서 도마를 향하여

"너는 이제 회정하여라. 나 혼자라도 찾아가겠다."

하며 그만 돌아가기를 권하였다.
"아, 별말씀을! 이렇게 위험한데 어떻게 혼자 가시겠습니까."
도마는 펄쩍 뛴다.
"오! 그래, 참 너하고 둘이 다니니까 위험이 없더라."
신부는 의미 있는 웃음을 머금고 도마를 바라본다. 도마는 얼마 전 자기 실수로 길에서 포졸들에게 발각되어 봉변당한 일을 생각하고 약간 무안한 빛을 감추지 못하면서도
"지난번에야 어떻게 그렇게 되었지만, 설마… 그러니, 신부님이 혼자 어떻게 가시겠습니까."
하며 굳이 따라가려 하는 것을 신부는
"글쎄, 내 사정은 이제 걱정 마라. 진천 땅에는 좀 덜 소란하다. 또 나중에는 어찌되던 이번 길만은 주 성모의 도우심으로 무사할 줄을 나는 꼭 믿는다. 그리고 너는 어서 돌아가 네 집안일도 보살피고, 또 네 아내도 병들어 앓는다는 소식도 있다면서, 그리고, 또 이런 때일수록 네가 다른 교우들을 잘 지도해 주어야지…."
이런 여러 가지 말로써 돌아가기를 권고하였다.
이렇게 신부는 여기서 도마를 이별하고 홀홀단신으로 그 고개에서 내려와 다시 배루재·굴고개라는 두 고개를 넘었다. 배루재는 천안 땅과 진천 땅을 좌우로 한 산이요, 굴고개는 진천 땅에 들어앉은 고개이다.
이 고개에서 터진 산골짜기로 개울을 따라 한 십 리쯤 내려오면 사방터라는 주막이 있다. 신부는 여기까지 와서 날이 저물어 부득이 이 주막에서 하룻밤을 지내게 되었다.

주 성모의 도우심으로 신부를 이상히 보거나 말을 붙여 보는 사람이 없었다. 이튿날 일찍이 길을 떠나 보려고 밥값을 치러줄 때 주인 마누라가 신부의 얼굴을 유심히 바라볼 뿐이었다. 신부는 그 주막을 떠나 대참에 덕문이들을 건너서 진천읍을 옆으로 지나쳐 서산(西山) 쪽을 향하여 산협길로 이십오 리쯤 더 나아가 지거머리라는 교우촌을 찾아들었다.

진천서 서산이라면 누구나 다 아는 산인데 거기는 깊은 골짜기가 여러 갈래로 벌려 있고 골짜기마다 사람들이 박혀 산다. 진천읍 사람들은 나무 장수나 숯 장수를 만나면 '서산 쟁퉁이'라고 별명하여 불렀다. 이 서산에는 열두 산막이 있고 산막마다 교우들이 박혀 살고 있으므로 교우들은 이를 '이스라엘의 열두 지파'라고 불렀다.

신부는 지거머리서 며칠 있다가 다시 서쪽으로 더 들어가 삼박골 공소를 찾아들었다. 여기는 강 신부가 일 년 동안이나 숨어 있으며 성직을 봉행한 곳이다.

# 풍파

장부가 먼 길을 훌쩍 떠나고 나니 데레사는 허전함을 금할 수 없다. 게다가 예사 집안일로 떠난 것도 아니요, 그 방물 장수로 인한 호환을 면하여 보려고 안전한 곳을 찾아 이사할 곳을 보려고 떠난지라 데레사의 가슴속에는 날마다 일맥의 불안한 기분이 은근히 스며들고 있었다.

밤에는 잠도 잘 들지 않는다. 철모르는 바오로를 옆에 끼고 누웠자면 천 가지 생각이 오락가락하는 중에 밤만 깊어진다. 어쩌다가 살포시 잠이 들면 꿈자리가 여간 뒤숭숭한 것이 아니다. 비리버가 떠난 지 며칠 안 되는 어느 날 저녁,

데레사는 저녁 설거지를 하여 치우고 바오로를 업고서 안마당에 서성거리다가 바오로가 잠이 든 듯해서 방으로 들어가 뉘어 놓고 그 옆에 누워 장차 할 일을 곰곰이 생각하고 있을 때 사립짝 밖에서 인기척이 나더니 연이어 사람 찾는 소리가 난다.

"집에 계시오니까?"

데레사는 얼른 일어나 옷가슴을 여미고 문틈으로 내다보니 아무도 보이지 않는다.

'이게 웬일일까….'

하고 이상히 생각할 때 그 소리는 또다시 들린다.

대답을 할까 말까 하고 망설이다가 에라 어떠랴 하고 기침을 한 번 하면서

"게 뉘시오?"

하고 대꾸를 하면서 얼른 옆에 있는 화로를 당기어 골성냥가지에 불을 당기어 등잔에 붙이고 나서 이제 막 문을 열고 나서려는 판인데 벌써 토방에 신발 소리가 나면서 문을 열고 들어서는 남자가 언뜻 눈에 보인다.

"난 벌써 주무신다고…"

그는 싱거운 웃음을 입가에 흘리면서 사방을 한 번 둘러보더니 성큼 옆에 와 앉는다.

그는 양 서방이다. 이 양 서방은 이 아래 회장 댁에서 머슴을 살고 있는데 이름은 만선이라고 하는 나이 삼십을 바라보는 총각이다. 그때까지 이리저리 떠돌며 타관살이를 하느라고 장가도 못 들고 지내더니 그해 봄에 이리로 오면서는 남들이 총각이라고 부르는 것이 듣기 싫어 외자 상투를 하였던 고로 그 후부터는 동네 사람들이 양 서방이라고 불러온다.

그는 회장 집안이 성교하는 눈치를 채고 나서는 자기도 성교를 배우겠다고 굳이 청하여 시작한 것이 지금은 종도신경까지 외울 줄 안다. 자기 집주인에게 배우기는 어렵다는 핑계로 비리버를 찾아다니

었다.

그는 저녁에 틈만 있으면 경문을 배우러 갑네 하고 비리버의 집을 다녔다. 그리고 비리버 집의 일이라면 제 주인집 일보다도 더 성의를 내어 거들어 주었다. 그래서 데레사도 지금까지 고맙게 생각하여 오는 중이다. 그러더니 이 양 서방이 뜻밖에도 이 밤에 데레사의 방에 들어온 것이다.

데레사는 놀란 얼굴로 그를 쳐다보며

"왜 밤중에 잠은 안 자고 이렇게 오는 게요?"

하고 찬바람이 나도록 쌀쌀하였으나, 양 서방은 아무렇지도 않다는 듯이 머리를 긁적거리며

"아이구, 이 놈의 빈대 때문에 어디 잘 수 있어야지. 그래, 놀기나 하자고 온 게요."

하며 태연하다.

"아, 밤중에 놀러 다니는 게 다 무어여. 더구나 여자 혼자 있는 집에…."

하고 데레사가 벌컥 성을 내었으나 양 서방의 얼굴은 큰 바윗돌처럼 미동도 없이

"아따, 그럼 나 성교 배우러 왔수."

하고 여전히 태연자약하다.

"성교구 무엇이구 집안 주인이나 오시거든 배울 것이지…."

하는 데레사의 말이 채 떨어지기도 전에

"아따, 순순히 말을 들으시우. 공연히 시끄럽게 굴지 말고…. 그만하면 다 알 것 아니우."

하고 터놓는 양 서방의 얼굴에는 모든 것을 다 각오하고 왔다는 묵직한 표정 가운데 일종의 독기까지 번쩍 스치고 간다.

이를 바라본 데레사의 얼굴은 기가 질린다. 그리고 연이어 평소 상태로 펴지더니 나중에는 약간 웃음까지 비치는 표정으로 문을 벙긋이 열고 사립짝 편을 살피면서

"사립짝 문을 안으로 안 걸었구려! 어쩌면… 그럼, 얼른 나가 사립짝 문을 걸으시우. 내 불을 끌께."

하며 재촉하는 눈으로 양 서방을 바라본다.

양 서방은

"흥!"

하고 신통하다는 코웃음을 치며 벌떡 일어나 사립짝 문을 걸러 나선다.

데레사는 번개처럼 불을 끄고 자는 바오로를 들쳐 안고서 뒷문으로 살짝 빠져 울타리 구멍으로 기어나왔다.

그리고 밭둑으로 허리를 굽히고 걸음을 급히 하여 회장 댁을 향하였다.

이튿날 아침, 양 서방은 주인에게 톡톡한 꾸지람을 듣고 그 집에서 쫓겨났다. 그리고 며칠 동안은 동네 부근으로 슬슬 돌며 남의 눈치나 살피더니 그 후에는 종적을 감추고 말았다.

데레사는 그날 밤 놀란 후에는 혼자 밤을 지내지 않고 항상 동네 노파 한 분을 청하여 같이 잤다.

이렇게 며칠 지난 어느 날, 그 양 서방이 또 동네에 나타났다. 그는 여전한 얼굴로 이집 저집 찾아다니며 인사도 하고 그 전 실수를 용서

하여 주기를 청하며 돌아다니었다. 물론 데레사의 집을 빼놓았을 리는 없다.

그런데 이와 함께 이상한 소문이 동네에 스며들었다.

포졸들의 한 떼가 양가를 따라오다가 건너편 주막에 떨어져 있고 양가만 동네에 들어왔다는 소문이 입에서 입으로 돌며 동네에 퍼지기 시작했다. 때가 때이니만치 이 소문을 듣는 사람마다 얼굴빛이 변한다.

과연 양가는 이 동네에서 톡톡히 봉변을 한 후 어떻게 하면 한 번 이 분풀이를 시원히 하여 볼까 하고 은근히 궁리하다가 그는 드디어 신통한 방책을 생각해 내었다. 그는 즉시로 본고을로 달려가서 자기도 관문에 사령 노릇하기를 애원하였다. 양가의 일이 잘되느라고 이것은 어렵지 않게 허락되었다.

이만하면 자기 밥거리도 생기게 된 것은 물론이나, 양가는 이것만을 바라고 사령 노릇을 자원한 것은 아니었다. 그는 어느 날 조용히 사또께 자기는 천주학꾼들이 있는 곳을 알고 있으니 분부만 내리신다면 모조리 잡아 올릴 것을 아뢰어 두고 와서 은근히 어깨춤을 추고 지냈다.

그 고을 사또는 나라에서 천주학꾼을 잡아 엄치하라는 명은 벌써 받았지만 원체 성격이 인후하여 자기 고을 백성은 될 수 있는 대로 아끼려고 하는 고로 일부러 관채를 내보내어 천주학꾼들을 탐색하는 일은 없고, 혹시 관노들이 가다 오다 서학꾼을 만나서 잡아들이거나, 또는 서학꾼이 어디 있다고 누가 고발하는 경우에는 자기 책임상 그대로 있을 수는 없다 하여 할 수 없이 포졸들을 보내오던 중이었다.

양가의 고발을 들은 사또가 양가에서 포졸들을 주어 모든 것을 내맡기었다.

포졸들을 데리고 맨 앞장서서 쌍룡리 점촌을 향하고 올라가는 양가의 의지는 자못 충천하다. 아무도 모르고 있는 천주학꾼들을 자기가 알아내어 자기가 잡아 바치게 되었으니 그 공적이 여간 큰 게 아니려니와 그보다도 점촌 놈들에게 단단히 분풀이를 하여 보겠고, 그보다도 이제는 서금순을 제 손아귀에 넣고 마음대로 할 수 있을 것을 생각하니 양가는 세상에 나온 이후로 이렇게 즐거운 날이 있는 것은 참말 뜻밖에 처음이었다.

양가는 포졸들이 쌍룡리 앞 주막에 떨어져 있어 술잔이나 먹어가며 기운을 돋구게 하고 자기는 점촌의 동정을 살피러 시치미를 떼고 들어와 이집 저집 다니며 인사도 하고 데레사를 찾아보아 여러 가지로 미안하게 된 일을 용서하여 달라고 청하여 동네 사람들의 기분을 늦추었다. 그리고 나서 슬쩍 빠져 나와 다시 주막으로 향하던 것이나 동네 아이 하나가 술 받으러 주막에 갔다가 포졸들의 일행과 그 가운데 있던 양 서방을 보고 집에 돌아와 이 말을 한 것은 그가 알 리 없다.

동네 교우들은 이렇게 자세한 내막을 모른다 할지라도 그들은 항상 신경이 극도로 예민하여 있던 만큼 양가가 이 동네에서 쫓겨난 일과 양가가 포졸들 가운데 있다는 이 두 가지 사실만 하여도 넉넉히 모든 것을 추측하고도 남음이 있는 것이다.

데레사는 이 소문을 듣고 누구보다도 자기 신변에 큰 위험이 닥쳐올 것을 직감하고 즉시 어린애를 들쳐 업고 뒷 솔밭 속으로 기어올라 몸을 감추었다. 두근거리는 가슴을 진정할 겨를도 없이 소나무 사이로 동네를 내려다보다가 그는 움찔하고 머리를 움츠린다.

수십 명이나 되어 보이는 포졸들이 동네를 갑자기 에워싸고 들어가 만나는 교우마다 붙들어 내어 결박하느라고 동네는 수라장이 되었다. 아마 데레사가 솔밭으로 접어드는 동시에 포졸들은 동네 저편에 들어섰을 것은 틀림없다. 실로 아슬아슬한 순간이었다.

데레사처럼 이렇게 민첩한 행동을 취하지 못한 다른 교우들은 모두 일망타진이 된 것이다. 포졸들의 호령 소리, 아이고 지고 매맞는 소리, 아이들의 놀란 울음 소리, 온 동네는 벌컥 뒤집혔다.

그 북새통에 양가는 먼저 데레사의 집에 들어서서 온 집안이 텅 비어 있는 것을 보고서는 죽을둥 살둥 날뛰며 몇 집을 두루 다녀 찾아보고서는 잠깐 멍하니 무엇을 생각하더니 곧 포졸 두어 명을 손짓으로 불러가지고 산을 향하여 올라오지 않는가!

이를 본 데레사는 금방 그 놈의 손에 머리채가 휘어잡히는 듯 정신이 아찔하고 앞이 캄캄하다. 그러나 이대로 앉아서 잡힐 수는 없다고 젖먹던 기운을 다 내어 산속으로 기어오른다. 정신없이 얼마를 기어오르니 다리의 힘은 쪽 빠져 자꾸만 엎어지게 되는데 언뜻 생각하니 자기 모양이 포졸들의 눈에 뜨이기만 하면 그들의 걸음을 당할 리는 만무한 이상 붙잡힐 것은 의심할 여지가 없다. 그러면 이래 붙잡히나 저래 붙잡히나 한가지일 바에야 될 대로 되어라 하고 앞에 보이는 커다란 솔포기 속으로 들어가 처박혀 숨었다.

턱에 닿는 가쁜 숨을 돌릴 새도 없이 바로 그 아래서 추격하여 올라오는 발자국 소리가 들린다.

솔가지 사이를 통하여 데레사의 눈에 점점 가까워지는 두 형상, 우락부락하게 생긴 얼굴이 시뻘건 포졸과 그보다 두어 걸음 앞서 두리번거리며 올라오는 뱀보다 더 징그러워 보이는 양 서방! 데레사는 차라리 눈을 딱 감았다. 그리고 한 손으로는 앞 적삼 깃의 성모패를 꼭 쥐었다. 호흡도 끊어진다.

풀숲을 헤치고 나뭇가지를 젖히는 와그락와그락하는 소리가 점점 크게 들리고 씨근씨근하는 그들의 숨소리까지 드디어 옆에 들린다.

"야! 이 년 여기 있다!"

하는 벽력 같은 소리가 금방 등줄기를 내려 갈기는 듯하다.

'될 대로 되어라.'

데레사는 눈을 꽉 감은 그대로 성모패만 부서져라 하고 더욱 힘을 주어 꼭 쥔다.

데레사는 이제 꼭 이 사람들의 손에 붙잡히는 것이라고 느껴 가슴까지 싸늘하게 얼어붙는 듯한데 대체 웬일인지 양가와 포졸들은 데레사가 숨어 있는 솔포기에는 관심을 갖지 않고 그 산 위쪽으로만 두리번거리며 올라간다.

그들의 발자국 소리가 등뒤로 멀리 사라진 다음에도 데레사는 마치 돌로 깎아 앉힌 사람처럼 움쩍도 않고 박혀 있다.

혹시 고양이가 쥐를 잡다가 놓고 놀리듯이 그들도 자기의 하는 꼴을 보려고 슬쩍 모르는 체 지나쳐 버리고 어디서 노리고 있는지도 알 수 없고, 그렇지 않다 할지라도 지금 섣불리 일어나 도망하려다가는 잘된 일이 도리어 뒤집힐 수도 있는 연고이다.

등에 업힌 바오로가 아직도 세상 모르고 깊은 잠에 잠겨 있는 것은 무엇보다도 다행이다. 만일 그렇지 않고 철모르는 것이 킹킹거리며 울기나 하면 만사는 다 틀렸을 것이다. 데레사는 이것을 모두 성모님의 은혜로 알았다. 이번에도 성모께서 자기를 구하여 주시는 것이라고 생각하여 몇 번이고 적삼 깃 앞의 성모패를 쥐어 보고 쥐어 보고 한다.

얼마 후 가쁜 숨도 진정되고 산속은 여전히 적막을 회복하였으므로 이제 그만 일어나 동정을 살필까 하는데 산꼭대기편으로부터 다시 인기척이 들리는 듯하다. 과연 몇 사람의 내려오는 발자국 소리가 차차 가까이 들려온다. 데레사는 다시 숨을 죽인다.

양가는 산 위에 올라 찾아볼 만한 곳을 다 뒤져보았으나 사람의 그림자도 볼 수 없으므로 다시 동네로 내려가는 길이다. 그들은 올라갈 때처럼 이번에도 역시 데레사가 숨어 있는 솔폭 옆으로 지나가면서 그의 놀란 가슴을 다시 섬뜩하게 한다.

"제가 설마 이 산중에서 밤을 새울까. 그래도 제 집을 찾아 돌아오겠지."

이것은 맨 뒤에 떨어져 어슬렁어슬렁 내려가는 양가의 흘린 말이다. 무심코 저 혼자 중얼거린 말이지만 데레사의 귀에는 천둥처럼 울렸다.

그들의 발자국 소리가 멀리 사라진 다음에도 데레사는 움쭉달싹 못하고 얼마 동안 그대로 박혀 있었다.

하늘의 태양은 세상 사람들이 무슨 일을 당하든지 제 걸음을 멈출리는 없다. 어느덧 산그늘은 산 중턱을 훨씬 넘어 올라갔다. 초가을의 산산한 기운이 길길이 자란 풀숲에 스며든다.

등에 업힌 바오로가 잠을 깨어 부비적거리는 바람에 데레사도 정신을 번쩍 차렸다. 갈 길이 망연하다.

　집으로 가자니 양가 놈이 굶주린 이리처럼 지키고 있을 것이요, 산 위로 더 오르자니 산이 험하고 짐승도 꾀는 곳이라 대낮에 장정이라도 혼자 오르기를 꺼리는 지경이다.

　우선 어린애에게 젖이나 먹여 놓고 볼 것이라고 바오로를 등에서 내려 품에 안고 젖꼭지를 물렸다. 어린애는 한참 동안 오물쪼물 젖을 빨더니 제 어미의 얼굴을 빤히 쳐다보며 벙글벙글 웃기까지 한다. 이것을 내려다보던 데레사의 눈에서는 굵다란 눈물 방울이 두어 번 뚝뚝 떨어졌다.

　'네가 에미를 잘못 만나 태어났구나. 너를 배었을 때에도 포졸에게 잡혀 갖은 고생을 다하였는데 이제 너를 낳은 후에도 또 이런 꼴을 당하게 되니 네 앞에 닥치는 파란 곡절을 대체 어떻게 당해갈 터이냐!'

　데레사의 어깨는 얼마 동안 들썩거린다.

　어느덧 산골짜기에는 회색빛이 짙어간다.

　데레사는 그만 바오로를 들쳐 업고 일어났다. 그러나 발길을 돌이킬 방향은 없다. 근처 동네를 찾아볼까 생각하였으나 혹시 포졸들의 손길이 미리 근동에까지 두루 뻗쳐 있지 않을까 하는 염려가 앞을 막는다.

　좀더 아늑한 곳을 찾아 옆으로 산비탈을 건너다가 동네편을 내려다보니 다른 때 같으면 동네 위로 저녁 연기가 서리어 있겠지만 그런 자취도 볼 수 없다.

　비록 자기 탓은 아니라 할지라도 자기 하나 때문에 동네 여러 사람이 저처럼 잡혀가 곤욕을 당하고 있을 것을 생각하니 혼자라도 머리를 들수 없다.

혹시나 더 좋은 자리를 찾아보느라고 얼마 동안 이리저리 헤매이다 보면 벌써 하늘에는 하나씩 둘씩 별들의 수효가 늘어간다.

밤을 편히 지낼 만한 좋은 자리가 산중에 있을 리는 없다. 어름어름 하다가 지척을 분간치 못하도록 어두워지면 안 되겠다고 데레사는 더욱 초조하여 사면을 두리번거리며 나가다 보니 건너편에 커다란 시커먼 바위가 마치 무슨 짐승이 넙죽 엎드린 것처럼 놓여 있다.

가까이 가보니 위로는 반석이 되어 있고 그 밑으로는 비를 피할 만큼 굴 형상으로 되어 있다. 데레사는 여기서 밤을 지내기로 하고 나뭇가지를 꺾어 깔고 그 위로는 풀을 뜯어다 깔고는 바오로를 등에서 내려 포대기로 꼭 싸안고 그 자리에 편히 앉았다.

그리고 성호를 긋고 만과를 시작하였다. 의지할 곳이라고는 터럭 하나도 갖지 못한 데레사의 마음은 통째로 성모께 향하고 만다. 만과를 하고 나서 비스듬히 벽에 기대었다.

장부는 무사히 삼박골까지나 갔나, 중로에서 잡히지나 않았을까, 동네 사람들은 모두 어찌 될까, 내일부터는 어찌 살아갈까 하는 천 가지 만 가지 걱정이 뿔뿔거리고 일어났다. 그럴 때마다 데레사는 만사를 성모께 의탁하면서 그런 생각을 몰아내고 몰아내고 한다.

하늘에는 무수한 별들이 깜빡인다. 충충한 산중에는 이따금씩 바람소리에 섞여 산짐승의 기괴한 울음 소리도 들려온다.

산중 굴속에서 혼자 지내는 밤은 정말 몇 해나 되는 것처럼 길었다. 그동안 데레사는 드리던 신공을 몇 번이고 되풀이하였다.

어른들한테서 듣던 옛날 은수 성인들의 이야기가 저절로 생각난다. 어떻게 이런 생활로써 일생을 지내었을까 생각하니 그들은 구만 리 장천 위에 떠 있는 별처럼 높아 보인다.

얼마를 지났던지 멀리서 첫닭 우는 소리가 가늘게 들려온다. 친정어머니 소리나 듣는 듯 반갑다.

데레사는 조과를 드리면서 이 밤을 무사히 지내게 하여 주신 주 성모의 은혜에 무한히 감사하였다. 그리고 손가락을 꼽아가며 매괴 신공을 몇 번이고 계속하였다.

이윽고 동편 하늘의 훤한 빛이 점점 널리 퍼지더니 드디어 날은 활짝 밝았다.

포대기를 꼭 싸서 껴안은 바오로를 들여다보니 그저 세상 모르고 콜콜 잠만 자고 있다. 어린애는 자기 어머니 품에만 안겨 있으면 세상 어디 가든지 무사태평이다. 그 익어가는 능금 같은 볼에 자기 얼굴을 갖다대고 한참 동안 부비었다. 그리고는 젖을 물렸다.

해가 어지간히 높이 뜬 다음에도 데레사는 막연히 앉아만 있다. 발길을 돌이킬 방향이 없음은 어젯밤이나 마찬가지이다.

그러나 이대로 앉아 이 날을 다 보낼 수도 없고 시장기도 차차 심하여 가니 산 실과나 찾아보리라 하고 다시 바오로를 들쳐 업고서 일어났다.

얼마 동안 산골짜기로 헤매다가 한 덤불을 만나 그 속을 들여다보니 만숙한 머루며 다래가 축축 늘어져 있다.

입안에 침이 먼저 고이기 시작한다.

이것은 천주께서 주시는 일용할 양식이라 하여 감사히 생각하고 한참 따먹자니까 산 아래로부터 인기척이 들려 온다.

어제 그 포졸들이 다시 산을 뒤지기 시작함이나 아닌가 생각하니 전신의 맥이 탁 풀린다. 그러나 차차 들려 오는 소리는 여자들의 소리이다. 다시 정신을 가다듬어 그 방향을 내려다보니 여자들이 각각 구럭을 어깨에 엇메고 풀섶을 헤치며 올라온다.

데레사는 일부러 머루 따라 온 사람인 체하고 부지런히 머루를 따서 치마폭에 담고 있다. 그들은 점점 가까이 올라오더니

"게 누구요?"

하고 먼저 말을 붙인다.

"예, 나는 머루 따러 온 사람이요."

하고 데레사가 대답하며 힐끗 쳐다보니 모두 모르는 사람들이다. 그들은

"여보, 머루고 다래고 그 어린애 머리 제껴졌소."

하며 가까이 오더니 바오로를 들여다보며

"아이구, 아기두 탐스럽기두 하다!"

하고 치하하며 고개를 다시 받쳐준다.

데레사는 안심하고 그들을 향하여 묻는다.

"어디서들 오셨수?"

"예, 우리는 상괴라는 동네서 왔수. 당신은 어디 사시우?"

"나는 이 등 너머 사는 사람이우."

데레사는 대답을 하고 잠깐 망설이다가 설마 어떠랴 하고 물었다.

"이 아래 점촌 소식들 들으셨수?"

그들은 데레사를 유심히 쳐다보며

"아이구, 딱해라! 그 댁네 왜 점촌 소식은 물어…."

"아니, 나두 어제 무슨 소식을 들은 것이 있어서 원 참말인가 하구 물어보는 게유."

데레사의 이 말을 듣고 나서 그들은 서로 다투어 가면서 자기 아는 대로 말을 하였다. 그들에 의하면 점촌 사람들이 천주학을 하다가 발각되어 읍내 포졸들에게 잡혀 가고 그들 재산은 다 관가에서 적몰하여 갔는데 그 동네 사는 호 생원댁이라는 여자는 그만 놓쳐 포졸들이 그를 마저 붙잡으려고 몇 명은 그저 그 동네에 쳐져 있다는 것이다.

데레사는 짐짓 무심한 태도를 지으며

"그럼 호 생원댁이란 사람은 어디루 내뺀 게지유?"

하며 물었다.

"아, 그 북새통에두 어느 결에 뒷산으로 치달았는데 그 새 온데간데없다 야단들이라우. 아마 오늘은 근처 산을 모두 뒤져보겠지, 무어."

이 말에 데레사는 금방 포졸들의 손이 자기 뒷덜미를 잡는 듯 가슴이 내려앉으나 역시 무심한 태도로

"그럼 내가 들은 게 모두 정말이구먼…."

하고 말막음하여 놓고는

"댁들은 무엇하러 여기까지 오셨수?"

하고 태연히 물어 버섯 따러 다닌다는 대답을 듣고 나서

"그럼 나도 버섯이나 따볼까."

하고 그들의 뒤를 따라섰다. 한 발자국이라도 멀리 더 나가보자는 마음이었다.

그들을 얼마 동안 따라가 보니 정말 송이와 능이버섯들이 여간 많지 않다.

앞 치마폭이 묵직하도록 버섯을 따가지고 그들을 따르다 보니 그들은 다시 방향을 바꾸어 점촌 근처로 향함을 보고 일부러 뒤떨어져서 다른 방향으로 한참 올라가다 보니 뜻밖에 나무 사이로 기와집 한 채가 보인다. 자세히 보니 그것은 중들이 사는 절이다.

그 절을 찾아가 버섯을 사라 하니 처음에는 안 산다고 하다가 한 늙은이 중이 데레사를 유심히 쳐다보더니 그 버섯은 사 줄 터이니 우선 부엌에 가서 요기나 하라고 권한다.

데레사는 자기도 시장함은 물론이나 자기가 밥을 먹어야 젖이 잘 날 것을 생각하여 늙은 중이 지시하는 대로 다른 중을 따라 부엌에 들어가 밥을 먹고 나왔다.

늙은 중은 버섯을 보더니 두말없이 닷 돈 냥을 주고 그것을 다 산다. 그리고 나서 데레사를 향하여 이 절에서 당분간이라도 밥이나 하여 주고 있으면 어떻겠느냐고 묻는다.

데레사는 남자에게 놀란 끝이라 남중들만 있는 절에 머물기는 그 양심이 허락하지 않는다. 비록 정처 없는 몸이나 다른 방도를 찾아 나서기로 결심하고

"이처럼 버섯도 사 주고 요기도 시켜 주니 고맙기 이를 데 없소마는 내 형편이 이런 데 있을 수 없으니 곧 떠나야겠소."

하며 떠날 차림을 한다.

중은 다시 아무런 말없이 모자의 안색을 살피더니

"버섯을 따러 다닐 사람이 못되니 속히 조용한 데로 가서 잘 쉬십

시오."

하면서 그 다음은 무어라고 혼자말로 중얼거리는데 알아들을 수는 없었다.

데레사는 그 절에서 나와 산비탈로 들어서서 여기저기 보이는 버섯을 따 모으며 산등성이 둘을 넘어서서 한참 가다 보니 큰 암석이 뚫려 있고 그 옆에는 조그마한 암자가 하나 있다.

그동안 딴 버섯이나 팔아 볼까 하고 들어가 보니 거기는 여중들 세 사람이 살림하고 있는 절이다. 비록 머리 깎은 중이지마는 여자를 만나니 퍽이나 반가웠다.

여승들도 반겨하며 어서 들어와 다리나 쉬어 가라고 청한다. 데레사가 방에 들어가 우선 업힌 아기를 내려놓고 젖을 물렸다. 여승들은 오물쪼물 젖 빠는 아기를 들여다보며 저마다 칭찬이 놀랍다.

그러다가 한 여승이 묻는다.

"아씨는 어디 사십니까?"

"나는 집도 없고 버섯이나 따다 팔며 살아가는 사람일세."

"아이고, 딱해라! 저를 어쩌나. 말소리를 들어 보니 윗녘에서 오신 모양인데…"

하고 자기들끼리 서로 쳐다보더니

"그럼, 마음 턱 놓으시고 아주 여기서 하룻밤 잘 쉬고 가십시오."

하고 청한다.

데레사가 청할 바를 그들이 먼저 청하는 것이 마음 흐뭇하게 좋았다.

그날 밤을 자고 나니 종일 비가 부슬부슬 내려 그대로 지났다. 여승들은 그동안 점잖은 데레사의 인품에 가뜩 호감을 갖게 되고, 또 어린애의 탐스런 모양에 홀딱 반하였던지 사흘째 되던 날 아침에는 데레사에게 버섯이나 따오면 자기네들이 팔아다 줄 터이니 염려 말고 얼마든지 같이 있어 달라 청한다.

데레사 역시 다른 데 갈 곳도 없고 여기처럼 안전한 자리도 쉽게 구할 수 없을 것 같아, 그들의 소청을 고맙게 생각하여 응낙하였다.

언제나 불목한 집처럼 쓸쓸하던 이 암자도 데레사 모자가 온 다음부터는 화기가 돌고 간간이 웃음의 꽃이 피어오른다.

데레사가 버섯을 따다 놓으면 여승들은 그것을 팔아다가 방 값도 제하지 않고 그대로 내준다.

그리고 어린 아기를 저마다 못내 귀여워하여 번갈아가며 얼러 주고 안아 주고 업어 주고 한다. 바오로는 맑은 산 공기를 마시며 모든 이의 사랑 속에 날마다 토실토실하여진다.

여승들은 이따금씩 데레사를 향하여

"이왕 신세가 그러시다면 다시 세상에 나가실 생각을 마시고 아주 여기서 머리 깎고 승이 되어 부처님이나 위하며 같이 지내 주십시오."

하고 간청을 한다.

그럴 때마다 데레사는

"글쎄, 그런 일을 어떻게 쉽게 작정할 수 있어야지…."

하며 받아넘기기는 한두 번도 아니고 일일이 대답하기도 귀찮아 그대로 시무룩하게 있자면 여승들은 며칠 동안은 그런 말을 아니하고 데레사의 마음을 사려고 애를 쓰고 있다.

그럭저럭 한 달이 지났다. 데레사는 이렇게 오래 있는 것이 그들에게 미안도 하고, 또 그런 소청을 종종 받는 것이 불안도 하다. 그리고 우선 부처를 위하는 절에 와서 있다는 것부터 양심을 무겁게 함을 느꼈다. 그러므로 데레사는 날마다 자기 장부 일이 궁금하여 하루에도 몇 번씩 마음을 들어 성모께 향하여 하루바삐 장부를 만나게 하여 주시기를 빌고 빌었다.

그뿐 아니라 차차 소문이 나서 그 지겨운 양가가 여기를 찾아오면 어떻게 하나 하는 걱정도 끊일 날이 없었다.

밤이 깊어 여승들은 곤히 잘 때라도 데레사는 깜짝깜짝 놀라 깨는 일이 종종 있다. 데레사의 얼굴에는 날마다 수심의 빛이 짙어간다.

어느 날 점심때가 기운 다음 데레사는 날마다 하는 대로 물동이를 이고 아래 샘으로 내려갔다.

이제 물동이를 이고 마악 일어서는 판에 상나무 사이로 흘낏 보니 어느 남자의 그림자가 이리로 거침없이 오던 걸음을 딱 멈추고 자기를 노려보고 있음을 짐작하게 되는 동시에, 양가가 아닐까 하는 생각이 번개처럼 스치자 그만 온몸에 맥이 탁 풀려 그대로 주저앉았다.

비리버가 집을 떠나 일부러 큰길을 버리고 산골 길로 들어서서 무사히 진천 삼박골을 찾아갔다.

비리버 내외가 잡혀간 소식을 들은 후 이 진사는 심히 불안한 중에도 그 뒷소식을 들으려 하였으나 혹은 내외가 다 치명하였다 하기도 하고, 혹은 관장에게 인심을 얻어 은근히 방면되었다 하기도 하여 확실한 소식을 알 길이 없이 지내던 중 뜻밖에 비리버를 만나게 된 이 진사와 기타 교우들의 반가움은 지극하였다.

비리버는 거기서 또 강 신부를 만나 뵈옵고 성사까지 받고 교우 형편을 자세히 듣고서 그 길로 목천 서골로 가서 자기 고모를 찾아보고 이사할 뜻을 말하였더니 고모 역시 그 곳이 불안하여 마음놓고 살 수가 없으므로 다른 곳으로 이사할 생각을 가지고 있다 하며 어디 합당한 곳을 발견하거든 다 같이 모여 살자 해서 공주 땅으로 가볼까 하다가 먼저 내포로 길을 떠나 여기저기 다니다가 둠벙골이라는 교우촌을 발견하였다.

즉시 집 한 채를 얻어 놓고 고모 댁으로 와서 그 사연을 말하고 얼마 후 곧 이사하기로 의논한 후, 곧 회정하여 집으로 돌아왔다.

무심코 동네 어귀에 들어서자니 전부터 친하게 지내던 외인 친구 김서방이 동네에서 나오다가 휘둥그런 눈으로 쳐다보며 어서 피신하라고 재촉이 심하다. 대체 무슨 일이 생겼느냐고 물었더니 김 서방은 사면을 한 번 살펴본 후 으슥한 밭둑 아래로 비리버를 끌고 들어가 앉게 한 후 그동안 동네에 된 일을 주욱 이야기한다.

김 서방은 대강 줄거리만 따서 이야기한 후
"그래도 하늘이 무심치 않으시지요."
하고 한숨을 쉬더니 양가에 대한 이야기만 따로 한다.

그에 의하면 양가가 그날 데레사의 집에 자고 있으면서 밤이 되면 데레사가 제집을 찾아 들려니 하고 기다렸으나 그 밤이 다 새고 해가 뜰때까지 데레사는 돌아오지 않자 양가는 아침을 얻어먹고 나서 동네 집을 또 한 번 샅샅이 뒤져보고 포졸들이 만류하는 것도 듣지 않고 혼자 분이 폭발하여 작대기를 집고 산으로 올랐다. 한참 동안이나 이리저리 찾아 다니다 보니 사람 지나간 자취가 짐작되므로 그 방향으로 얼마를 더 가다 보니 큰 바위가 있고 그 밑으로는 굴처럼 되어 있는데 거기는 나뭇가지와 풀을 뜯어다가 놓고 사람이 거기 누워 밤을 지내고 간 자취가 분명하다. 양가는 데레사를 만나 본 것처럼 기뻤다.

"제가 여기서 밤을 지냈으면 갔대야 얼마나 멀리 갔으랴!"

하고 다시 자취를 밟아 작대기로 풀숲을 헤치며 나가다가 앞에 있는 다복솔을 작대기로 헤쳤더니 돌연 솔포기 뒤에서

"어흥!"

하는 소리와 함께 호랑이란 놈이 불끈 일어나며 새빨간 입을 딱 벌린다.

양가는 그만 혼비백산하여 뒤로 자빠져 한참 내리구르다가 겨우 정신을 차려 가지고 동네에 들어왔다. 그날 온종일 얼빠진 사람 모양으로 멀거니 뒷산만 바라보더니 저녁부터 앓기를 시작하다가 그 이튿날 오후 부터는

"아이구! 저 호랑이!"

하며 소리를 버럭버럭 지르기 시작하였고 동네 사람들이 약도 써 보았으나 종내 효험은 없어 나중에는 제가

"어흥, 어흥"

호랑이 소리를 하며 네 방구석을 기어다니기를 며칠 하다가 그만 어젯밤에 죽었는데 아까 점심 전에 그 놈을 장사지내었고 동네 사람들은 모두 말하기를 무죄한 사람을 해치려다가 천벌을 받았다 하며 혀를 내두른다는 것이다.

그때부터 그 동네에는 천주교인을 우대하는 관습이 은연히 돌기

시작하였다.

비리버는 김 서방의 집에서 그날 밤을 숨어 지냈다. 자리에 눕기는 하였으나 눈 한번 붙여 보지 못하였다.

데레사가 어린것을 업고 산으로 올랐다면 고생은 둘째요, 대체 호랑이에게 상하지나 않았을까 크게 염려되나 자기 혼자 나서서 찾아보기도 어려운 일이요, 공공연히 동네 사람들을 풀어 가지고 나설 형편도 아니었다.

생각다 못하여 혹시 살았으면 삼박골로 자기를 찾아가지 않았을까 하여 새벽에 일어나 길에 나섰다. 가다가 지나는 사람을 보고 혹시나 하는 생각으로 이러저러한 젊은 부인이 어린애를 업고 가는 것을 못 보았느냐 하고 물어 보기는 하나 시원한 대답을 들을 리 없다.

삼박골에 들어가 강 신부에게 그런 사연을 다 말하니 신부는 크게 놀라며 한참 생각하더니

"성모의 은혜로 호랑이의 덕을 보다시피 한 데레사인즉 이번에도 성모의 돌보심으로 산짐승에게 해를 받지는 않은 성싶다. 필연 그 부근에 누구 집에 숨어 있기가 십중 팔구이니 어서 가서 찾아보라."

하며 마치 자신 있는 듯이 말한다.

비리버는 그 이튿날로 즉시 오던 길을 되짚어 경상도를 향하여 나섰다. 그러나 발병도 나고 음식도 먹히지 않아 심히 피곤하므로 하루에 불과 오륙십 리밖에 더 못 걷는다. 그리고 길에서도 가다가 쉬고 쉬고 할 수밖에 없다. 머리 속에는 데레사와 어린 바오로의 생각이 촌시도 떠나지 않는다. 어디 가서 또 무슨 고생을 하고 있나 생각할 때마다 가슴이 탄다.

청주 미원 장터에 이르러 밥을 사 먹고 나니 온몸이 녹는 듯 나른하다가 슬며시 잠이 들었다.

한 노파가 비리버를 한참 쳐다보더니

"당신 얼굴에 웬 수심이 그렇게 가득하오?"

하며 매우 동정하는 기색을 보인다.

"수심이 무슨 수심이란 말이오? 나는 아무 걱정도 없는 사람인데…."

하고 비리버가 태연한 듯 대답을 하였으나

"나는 못 속이지. 내가 벌써 다 알고 있는 걸. 당신 지금 아내를 찾아 나서지 않았소?"

하며 노파는 비리버를 더욱 측은히 보는 눈치이다. 이 말에 비리버는 그만 새 정신이 들어

"과연 그렇습니다! 그럼 그 사람을 어디 가면 찾을 수 있습니까?"

하고 애걸하다시피 한다.

"당신 아내는 지금 산(山)사람이 되어 있소."

"산사람이라니오?"

"글씨를 써 보시구료."

비리버가 손으로 그려 보니 신선 선(仙)자가 된다.

노파는 그것을 보더니

"지금 동쪽으로 한 백리쯤 되는 산속에 편히 지내고 있는 중이오."

하고 미소까지 풍긴다.

"그러면 거기가 어디쯤 되겠습니까?"

하고 비리버가 공손히 물으며 쳐다보니 홀연 노파는 없어졌다.

깜짝 놀라 깨어 보니 꿈이었다.

툭툭 털고 일어나 밥값을 치르고 길에 나섰으나 종종 그 꿈 생각이 머리에 떠오른다.

당초부터 자기 아내가 어디 있는지 알고서 떠난 길이 아니요, 그를 찾으러 나선 길이므로 비리버는 꿈에 본 노파의 말대로 동쪽으로 방향을 고쳐 잡았다. 동쪽으로 해서 살던 곳 근처까지 들어가며 찾아보자는 마음이었다.

피곤한 다리를 끌며 한 이틀 동안 가다 보니 앞에 큰 산이 닥쳐 있다. 이것은 비리버가 살던 상괴라는 동네서 삼십 리 가량 남겨 놓은 조령(鳥嶺) 험한 산이다.

근처의 다른 모든 산들을 압도하는 듯 하늘 높이 솟아 있는 조령의 험상스런 자태를 보니 자기 아내는 산사람이 되었다는 꿈에 본 노파의 말이 또 저절로 생각난다. 비리버는 본시 꿈을 믿지는 아니하나 자기 아내가 불의의 환을 당하여 창졸간 피신의 길을 떠난 몸이니 이런 산중에 묻혀 있을 듯도 한 일이라고 생각되어 오던 길을 버리고 산협길로 들어서서 수목이 울창하고 수석이 미려한 골짜기를 굽이굽이 돌아들기 시작하였다.

'산사람이 대체 무엇일까? 글자로 쓰면 신선 선자인데 신선이란 것은 있을 수 없고, 그러면 중? 그러나 중이 되었을 리도 없고, 그동안 산골짜기에 그대로 숨어 지내기도 어렵고…, 그럼 어느 산막이나 절간에 임시 숨어 있는 것일까?'

골짜기도 점점 깊어지고 비리버의 생각도 깊어만 진다.

데레사가 어린 바오로를 데리고 어디 가서 무슨 고생을 하고 있나 생각하면 가슴이 저리다.

얼마를 들어가며 보아도 인가는 없고 좌우로 수목만 울창하다. 그 사이로 바위 틈을 돌아 떨어지는 물 소리까지 무시무시하게 들린다.

도로 인가를 찾아 나올까 하고 망설이다가 나무 밑 그늘을 통하여 보니 수풀 속으로 작은 길이 산비탈을 향하고 가로지른 것이 눈에 뜨인다.

그 길로만 가면 설마 인가가 나오겠지 하고 그 길을 잡아들고 한참 걸음을 바삐 하였다.

산등성이 하나를 넘어서니 나무 틈 사이로 건너편에 무엇이 희미하게 보인다. 조금 더 자세히 보니 큰 기와집이다. 절이다.

절만 보아도 반갑다. 무슨 수나 생긴 듯 얼른 뛰어가서 만나는 중에게 절 이름을 물으니 양산 절이라 한다. 꽤 오래 된 절로서 이름만 들어오던 절이다.

절 구경을 하는 체하면서 이리저리 돌며 내색을 살폈으나 자기 아내가 그런 곳에 있을 리는 없다.

그럭저럭 날도 저물어 그 절에서 자기로 하였다.

저녁을 먹고 나서 중들과 이런 이야기 저런 이야기 하던 중

"얼마 전에 젊은 부인네가 어린아이 하나 데리고 이리로 지나간 일 없소?"

하고 물었다.

중은 비리버를 힐끗 쳐다보더니 잠자코 있다가

"이 절에는 구경 오는 사람, 버섯 따러 다니다가 들어오는 사람, 남녀가 하도 많이 지나갔으니 어디 원…."

하고 말을 끊었다가
"그건 왜 물으시오?"
하고 도리어 묻는다.
"아 아니, 우리 동네서 그렇게 나간 사람이 있어서 찾기에 이왕 나는 절 구경하러 나선 김에…."
하고 말머리를 감추었다.
 자기 동네 소식이나 더 물어 볼까 하였으나 혹시 이 중들이 포졸들과 무슨 내통이나 있어 수상히 볼까 하여 다 그만두었다.
 이튿날 아침을 먹고 길을 떠나면서 이 근처 다른 절은 없느냐 하니 산등성이 두엇만 넘으면 여승만 사는 암자가 하나 있다 한다.
 비리버는 이왕 이 산중에 들어섰으니 거기도 가보나 하겠다는 마음으로 중이 가리키는 방향으로 산등성이 둘을 넘어서니 과연 건너편 나무 수풀 우거진 가운데 얌전한 암자가 보인다. 걸음은 더 급하여진다.
 절에 거의 가까이 이르렀을 때 맞은편으로 길 뚝 아래 상나무 사이로 어떤 여인네가 물동이를 이고 일어서다가 도로 앉는 모양이 보인다. 그 모습이 눈에 너무나 익다.
 좀더 가서 넘겨다보니 샘가에 눈을 내려 뜨고 앉은 자는 자기 아내, 데레사임에 틀림없다.
"아! 이게 웬일이요!"
 감격에 넘치는 말소리는 떨린다.
 데레사는 너무나 귀에 익은 소리에 머리를 들었다. 눈과 눈은 마주쳤다.

# 청천벽력


  이 이야기는 얼마 전으로 다시 돌아간다.

  그동안 우리는 혹은 강 신부를 통하여, 혹은 비리버 내외를 통하여 시절이 어떠함을 간접으로 알았을 뿐이오, 바깥 세상이 어떻게 뒤틀려 돌아가는지 그 바탕을 직접으로 보지는 못하였다.

  대원군이 을축년 이른 봄에 요안 이준호를 시골로 떠나 보내고 그 다음부터는 천주교인과 상종을 끊었다.

  그가 처음에는 김씨네 세력을 의심하여 모든 일에 조심하며 자중하는 태도를 취하는 중, 자기는 그동안 술과 노름에 관한 경험밖에 없으므로 이제 크나큰 일을 하여 나가기 위하여는 어느 정도까지는 남에게 의뢰할 생각도 없지 아니하였고 자기 당파를 부흥시켜 이용할 마음도 있었다. 그뿐 아니라 자기 남인파가 서학을 하다가 망하였으니 이왕이면 서학을 한번 진흥시켜 원수를 갚아 보는 것도 통쾌하리라 생각하였다.

  그리하여 자기도 서학을 해보려고 서책도 보고 은근히 경문까지 배워본 일까지 있었다.

　그러나 그동안 지내어 보니 김씨들은 차차 세력을 잃어 자기 주먹 안으로 기어들어 오고 자기의 권세는 욱일 승천의 세로 점점 커 나가 국내에 자기의 적이라고 할만한 존재는 눈에 보이지 않게 되었다.

　그러던 중 병인년 정월에는 끔찍한 소문이 하나 들어왔다. 그것은 아라사 병선 한 척이 원산 항에 나타나 통상 조약을 청한다는 것이었다. 당시에 아라사는 그 세력이 동서양에 떨치는 강국으로서 만주 북편에 있는 광활한 대륙을 자기 나라로 편입시키고 그도 부족하여 만주까지 삼키려는 야심이 있고 또 조선 반도까지 넘겨다보는 판국이었다.

　그러잖아도 서양 사람들이 북경을 들이치고 천자까지 항복 받았다는 풍문이 조선에 들어와 상하가 모두 불안하던 중 드디어 서양 오랑캐의 하나인 아라사가 병선을 원산에까지 보내었다 하니 아무리 담대한 대원군일지라도 어찌 아니 놀랄 수 있으랴.

　이에 대원군은 수시로 대신들을 불러모으고 화친함이 옳을까, 그러잖으면 창검을 들고 승부를 겨루어 봄이 옳을까 하여 분분한 의논으로 날을 보내고 여항으로는 별별 무근지설이 떠돌아 피난 준비하는 무리들도 상당히 많아지는 한편에 서울 사는 몇몇 유식한 교우들은 한곳에 모여 머리를 맞대고 자기네 꾀를 있는 대로 쥐어짜고 있었다. 이런 판국을 기회로 성교도 대행되고 자기들도 그 덕택으로 큰 벼슬이나 얻게 되면 그 위에 더 좋은 일이 또 어디 있으랴!

　그 어느 날 김 도마라는 교우는 도마 홍봉주를 찾아갔다.

　"그래, 요새는 무엇을 하며 지내나?"

"하기는 무얼 해. 그저 놀고 있는 셈이지."

"아, 이렇게 걱정이 많은 시절에….”

"그러나 우리 같은 사람이 어떻게 한단 말인가."

"주교께서는 언제쯤이나 전교를 마치시고 환당하시게 될까?"

김 도마는 바짝 다가앉으며 나지막한 소리로

"여보게, 주교께서는 아라사 군함을 못 내쫓으실까? 같은 양인이고 말도 통하실 터이고….”

"그러나 아무리 주교라도 지금 여기 숨어 있어 무슨 세력이 있을라구….”

"아 아니, 그래도 양인들은 주교의 말이라면 다들 어렵게 알고 복종한다는데….”

한참 동안 이렇게 수군거린 결과로 드디어 의견이 일치되어 홍봉주는 지필묵을 내놓고 즉석에서 대원군에게 올릴 상서 한 장을 썼다. 그 골자인즉 지금 아라사의 환을 막기 위하여는 조선과 불란서와 영국이 서로 동맹을 맺음이 제일인데, 이 일을 하는 데는 서양인 주교 신부들을 불러서 쓰면 일은 여반장으로 쉽게 되리라는 것이었다.

홍봉주는 이것을 대원군의 사돈 되는 조기진의 손을 거쳐 대감께 바쳤다. 대원군은 이 글을 받아 묵묵히 받아 읽더니 척척 접어 자기 무릎 밑에 넣고서 다 알아들었으니 그만 나가라는 눈치를 보였다.

김 도마 계호는 이 말을 듣고 대원군의 태도에서 무슨 불길한 것을 예측하였던지 그날로 시골로 내려가고 말았다.

김계호가 내려간 지 이틀 되던 날 어린 상감의 유모 박 말다가 이런 일이 있었음을 대원군의 아내 부대부인께 고하는 동시 주교는 넉넉히 아라사 병선을 물리치실 수 있으나 지금은 전교 중이시므로 경성에 계시지 않는다고 아뢰었다.

이 말을 들은 부대부인은 크게 즐거워하며

"그렇다면 어찌 너희들이 가만히 있느냐. 이번에는 대감도 들어주실 터이니 곧 다시 글을 지어 대감께 바치면 의심 없이 성사하리라."

하면서

"일이 잘되기 위하여 모든 신부들은 미사를 드리도록 하라."

하고 미사 예물까지 내리셨다.

김계호가 시골로 간 후 적이 근심 중에 있던 홍봉주는 이 소식을 듣고 이제는 성교도 광양되고 자기 앞길도 활짝 터질 것을 직감하고 승천하는 듯이나 기뻐하였다.

홍봉주는 기쁜 소식을 들은 그 즉시로 남 승지한테 달려갔다. 그리하여 전후의 사정을 모두 이야기하면서 대감에게 곧 상서를 올릴 것을 제의하였다.

남 승지는 본명이 요안이요, 속명은 종삼(鍾三)으로서 그때 조선서는 이름 높던 명사인데 더구나 내무 승지의 직품에 있어 국내에서는 누구나 다 알아주던 인물이다. 이 주교* 처음 조선에 나오셨을 때 얼마 동안 조선말을 가르쳐드릴 만큼 교내의 신임도 자못 두터웠다.

남 승지는 홍봉주에게서 전후 이야기를 긴장한 얼굴로 다 듣고 나서 늦게 안 것이 유감인 듯 두어 번 입맛을 다시고 나더니 곧 그 자리에서 대감께 드릴 상서 한 장을 써서 창옷 소매 속에 감추어 가지고

---

* 리델(F.C. Ridel, 李福明, 1861년 4월 조선에 입국) 주교.

일각이라도 지체할 수 없다는 듯이 곧 그 길로 운현궁에 들어갔다.

운현궁에 들어가 보니 때마침 대감은 4. 5인의 재상들과 무슨 의논을 하고 있었다. 남 승지는 잠깐 망설이다가 매사에 기회를 놓치지 말아야 한다고 그 자리에서 상서를 드렸다.

대감은 상서를 받아 가지고 다른 이들은 보지 않게 자기만 글줄을 훑어 내려간다. 남 승지는 대감의 기색을 살피기에 가슴이 초조하다.

글줄을 따라 오르내리는 대감의 눈에는 부드러운 빛, 만족한 빛이 역연히 나타난다.

이윽고 읽기를 다한 대감은 남 승지를 바라보며

"응! 자네 생각이 옳음세. 나도 자네 생각에 찬성하니 먼저 김 정승(金炳國)한테 가서 이 일을 말하게…."

하며 기특히 여기는 눈치까지 보인다.

남 승지는 내장까지 시원하여짐을 느끼며 운현궁에서 물러 나왔다.

대감의 생각이 그만만 하면 일은 십분의 팔구는 성사되어 가는 것이다.

남 승지는 이제 무슨 하회가 있으려니 하고 조마조마한 가슴으로 기다리고 있던 중 바로 그 이튿날 대감으로부터 조용히 운현궁으로 들어오라는 분부가 내리었다.

"자네도 서학을 한다니 대체 무슨 재미로 그 도를 하는 겐가?"

이것은 대원군이 남 승지를 자기 앞에 앉히고 부드러운 얼굴로 물어보는 말이다.

"예, 서학을 하는 것은 무슨 재미로 하거나 이 세상 무슨 복락을 바라고 하는 것은 아니고 조물주에 대한 우리 인간의 본분으로서 하는 것입니다. 왜 대감께서도 《천주실의》라든가 《상재상서》 같은 책을 읽어 보셨습지요. 거기에 무슨 이치에 거스르는 말이 있습더이까?"

"글쎄, 그 책을 보니 천주교가 옳은 도이긴 하다마는 선조들에게 제사를 못 지내게 하니 어디 우리 조선서는 그 도를 믿을 수 있겠나."

이때 남 승지가 그 말의 대답을 하려는 것을 대원군이 가로막으며 다시 다른 말을 꺼낸다.

"그러나 저러나 조선 주교가 있다 하니 과연 그네가 능히 아라사 배를 내쫓을 수 있을까?"

"예, 넉넉히 그 배를 물리칠 수 있습니다."

"그러면, 주교는 지금 어디 있나? 이 서울 안에 있나?"

"아니올시다. 시골로 전교하러 가고 지금은 서울에 없습니다."

대원군이 이 말을 듣고 꿈벅거리며 잠깐 무엇을 생각하더니 물고 있던 담뱃대를 빼어 재떨이에 놓으며

"음, 그럼 곧 이 길로 나가서 편지를 띄워 곧 서울로 회정하도록 하게. 내가 친히 좀 만나볼 마음이 있으니…."

하며 은근히 부탁한다.

남 승지는 분부대로 곧 실행하겠다는 대답을 하고 곧 물러 나왔다. 집에 오는 도중 다리가 날개나 된 듯 가벼웠다.

대감의 신임도 두텁고 교중의 신임도 두텁던 남 승지의 입에서 이런 말이 나와 입에서 입으로 전해지자 온 교중은 이제 성교가 대행된다 하여 자기네가 금방 직천당이나 하는 듯이 즐거워하며 만나는 사람마다 서로 하는 인사가 그 인사뿐이었다. 이 즐거운 소식은 며칠 못되어 시골로 좍좍 퍼져 나갔다.

먼젓번에 대원군에게 상서하였다가 시원한 대답을 못 듣고 자기 신변을 염려하여 시골 구석에 가서 숨어 있던 김 도마는 이 소식을 듣고 자기가 시작한 이 일에 자기의 몫이 빠져서야 말이 되냐고 부랴부랴 서울로 들어와 주교 영접하는 일에 한몫을 끼었다.

장안의 온 교중이 가슴 벅차는 기쁨으로 그날 그날을 보내고 있는 중에 너무나 황송하게도 대감께서는 조기진을 통하여 주교 모셔 오는 데 쓰게 될 노비로 열일곱 냥과 교군 두 채에 교군꾼 둘씩까지 붙여 교중으로 내리셨다. 이런 때 주교 모셔 오는 직책은 얼마나 큰 영광이며 즐거움이랴!

김 도마는 장 주교를 모셔 오기로 하고 이 안도니는 안 주교를 모셔 오기로 하여 각각 길을 떠났다. 그때 안 주교는 충청도에서 전교하시다가 정월 25일에 서울에 들어오시고, 장 주교는 황해도에 전교하시다가 그보다 나흘이나 늦은 29일에 귀경하셨다. 이제 얇은 휘장 한 겹만 걷히면 천당 속이 바로 들여다보일 듯싶다.

그 이튿날 아침 요안 남 승지는 이 반가운 소식을 아뢰어 운현궁으로 향하였다.

남 승지가 운현궁에 들어가 대원군에게 인사를 하고 주교께서 입경하였다는 반가운 소식을 전하려 하였으나 실내의 공기가 이를 허락하지 않는다.

남 승지를 대하는 대원군의 얼굴에는 침범하기 어려운 위엄이 서리어 있고 일종의 노기까지 띠고 있다. 꺼칠하게 일어선 그의 눈썹이 이를 표시하는 것이다. 그리고 아무 말도 없이 남 승지를 노려다 보고만 있다.

남 승지는 어찌할 바를 몰라 잠깐 어리둥절하다가 그래도 이렇게만 하고 있을 수도 없어 생각을 정돈하여 가지고 무슨 말을 하려 할 때 이에 앞서 대원군의 날카로운 소리가 귀를 찌른다.

"너는 무슨 일을 꾸미느라고 시골로 가지 않고 있느냐?"

남 승지는 이 말이 무슨 뜻인지 잘 알 수는 없으나 여하간 대답은 하여야 되겠으므로

"소인은 시골로 가려다가 볼일이 있어 아직 못 가고…."

우선 이렇게 대답을 하여 놓고 헛기침을 한 번 하고 나서 다른 말을 꺼내려 할 때 대원군은 소리를 버럭 지른다.

"잔소리 말아라. 네 무슨 꾀를 쓰는지 나는 벌써 다 알고 있다. 고약한 놈 같으니… 얼른 집에 내려가서 네 부친에게 다 자세히 말하여라. 그러면 다 알아들을 터이니."

말을 딱 끊고서 이제 더 보기도 싫다는 듯이 외면을 하고 만다.

남 승지는 눈이 캄캄하고 정신이 아찔하여 그만 물러 나왔다.

남 승지의 부친은 본명은 아오스딩, 이름은 상교(尙敎), 당호는 우촌(雨村)으로서 당년 84세나 되는 노인이다. 일찍이 여러 곳을 군수로 있다가 마지막 충주 목사를 지내고 나서 연만하다 하여 조정에 벼슬을 하직하고 집에 들어앉아 오로지 구령 사정에 힘쓰고 있는 중이었다.

벌써 나이 칠팔 세 때에 한시를 지어 문장을 놀래었다는, 당시 조선에 유명한 한학자로서 우촌 선생이라 하면 팔도에 모를 이가 없는 터이었다.

남 승지가 대원군의 돌변한 태도를 보고 어쩐 영문인지 알 수가 없

어 그 길로 곧 충청도 제천 자기 집으로 내려가 자기 부친을 뵈옵고 전후 사정을 세밀히 고하였다.

눈을 내려 뜨고 앉아 아들의 말을 일일이 듣고 있던 아오스딩은 끝으로 한 번 나직이 한숨을 쉬고 나서 뜨문뜨문 입을 연다.

"네가 나라를 위하다가 실패를 당하였으나 성교를 위하여는 효성을 다하였다. 그러나 네 신변이 매우 위태하게 되어 필경 잡혀 죽게 되리니 그때 되거든 부디 마음을 약하게 가지지 말고 무슨 형벌을 받든지 간에 성교에 해 되는 말은 입 밖에 내지 말아야 한다. 그리고 죽을 문서에 수장을 놓을 때에도 혹시 성교에 욕되는 글귀가 있을까 극히 조심하여라. 그리고 걱정할 것은 없고 평탄한 마음으로 올 일을 기다려라. 이 세상 생명은 잠깐이요, 후세의 생명은 영원한 것이니…."

그는 여기서 말을 끊고서 눈을 감고 무슨 생각에 깊이 잠긴다.

대원군이 양인을 불러 보려고 사람을 보냈다는 말이 입에서 입으로 건너 퍼지기 시작하자 유생들은 운현궁의 문턱이 닳도록 드나들며 반대하였고 나중에는 대신들도 일어나 반대하였다.

어떤 때는 대원군도 화가 나서

"당신들이 내 대신 나라를 다스려 볼테요!"

하고 소리를 지르기도 여러 번 하였으나 저들의 반대가 그렇게 쉽게 머리를 숙이는 것도 아니었다.

분분한 의논은 이렇게 결말을 짓지 못하고 날만 끌어가던 중 원산에 들어왔던 아라사 배는 슬그머니 떠나고 말았다. 이에 반대파의 기세는 더 한층 올라섰다. 그렇게 무능력한 놈들을 상대로 화친 운운하는 것이 얼마나 주책없는 짓이냐고 더욱 육박하였다.

이런 고비에 반대파들은 전에 북경에 다녀온 사신들 몇 사람을 통하여 거짓말을 퍼뜨렸다. 그것은 중국 천자는 양국 놈들을 모두 잡아서 학살하기 시작하였다는 것이다. 이 말은 불에 기름을 더하였다.

조선 안에 있는 양인도 학살하여 버리라는 의논이 일어났다. 호환을 염려한다는 소극적 의견은 아무런 힘을 쓰지 못했다. 왜냐하면 기해년에 셋을 죽였지만 그 후 이십칠 년이 지났음에도 불구하고 무슨 환이 있었느냐는 반대파의 반박이 너무도 서슬이 시퍼렇다.

여기에 다시 뒤를 이어 조선에 서학을 아주 이 기회에 절멸하라는 주장이 머리를 들었다. 아라사 배를 들어오게 하고 그 배를 내쫓기 위하여 양인을 불러 써야 하고 하는 것은 모두 서학꾼들이 내통하여 꾸며 놓은 농간이라는 것이다.

열 번 찍어 안 넘어가는 나무 없다는 말과 같이 아무리 고집이 센 대원군이라 할지라도 이처럼 맹렬한 반대론에 그 마음이 움직이지 않을 리 없었다.

반대파들이 들이대는 이유를 들어 보니 어느 것이나 다 그럴 듯하여 이제 와서는 양인과 화친할 필요도 없고 서학을 장려할 필요도 없다. 이런 상태에 있어 자기의 고집을 주장함으로써 그들을 적으로 삼는 것은 자기의 입장을 크게 불리하게 만드는 것이 될 뿐이었다.

그뿐 아니라 서학꾼들이 양인과 내통을 하여 그런 일을 꾸민다는 말이 참말이라면 이것은 천하에 괘씸하기 짝없는 일이다.

대원군은 아무 말없이 한참 동안 생각하다가 드디어 앞에 놓인 판결 문서에 수결을 두어 국내에 있는 양인들과 서학꾼들을 다 처치하라는 분부를 내리었다. 이것은 실로 이제 성교가 대행하리라고 믿고 있던 교우들에게 청천벽력이 떨어진 것이었다.

그리고는 자기의 심복인 장갑복을 밀정으로 내세워 주교 있는 곳을 탐지하여 오라 하였다. 얼마 전에 주교를 상경하도록 주선케 하였으나 그동안 불러 보지도 않고 궐내의 공론은 분분하였으므로, 혹시 도로 은신하지나 않았나 하는 생각에서이다.

과연 그동안 안 주교는 자기를 불러 놓고 이처럼 오래도록 보기를 미루어 나가는 것은 일이 다 틀렸음을 의미하는 것이라 하여 도로 내포로 내려가 전교하시고, 장 주교는 홍봉주의 집에 계시면서 혹시나 무슨 하회가 있을까 하여 기다리고 있던 중이었다.

어느 날 밤 장갑복은 자기가 수상하다고 지목하여 준 홍봉주의 집 담을 넘어 토광 속에 들어가 움츠리고 앉아 그 집의 동정을 엿보고 있던 중, 밤중 지나서는 방안으로부터 무슨 이상한 음성이 들리며 가만가만 경을 읽는 소리가 나는고로 이 일을 대원군에게 고하였다. 대원군은 즉시 포도대장 이경하에게 분부를 내렸다.

2월 23일 밤중이 조금 지났을 때

포도대장 이경하의 분부를 받은 백여 명의 포졸들은 조수처럼 몰려들어 홍봉주의 집을 에워쌌다. 그중 몇 명은 홍봉주의 집 바깥채에 있는 방으로 느닷없이 몰켜들어가 정신없이 자고 있는 한 사람을 일으켜 앉혔다. 이 사람은 이선이라는 자인데 주교 댁 문지기 모양으로 있는 사람이다.

이선이는 눈을 부비며 어느 영문인지 몰라 어리둥절하고 있는 것을 옆에 섰던 포교가 뺨을 후려갈기며

"네 이 놈! 네 목숨이 아까우냐, 안 아까우냐?"

하며 을러대었다.

그제야 정신이 펄쩍 난 이선이가 눈을 들어 둘러보니 방안 가득히 포졸들이 둘러서서 자기를 노려보고 있지 않은가. 정신이 아찔하고 몸은 사시나무처럼 떨린다.

"예, 그저… 목숨… 목숨만… 살려… 줍쇼."

앉은 채로 무수히 절을 하며 겨우 이렇게 더듬었다.

"네 이놈, 목숨이 아깝거든 우리 묻는 대로 대답하렷다. 대체 조선 안에 양인이 몇 놈이나 되느냐?"

앞에 선 포교가 눈을 부릅뜨고 족친다.

이선이는 교우이긴 하나 신덕이 깊고 열심 있는 사람은 아니었다. 처음에는 입맛만 다시며 망설이다가 눈에 불이 번쩍 하도록 따귀 한 대를 더 얻어맞고는 묻는 대로 다 토설하였다.

"예, 양인은 열둘이나 있습니다."

"그럼 양인의 두목은 지금 어디 있느냐?"

"하나는 지금 이 집에 있고, 다른 하나는 내포로 내려갔습니다."

"다른 놈들은 그러면 어디 있단 말이냐?"

"그중에 둘은 제천 땅에 있고 그 나머지는 다 남도에 있습니다."

"그러면 네 놈이 우리를 따라다니며 양인 있는 곳을 모두 대어 주어야 우리가 잡지 않겠느냐?"

"예, 그저 시키시는 대로 합지요."

이에 의기양양한 포교 두목은 이선이를 끌고 곧 안으로 들어가려 하니 대문이 굳게 잠겼으므로 이선이에게 사다리를 담에 걸쳐놓게 한 후 부하들을 지휘하여 벌떼처럼 몰려들어 갔다.

그때 주교는 밖에서 인기척이 나며 들레는 소리를 들으시고 벌써 일이 어떻게 되는 것인지를 직감하시고 미사 지내시던 윗방에 넘어가 계시던 중 월담한 포졸들이 아랫방 문을 열어제침을 보시고 위엄을 떨치시며 내려오사

"누구를 찾는 게냐?"

고 물으셨다.

포졸들은 뜻밖에 위풍 늠름한 양반이 나섬을 보고 대답도 못하고 주저할 때 두목이 나서면서

"우리는 양인 잡으러 왔습니다."

하고 겨우 말하였다.

주교는 부드러운 얼굴로

"내가 양인이니 잡아들 가거라."

하시니 그들이 처음에는 잠깐 주저하다가 덤벼들어 결박을 지웠다. 그러나 조금도 동요하는 빛도 없이 태연하심을 보고 내뺄 마음이 없다 하여 결박을 풀고 집안 세간을 적몰하기 시작하였다.

주교께서는 교회 물건은 따로 윗방에 몰아넣고 문을 잠그게 하신 후

"이것은 대원군이 상관할 것이니 아무도 손을 대지 말라."

고 엄포하셨다. 그리고는 얼마 후 포졸들에게 포위되어 포청으로 압령되었다.

포졸들은 장 주교를 잡아 포청으로 압송한 후 그 이튿날부터는 이 선이를 앞세우고 다니면서 신부들을 잡기 시작하였다.

백 신부*는 서울서 한 십리 되는 정 말구의 집에 있다가 주인과 같

이 25일에 잡혀 서울로 압송되었는데 신부의 복사로 있던 피 바오로는 그때 배교하고 그도 부족하여 유다스 노릇을 하기 시작하였고, 서 신부**는 서울서 삼십 리 되는 공소에서 27일에 잡혔는데 신부의 하인 장가도 신부 있는 곳을 가르쳐 주고는 유다스가 되었다. 그리고 김 신부***는 서 신부 잡힌 곳에서 한 십리 되는 곳에 있다가 이선이가 가르쳐 줌으로 27일 잡혀 서 신부와 함께 서울로 압송되었다.

열 길 물 속은 알아도 한 길 사람의 속은 모른다는 옛말은 장구한 경험에서 나온 말이다. 신부들의 심복으로 있던 그들의 마음이 이럴 줄이야! 이처럼 쉽게 변할 줄이야 누가 꿈엔들 생각하였으랴.

그리고 언제나 크게 경계할 바는 사람의 혀이다. 혀를 한 번 잘못 놀림으로써 영원히 바로잡지 못할 큰일이 벌어지는 수가 얼마나 많은가. 그러기에 치명자들은 아무리 무서운 악형 밑에서라도 혀만은 굳어버린 듯 끝까지 침묵을 지켰으니 특히 이것만은 주교 신부들이 엄히 분부하여 가르쳤던 것이다. 그러나 어찌 저마다 이럴 줄이야 바랄 수 있으랴.

그동안 장 주교는 마침내 여러 번 문초와 혹형을 당한 후 신부 3인과 한 옥중에서 만나 천주를 찬미하다가 3월 8일 드디어 새남터에서 치명의 화관을 받으셨다.

장 주교께서 치명하던 날 충북 제천 배론에서는 백 신부와 신 신부

---

\* 브르트니에르(S.M.A. Bretenières, 白, 1865년 5월 조선에 입국) 신부.
\** 볼리외(B.L. Beaulieu, 徐沒禮, 1865년 5월 조선에 입국) 신부.
\*** 도리(P.H. Dorie, 金, 1865년 5월 조선에 입국) 신부.

도 함께 잡혔다. 충청도 배론이라 하면 반도 가톨릭 역사를 짐작이라도 하는 이는 모르는 자 없으리 만큼 이름있는 곳이다.

배론의 신 신부*와 박 신부**가 거처하던 집은 신부 주택인 동시에 또한 반도 가톨릭 교회의 첫 신학교이었다. 아랫윗 방으로 된 보통 민가인데 아랫방에는 신부 2인이 거처하고 윗방에는 신학생들이 거처하며 공부하고 있었다. 당시 학생은 4품 받은 자가 1인, 1품 받은 자 1인, 철학을 연구하는 자 2인, 그리고 그 외에는 라틴말을 배우던 어린 생도들이었는데 모두 합하여 근 20명이나 되었다.

신 신부는 교장 신부로, 박 신부는 선생 신부로 근 십 년이나 되도록 이 협착한 토굴방 속에서 지내 몸이 몹시 허약해져 두 사람이 종종 병석에 눕는 때가 많았다.

2월 하순 장 주교 잡혔다는 소문이 배론 구석에까지 들어오자 교우들은 겁이 나서 동하기 시작하고, 한편으론 신부들은 그렇게 속히 군난이 나지 않았을 것 같으니 좀더 확실한 소식을 알아보고자 기다리고 있었다. 경포(서울 포졸)들은 남 요안을 잡으러 제천으로 갔다가 요안은 만날 수 없어 잡지 못하고 이선이의 말을 듣고 본고을 포졸들과 합군하여 배론으로 달려들었다.

포졸들이 배론 근처에 이르렀을 때 마침 마주 오는 노파 교우를 만나 이를 잡아 앞세우고 쏜살같이 들어가 신부 2인을 포박하고 그 집 주인 정 말구도 잡았다.

---

\* 푸르티에(J.A.C. Pourthié, 申妖案, 1856년 3월 조선에 입국) 신부.
\*\* 프티니콜라(M.A. Petinicolas, 朴德老, 1856년 3월 조선에 입국) 신부.

그런 경황 중에도 신 신부는 옆에서 덜덜 떨고 있는 그 노파를 보고 못내 동정하여 포졸들에게

"이 송장이 다된 늙은이를 잡아다 무엇하겠소. 불쌍하니 놓아주구려." 하고 청하였다. 그리고 옆의 사람에게 일러 자기가 쓰던 돈 얼마를 꺼내다가 포졸들에게 술이나 몇 잔 먹으라고 주게 하였다. 신부 있는 곳을 가르쳐 준 노파는 이렇게 신부의 덕택으로 다시 놓여 뒤도 안 돌아보고 어디로인지 빠져 나갔다.

그 이튿날 두 위 신부는 홍사로 결박을 받고 붉은 보를 쓰고 소를 타고서 서울로 압령되어 길을 떠났다.

주막에 쉴 때마다 많은 구경꾼들이 양인은 대체 어떻게 생긴 게냐고 파리떼처럼 모여든다. 그러면 두 위 신부는 실컷 구경하라는 듯이 머리에 쓴 붉은 보를 조금 걷어치워 안면을 내놓는다. 양지읍 주막에서 하룻밤을 지낼 때 어떤 아전은 찾아와서 인사를 한 후 육신으로는 애석하나 영혼은 행복이라 하며 위로하므로 박 신부는 그가 교우인 줄을 직각하고 이후 천당에서나 만나 보자고 부탁하였다.

3월 11일. 이날 두 위 신부는 새남터에서 장 주교의 뒤를 따랐다.

그동안 안 주교는 전교 사정이 급하기도 하고 또 대원군이 자기를 불렀다는 말에 별로 희망을 두지도 않았으므로 서울을 떠나 내포로 내려와서 아산 느더리 공소에 계시던 중 2월 20일 백 신부의 편지를 받아 보고 장 주교의 피착되심을 알았으나 얼마 동안 의아하여 더 확실한 소식을 기다리고 있더니 포졸들이 사방에 흩어졌다는 말, 드디어 장 주교까지 치명하셨다는 말이 접종하여 들려 왔다.

이에 안 주교는 당신이 친히 기록하여 두신 조선 가톨릭 역사 자료

에 근자 치명한 이들의 행적과 교회 형편의 대략을 기록하여 첨가한 후 교우들에게 배 하나를 마련하여 이것을 가지고 바다에 나갔다가 청국 배를 만나거든 전하라고 부탁하셨다.

들리는 소문은 점점 험악하고 피착될 위험도 시시각각으로 급박하여지므로 혹시 교우들에게 폐를 끼칠까 염려하사 작은 배 한 척을 마련한 후 오 신부를 불러 함께 타시고 며칠 동안 바다 가운데 들어가 피신도 하여 보았으나 별로 신통할 것도 없을 뿐더러 오히려 육지에 깊이 묻혀 있음만도 못하다 하여 다시 회정하셨다.

밖의 소식이 하도 궁금하여 교우 한 사람에게 노자까지 주시며 교중 소식을 알아 오라 부탁하시고 기다리고 계시던 중 3월 11일 뜻밖에 그 교우가 돌아와 도중에서 포졸들을 만나게 되어 위험하므로 회정하였다 하더니 그가 포졸들을 달고 왔던지 포졸들이 바로 그의 뒤를 따라 동네를 포위하고 말았다.

앞집 교우가 놀란 얼굴로 들어와 방금 포졸들이 동네에 들어온다는 보고를 하므로 주교께서는 복사에게 얼른 미사 짐을 감추라고 분부하였더니 복사는 미사 짐을 들고 허둥지둥 마당으로 나아가 나뭇가지를 헤치고 그 속에 넣고 나서 주교 역시 나뭇가지 속에 숨으시라고 재촉한다.

과연 느더리 공소는 편한 벌판 한가운데 있는 동네로서 가까운 산도 없고 피신하기 좋은 으슥한 곳도 없으므로 주교께서는 달리 할 도리가 없어 몸을 좀 숨겨 볼 마음으로 두 궤짝 사이에 들어가 끼이시매 복사는 황급히 그 위로 나뭇단을 쌓고 쌓았다.

그런데 포졸들은 즉시 이 집으로 몰켜들어 처음에는 방과 뒤란을 살피는 체하더니 곧 나뭇가지를 에워싸고 그중 몇 사람은 나뭇가지 위로 올라가 허리에 찬 홍띠와 왕방울을 절렁거리며 고함을 친다. 그들은 이미 동네 초입에 있는 외교인 집에서 전후 사정을 다 알아보고 대든 것이다. 느더리 공소는 백여 호가 넘는 큰 동네로서 그 집을 제하면 전부 교우 집인 가장 큰 교우 촌락이었다.

포졸들이 나뭇단을 하나씩 하나씩 굴려 내릴 때 돌연 그 속에서 위기늠름한 얼굴이 불끈 솟음을 보고 포졸들은 자지러지게 놀라 나뭇가지 위에서 뛰어내렸다.

"대체 너희들은 무엇을 찾는 게냐?"

는 주교의 말소리를 들은 포졸들은 잠깐 머뭇거리다가

"예, 우리는 서학 선생 양인을 찾는 중입니다."

라고 대답하였다.

주교께서는 좋은 얼굴을 지어

"내가 양인이다."

하고 대답하시나 포졸들은 감히 손을 대어 묶지 못하고 먼저 방으로 들어가자고 말하여 주교께서 방에 들어가시매 곧 문을 밖으로 잠그고 나서 주인 송 회장을 결박지웠다.

그리고는 다시 들어와 주교께 자기들은 이미 나라의 분부로 양인이 얼마나 되며 어느 지방에 있는지 다 알고 있으니 숨김없이 다른 양인 있는 곳을 말하라고 재촉하였다.

그런데 주교는 거기서 뜻밖의 사람이 그들 중에 끼어 있음을 보았다. 그는 즉 배론 학당에서 철학을 공부하던 박 비리버이다. 일이 이쯤 되었으면 더 숨기는 것이 교우들만 더 괴롭게 할 뿐 아무 소용없다고 인정하신 주교께서는 드디어 편지를 보내서라도 근처에 있는 신부들을 부르기로 결심하셨다. 박 비리버는 기실 배론서 붙잡혀 포졸들에게 이리저리로 끌려다닐 뿐 그가 유다스는 아니었다.

민 신부*는 그때 덕산 놉오동 신 바오로의 집에 계시다가 거기서 한 이십 리 되는 쉬장이라는 공소로 피신하여 계시던 중 안 주교의 편지를 받는 동시, 또한 편지 전하러 가던 자의 뒤를 따른 포졸들도 만나서 느더리로 함께 오고, 오 신부**는 안 주교 잡히신 소식을 듣고 교우들을 위하여 자기 한 몸을 희생함이 필요하다고 인정하사 자발적으로 느더리를 향하여 왔고 포졸들은 주교의 분부대로 다른 교우들을 모두 방면하는데 주교 복사 황 루가는 주교의 미사 성제에 복사하였으니 주교의 혈세에도 참례한다 하며 굳이 주교를 따르겠다 하므로 허락하셨다. 일행은 서울로 압령되어 있다가, 나라에서는 때마침 환후도 있고 국혼도 있으므로 근방에 양인의 피가 흐르면 좋지 않다 하여 사형 집행지를 충청도 보령군 수영으로 결정하였으므로 그곳으로 누런 고깔을 쓰고 홍사로 결박된 채 말에 태워가서 예수 수난 본일에 해변의 흰 모래를 붉게 물들이며 치명의 화관을 받았다.

그러면 데레사 내외는 이 풍파 중 그동안 어찌 되었을까? 이야기는 이 다음부터 계속된다.

---

\* 위앵(M.L. Huin, 閔, 1865년 5월 조선에 입국) 신부.
\*\* 오메트르(P. Aumaître, 吳, 1863년 6월 조선에 입국) 신부.